新时代政务公开

Open Government Affairs in the New Era

肖卫兵 著

前言

我国的政务公开自20世纪80年代兴起。党的十八大之后，政务公开再次成为热词。这期间印发的相关文件已有二三十件。最为突出的是党的十八届三中全会决定提出"完善党务、政务和各领域办事公开制度，推进决策公开、管理公开、服务公开、结果公开"和十八届四中全会决定提出"全面推进政务公开。坚持以公开为常态、不公开为例外原则，推进决策公开、执行公开、管理公开、服务公开、结果公开"。党的十九届五中全会通过的《中共中央关于制定国民经济和社会发展第十四个五年规划和二〇三五年远景目标的建议》提出了"深化政务公开"的要求。随之而来的问题是：何为政务公开？我国政务公开经历了怎样的发展历史？新时代政务公开该向何处去？它与政府信息公开是何关系？《中华人民共和国政府信息公开条例》以下简称《政府信息公开条例》制订和修订的情况如何？未来如何深化政务公开？对此，目前学界还鲜有系统总结。本书在之前研究的基础上对政务公开进行了更为全面系统的论述。新时代政务公开可以界定为行政机关为保障公众知情权、表达权、参与权、监督权和提升政府公信力、执行力、治理能力、法治水平，以"公开为常态，不公开为例外"为原则，在强化政务信息管理的基础上，规范行政决策、执行、管理、服务、结果信息的全过程公开，且对政令传递、政策解读、回应关切、数据开放、申请答复和平台建设采取一系列的制度安排。本书先从梳理我国政务公开三段式发展历程出发，界定政务公开的概念，构建政务公开的思维，对"公开为常态、不公开为例外"原则进行阐述。之后围绕政务公开的内容，评析了我国《政府信息公开条例》制订和修订的历程，明确了"五公开"、重点领域信息公开的内容，探讨了政策解读、回应关切、政府数据开放和政令传递的要求。关于政务公开平台建设，重点论述了政府公报、政府网站、政务新媒体、政务公开专区和政府开放日这五个方面。最后从政务公开考核、政务公开社会评议、政务信息管理和政务公开法律责任四个方面讨论了政务公开的监督保障机制。

目录

第一篇 总 论

第一章 政务公开的历史 …… 3
第一节 政务公开历史概述 …… 3
第二节 政府权力型阶段的政务公开 …… 5
第三节 制度保障型阶段的政务公开 …… 12
第四节 制度效果型阶段的政务公开 …… 16
第五节 深化政务公开是制度效果型阶段的延伸 …… 22

第二章 政务公开的概念 …… 26
第一节 政务公开概念的动态发展 …… 26
第二节 新时代政务公开概念的演变 …… 28
第三节 新时代政务公开与其他公开的关系 …… 32

第三章 "公开为常态，不公开为例外"原则 …… 43
第一节 "公开为常态、不公开为例外"原则入法 …… 43
第二节 "公开为常态、不公开为例外"原则的内涵 …… 46

第二篇　政务公开的内容

第四章　政府信息公开 ·· 53
第一节　《政府信息公开条例》的制订和修订历程 ·········· 53
第二节　《政府信息公开条例》修订的特点 ··················· 59

第五章　"五公开" ·· 70
第一节　"五公开"的缘起 ··· 70
第二节　"五公开"的内涵 ··· 71
第三节　"五公开"的理解和应用 ································ 80
第四节　"五公开"示例 ·· 82

第六章　重点领域信息公开 ···································· 84
第一节　重点领域信息公开概述 ································· 84
第二节　重点领域信息公开的内容 ······························ 88
第三节　重点领域信息公开示例 ································· 102

第七章　政策解读 ·· 105
第一节　政策解读概述 ··· 105
第二节　政策解读的要求 ·· 109
第三节　政策解读的测评 ·· 114
第四节　政策解读示例 ··· 116

第八章　回应关切 ·· 121
第一节　回应关切的缘起 ·· 121

第二节　回应关切的要求 …… 126
第三节　回应关切的测评 …… 131
第四节　回应关切示例 …… 134

第九章　政府数据开放 …… 137

第一节　政府数据开放概述 …… 137
第二节　政府数据开放的要求 …… 145
第三节　政府数据开放的测评 …… 150
第四节　政府数据开放示例 …… 151

第十章　政令传递 …… 154

第一节　政令传递的重要性 …… 154
第二节　政令传递的要求 …… 157
第三节　政令传递示例 …… 159

第三篇　政务公开平台

第十一章　政府公报 …… 165

第一节　政府公报概述 …… 165
第二节　政府公报的测评 …… 172
第三节　政府公报示例 …… 173

第十二章　政府网站 …… 176

第一节　政府网站概述 …… 176
第二节　政府网站的测评 …… 186
第三节　政府网站示例 …… 193

第十三章　政务新媒体 ··· 195
第一节　政务新媒体概述 ····································· 195
第二节　政务新媒体的测评 ··································· 199
第三节　政务新媒体示例 ····································· 201

第十四章　政务公开专区 ····································· 203
第一节　政务公开专区概述 ··································· 203
第二节　政务公开专区的测评 ································· 205
第三节　政务公开专区示例 ··································· 208

第十五章　政府开放日 ······································· 212
第一节　政府开放日概述 ····································· 212
第二节　国际知情权日 ······································· 218
第三节　政府开放日示例 ····································· 221

第四篇　政务公开监督保障

第十六章　政务公开考核 ····································· 227
第一节　政务公开考核的重要性 ······························· 227
第二节　政务公开考核的要求 ································· 229
第三节　政务公开考核体系的特征 ····························· 234
第四节　法治政府建设的考核 ································· 236
第五节　对领导干部的考核要求 ······························· 237
第六节　政务公开考核示例 ··································· 239

第十七章　政务公开社会评议 ································· 241
第一节　政务公开社会评议概述 ······························· 241

第二节　政务公开第三方评估的特点 …………………… 244
　第三节　政务公开第三方评估的国内实践 ………………… 247

第十八章　政务信息管理 …………………… 250
　第一节　政务信息管理概述 …………………… 250
　第二节　基层政务公开标准化规范化工作的发展历程 …… 257
　第三节　基层政务公开标准化规范化工作的特征 ………… 261
　第四节　基层政务公开标准目录的编制 …………………… 262
　第五节　基层政务公开标准目录的展示 …………………… 269
　第六节　基层政务公开标准化规范化工作的测评 ………… 273
　第七节　基层政务公开标准化规范化成果示例 …………… 275

第十九章　政务公开的法律责任 …………………… 278
　第一节　政务公开法律责任概述 …………………… 278
　第二节　政务公开法律责任的规定及相关案例 …………… 279

参考文献 …………………… 283

第一篇
总　论

本篇是总论，主要论述政务公开的发展历史、政务公开的概念、"公开为常态，不公开为例外"原则，共三章

第一章
政务公开的历史

【本章概要】我国现代意义上的政务公开经历了政府权力型、制度保障型、制度效果型三个发展阶段。不同发展阶段的政务公开在目的、主体、内容、方式和保障五个方面表现出不同的特征和侧重点。制度效果型阶段的政务公开无法一蹴而就,必将分为若干阶段予以有序推进。"深化政务公开"是推进制度实施效果向更深程度发展的新阶段。"深化政务公开"提出后,如何深化是未来需要思考的重要议题。总的来讲,新时代政务公开工作需要坚持党的领导和坚持人民至上,在明确公开方向、优化公开职能、注重多维公开目的实现等方面深化政务公开。

【学习目标】了解我国政务公开的不同发展阶段;熟悉政务公开不同阶段的目的、主体、内容、方式和保障;掌握制度效果型政务公开的特征。

第一节 政务公开历史概述

一、我国政务公开发展阶段划分的探讨

我国政务公开自20世纪80年代兴起,发展已有四十多年。这期间,有学者对我国政务公开发展阶段的划分进行了探讨。对于我国现代意义上的政务公开,有学者认为可以划分成"两公开

一监督"、试点、逐步推广、全面深入推进四个阶段。① 也有学者将之细分成六个阶段,包括"两公开一监督"时期、初步探索时期、试点时期、逐步推广时期、全面推行时期和规范时期。② 这些划分因著述时间所限,无法涉及十八届四中全会依法治国决定当中关于政务公开战略部署之后我国政务公开这一面向未来阶段的发展。于是,有学者将我国政务公开划分为初步探索(1987—2006年)、规范发展(2007—2016年左右)和融合发展三个阶段(2016年至今)。③

二、制度演进视角下的我国政务公开发展阶段的划分

我们认为,我国政务公开发展阶段的划分无法回避政务公开法制化这一贯穿始终的主线。这意味着可从制度演进视角理解我国政务公开发展的整个历程。制度演进视角可提供基于公开目的、主体、内容、方式和保障等事关制度建构核心要素的清晰分析框架。以2007年我国《政府信息公开条例》出台这一作为我国政务公开纳入法制化轨道的标志性事件为节点,我国政务公开发展必然存在缺乏制度保障、有制度保障、实现制度实施效果三个大的阶段。

基于此,我们循着制度演进路径,将我国现代意义上的政务公开划分为政府权力型、制度保障型、制度效果型三个发展阶段。④ 第一阶段是政府权力型,起于1987年,终于2007年《政府信息公开条例》的通过。这一阶段的政务公开缺乏刚性制度约

---

① 蔡伟民等:《政务公开理论与实践》,中国农业出版社2009年版,第72-91页。
② 干以胜主编:《中国政务公开研究》,中国方正出版社2012年版,第49-66页。
③ 周汉华:《打造升级版政务公开制度:论〈政府信息公开条例〉修改的基本定位》,《行政法学研究》2016年第3期,第3-5页。
④ 肖卫兵:《新时代政务公开的多维度思考》,复旦大学出版社2021版,第3页。

束,其典型特征是公开实效难确保。第二阶段是制度保障型,起于 2007 年《政府信息公开条例》的通过,终于 2016 年 11 月国务院办公厅发布的《〈关于全面推进政务公开工作的意见〉实施细则》。这一阶段的政务公开受刚性制度约束,其典型特征是依申请公开得以启动,公众知情权等权利得以保障。第三阶段是制度效果型,起于 2016 年 11 月国务院办公厅发布的《〈关于全面推进政务公开工作的意见〉实施细则》。这是因为实施细则对政务公开内涵进行了首次界定,认为政务公开是行政机关全面推进决策、执行、管理、服务、结果全过程公开,加强政策解读、回应关切、平台建设、数据开放,保障公众知情权、参与权、表达权和监督权,增强政府公信力执行力,提升政府治理能力的制度安排。该界定统一了理论界和实务界的认识,描绘了未来推进政务公开工作的宏伟蓝图。至此,制度效果型阶段的政务公开制度化体系得以基本形成,工作机制更加理顺。《政府信息公开条例》修改完善后的工作重心开始转向政务公开制度的实施效果。

政务公开三阶段划分需要建构一套合理的分析框架,较为完整地总结归纳出各阶段政务公开的核心特征。它有助于区别与政务公开相近的概念,如村务公开、党务公开、司法公开、政府信息公开、政府数据开放等。第二节、第三节、第四节将从制度建构的角度考察政务公开的发展,以政务公开的目的、主体、内容、方式和保障五个核心要素为分析框架,对各个阶段政务公开的特征和侧重点进行分析。

第二节 政府权力型阶段的政务公开

起于 1987 年的我国第一阶段的政务公开的典型特征是政府权力型。这一阶段的政务公开在目的、主体、内容、方式和保障五个维度上呈现出与其他阶段明显不同的特征。

一、政务公开的目的

这一阶段政务公开的目的主要是突出群众路线、反腐败和基层民主三个方面。首先是群众路线。政务公开内含在群众路线当中,是达成群众路线当中的"到群众中去"的目标。① 群众路线是 1987 年党的十三大赞成政务公开的基础。会议要求"……发扬'从群众中来、到群众中去'的优良传统,提高领导机关活动的开放程度,重大情况让人民知道,重大问题经人民讨论"。20 世纪末和 21 世纪初,中央通过政务公开提升惠民政策的群众知晓率,解决"好的政策却没有完全传达到老百姓那里去"的问题。② 这一时期的政务公开更多受群众路线指引的支撑。

其次是反腐败。群众路线不应仅限于让人民知道,而且还应发挥人民监督的作用③,解决专门监督机构监督不足的问题,提升反腐败斗争的效果。④ 这一时期的会议文件旗帜鲜明地反映了这点。1988 年 12 月,《中央书记处讨论廉政建设会议纪要》提出:"办事公开和群众举报,是党的十三大以来在保持党和国家机关廉洁方面的两项重要制度建设。"随后,公开办事制度、公开办事结果、接受群众监督的"两公开一监督"制度得以推出。我国政务公开实践进入萌芽期。1996 年 1 月召开的中共中央纪律检查委员会第十五届六次全会确定要"实行政务公开制度"。1997 年 1 月召开的中纪委七次全会要求"要继续推行政务公开制

---

① 刘杰:《知情权与信息公开法》,清华大学出版社 2005 年版,第 245 页。
② 肖卫兵:《中国信息公开改革新解:从信息流通角度》,上海社会科学院出版社 2013 年版,第 49 页。
③ 完颜绍元:《宋明清朝代的政务公开猫腻》,《决策》2014 年第 3 期,第 65 页。
④ 吴建平、蓝蔚青:《论政务公开》,《求是》1999 年第 22 期,第 9 页。

度"。中央开始关注预防腐败后给我国政务公开注入了新的活力。2002年召开的党的十六大首次决定将注意力转向预防腐败,政务公开被视为一项从根源上预防腐败的措施。① 由中纪委领导挂帅的全国政务公开领导小组于2003年成立。2005年,中办国办联合下发的《关于进一步推行政务公开的意见》明确提到,发布该文件的目的之一是"建立健全惩治和预防腐败体系,形成行为规范、运转协调、公正透明、廉洁高效的行政管理体制的重要内容"。

最后是基层民主发展的需要。中国的政务公开制度源自村务公开实践。村务公开作为发展基层民主的一种重要的民主形式予以推进。和村务公开一样,基层政权的政务公开也是发展我国基层民主的重要手段。党的十五大报告指出:"城乡基层政权机关和基层群众性自治组织,都要……实行政务和财务公开,让群众参与讨论和决定基层公共事务和公益事业,对干部实行民主监督。"到2000年年末,乡镇一级的政务公开得到中央政府强有力的支持,标志是《关于在全国乡镇政权机关全面推行政务公开制度的通知》的颁布。1998年颁布的《关于在农村普遍实行村务公开的民主管理制度的通知》中只提到:"要在推行村务公开和民主管理的同时,积极探索在乡镇机关建立政务公开的途径,先行试点,培植典型,逐步推广,要以乡镇机关的政务公开,促进村务公开和民主管理的广泛深入开展。"2000年颁布的《关于在全国乡镇政权机关全面推行政务公开制度的通知》将政务公开视作扩大基层民主的重要手段。2005年3月,中央办公厅和国务院办公厅联合下发了《关于进一步推行政务公开的意见》,提到推动政务公开"是坚持和发展社会主义民主,建设社会主义政治文明,构建社会主义和谐社会的必然要求"。政务公开提升到作

---

① 周汉华主编:《政府信息公开条例专家建议稿》,中国法制出版社2003年版,第26页。

为发展社会主义民主的重要手段之一予以有序推进。

二、政务公开的主体

政务公开的主体分为责任主体和权利主体。关于责任主体，这一阶段对政务公开责任主体的认识存在很大分歧。一种观点认为，政务公开是一种广义上的公开，政务公开除了指具体的政务公开外，还包括党务公开、司法公开、村务公开、厂务公开等。[①] 对应的政务公开的主体几乎无所不包。党的机构、行政机关、法院、检察院、村民自治组织、国有企业等均是政务公开的责任主体。这种认识有一定合理性，但是有失偏颇。其他类型的公开实际上遵循自己的发展路径，通过一系列其他文件甚至立法予以落实，如村务公开。应该说，其他类型的公开与政务公开共同构成了我国公开工作的全格局。官方文件对这些不同类型的公开也是分开表述的。2005年1月召开的中纪委第五次会议指出："要扩大基层民主，坚持和完善政务公开、厂务公开、村务公开等制度"。党的十七大强调要"完善政务公开、村务公开等制度。"依据2005年下发的《关于进一步推行政务公开的意见》，我们可以明确，这一时期的政务公开的责任主体是乡（镇）政府、县（市）和市（地）级行政机关、省级人民政府及其工作部门和国务院各部门，官方文件只是从狭义上理解政务公开，将责任主体限定在行政系统内。[②] 关于权利主体，这一阶段的政务公开缺乏刚性制度约束，还称不上有法律意义上的权利主体，仅仅是信息公开的对象而已。对此，大家的认识较为统一，信息公开的对象是公众，涉及群众、企事业单位和本机关的干部职工。比

---

① 马宝成：《政务公开的基本概念和基本理念探析》，《辽宁行政学院学报》2001年第1期，第7页。

② 干以胜主编：《中国政务公开研究》，中国方正出版社2012年版，第1-2页。

较特别的是，这一阶段的政务公开将公众区分为一般公众和单位内部职工两种。

三、政务公开的内容

这一阶段政务公开的内容从办事公开逐步拓展升级，但总的来讲，这一阶段的政务公开内容还是局限在浅层次。另外，对不予公开方面，这一阶段并未形成明确要求，仅笼统要求对确实不能公开的要及时做好解释说明工作。1996年1月召开的中共中央纪律检查委员会第十五届六次全会确定，要"实行政务公开制度。县（市）、乡镇及行政村、基层站所，要实行政务公开制度，凡是可以公开的办事内容、办事程序和结果，特别是与群众利益直接相关的财务等事项都应公开，以便群众监督"。1997年1月召开的中纪委第十五届第七次全会要求，"要继续推行政务公开制度，地方各级政府特别是乡（镇）、基层站所及'窗口'行业，办理与群众利益密切相关的事项，除属于国家保密的事项以外，都应该采取适当方式向群众和社会公开，以接受群众监督"。2000年颁布的《关于在全国乡镇政权机关全面推行政务公开制度的通知》将乡镇政务公开内容根据公开对象作了不同规定：对群众、企事业单位，公开内容限定于乡镇政府行政管理和经济管理活动的事项、与村务公开相对应的事项、乡镇政府各部门和派驻站所公开的事项；对本机关干部职工，公开的主要内容是：领导干部廉洁自律情况；机关内部财务收支情况；招待费、差旅费的开支使用情况；干部交流、考核、奖惩情况以及机关干部职工关心的其他重要事项。该通知对政务公开的内容给出一个原则：从人民群众普遍关心和涉及群众切身利益的实际问题入手。

2005年3月，中央办公厅和国务院办公厅联合下发《关于进一步推行政务公开的意见》，继续将人民群众普遍关心、涉及人民群众切身利益的问题作为政务公开的重点内容，并不断拓展政务公开的内容。该意见对各级行政机关需要重点公开的内容进行了列举，这些内容成为《政府信息公开条例》中的主动公开内容。其中，乡（镇）要重点公开其贯彻落实中央有关农村工作的政策，以及财政、财务收支，各类专项资金、财政转移支付资金使用、筹资筹劳等情况。县（市）、市（地）要重点公开本地区城乡发展规划，财政预决算报告，重大项目审批和实施，行政许可事项办理，政府采购，征地拆迁和经营性土地使用权出让，矿产资源开发和利用，税费征收和减免政策的执行，突发公共事件的预报、发生和处置等情况。省级人民政府及其工作部门要重点公开本地区、本部门经济建设和社会发展的相关政策与总体规划，财政预决算报告，行政许可事项的设定、调整、取消以及行政许可事项办理，国有企业重组改制、产权交易等情况。国务院各部门要结合实际，确定公开的重点内容。

四、政务公开的方式

这一阶段的政务公开方式只有"一对多"的主动公开这一种方式。公开平台主要依赖传统渠道。受限于政府网站建设，这一阶段的政府网站并未作为第一平台进行政务公开。2000年颁布的《关于在全国乡镇政权机关全面推行政务公开制度的通知》要求：各乡镇和派驻站所必须设立固定的便于群众观看的政务公开栏，及时将应公开的内容张榜公布。各地还可以根据实际情况，通过会议、广播、电视、便民手册、电子触摸屏等有效形式，予以公开。在2005年3月中共中央办公厅和国务院办公厅联合下发的《关于进一步推行政务公开的意见》中，新增加了政府新闻发布会、听证会、专家咨询论证会、会议旁听等方式。这一时期，政府网站受到重视，该意见要求"加强政府网站建设，推进电子政务，逐步扩大网上审批、查询、交费、办证、咨询、投诉、求助等服务项目的范围，为人民群众提供快捷、方便的服务"。

五、政务公开的保障

政务公开的保障可分为立法保障、组织保障和监督救济保障三个方面。在立法保障方面，这一阶段的政务公开并不受规范性的法律约束，随意性较大。党和国家的政策一直起着主导性作用，政务公开实践也紧紧围绕着这些方针政策展开，显示出我国政务公开的政策性特征。在组织保障方面，2003年6月，成立了全国政务公开领导小组。最初的领导小组成员单位包括中纪委、监察部、国务院办公厅、中央组织部、全国总工会、民政部、人事部、国务院信息化办公室8个单位。后来有所拓展，增加了中央编办、工信部、国务院法制办等单位。全国政务公开领导小组组长和副组长均由中纪委领导担任。全国政务公开领导小组设办公室。办公室设在中纪委预防腐败室、国家预防腐败局办公室二处。领导小组通过召开会议、组织各种理论研讨会、经验交流会、现场推进会、座谈会、年度工作总结和工作要点等方式，总结、研究和部署工作。

这一阶段对政务公开的责任主体并无专门机构设置、培训等方面的要求。经过摸索，各级行政机关这一阶段逐步形成了"党委统一领导、政府主抓、政府办公厅（室）组织协调、纪检监察机关监督检查"这一政务公开领导体制和工作机制。[①] 在监督救济环节，这一阶段仅有政策支持，有监督无救济。在监督机制方面有所探索，形成了人大监督、行政监督、监察审计专门监督和

[①] 干以胜主编：《中国政务公开研究》，中国方正出版社2012年版，第207页。

舆论监督机制，用以推进政务公开工作。

第三节　制度保障型阶段的政务公开

第二阶段的政务公开被纳入了法制化轨道，标志性事件是2007年《政府信息公开条例》的制定。这一阶段政务公开的鲜明特征是制度保障型，政务公开的主要内容被纳入政府信息公开的主动公开内容予以推进。

一、政务公开的目的

这一阶段的政务公开的目的淡化了原有的群众路线，新增了知情权保障、依法行政和经济发展目的，具体体现在《政府信息公开条例》第1条。该条规定了四个目的，包括：为了保障公民、法人和其他组织依法获取政府信息；提高政府工作的透明度；促进依法行政；充分发挥政府信息对人民群众生产、生活和经济社会活动的服务作用。

创新之处是吸收借鉴了国外信息公开的立法经验，引入了依申请公开这一国际上普遍采用的保障知情权制度。虽然2007年制定的《政府信息公开条例》允许公众申请政府信息，但是并没有明确授予公众知情权。现阶段知情权只能得到间接保护。另外，知情权也受到申请目的的限制。我国最初的《政府信息公开条例》第13条明确规定，公民、法人或者其他组织可以根据自身生产、生活、科研等特殊需要，向各级行政机关申请相关政府信息。2019年修订后删除了这一"三需要"申请目的限制条件。

突出依法行政反映了鲜明的时代特征。2004年是依法行政建设的转折点。这年依申请公开机制正式得到我国官方认可。虽然国务院1999年就颁布了《关于全面推进依法行政的决定》，但是该决定并没有出现任何公开术语。2003年后，中央政府将依法行政作为其三大重要任务之一，促成了2004年《全面推进依法行政实施纲要》的颁布。纲要将信息公开法律作为依法行政建设的内在组成部分，对公开提出了三点要求：除涉及国家秘密和依法受到保护的商业秘密、个人隐私的事项外，行政机关应当公开政府信息。对公开的政府信息，公众有权查阅。行政机关应当为公众查阅政府信息提供便利条件。

经济发展目的的重视离不开原国务院信息化办公室的积极推动。关于经济发展和信息公开改革的内在联系的正统解释可以阐述如下：自20世纪90年代后期开始，国家领导人就提出了要走一条"以信息化带动工业化"的新型工业化之路。政府信息再利用作为信息化发展的重要组成部分理应获得优先发展。① 而政府信息公开是政府信息再利用的重要举措，因而是我国信息化发展不可或缺的内容。② 国家信息化领导小组在2002年7月发布了《电子政务建设纲要》。该纲要首次要求通过属于电子政务立法规划一部分的信息公开法。我国2001年加入世贸组织成为推动我国信息公开改革的一个重要因素。③ 国务院2006年立法工作计划中明确表明，制定《政府信息公开条例》的目的之一就是促进政府信息的开发利用。④

二、政务公开的主体

据2007年制定的《政府信息公开条例》规定，政务公开的

---

① 《关于加强信息资源开发利用工作的若干意见》，中办发〔2004〕34号。
② 《中华人民共和国政府信息公开条例（草案）》（送审稿），2002年12月27日，第14页。
③ 周汉华主编：《政府信息公开条例专家建议稿》，中国法制出版社2003年版，第26页。
④ 《国务院办公厅印发关于做好国务院2006年立法工作的意见和国务院2006年立法工作计划的通知》（国办发〔2006〕2号）。

责任主体包括行政机关，法律法规授权组织和参照执行的公共企事业单位。这一阶段将责任主体确定下来。政务公开的权利主体是名副其实的权利主体，涉及单个个人和社会公众。个人可以依据生产、生活或科研需要，向责任主体提出政府信息公开申请。政务公开的责任主体通过主动公开的方式，将政府信息向社会大众公开。这一阶段，单位内部职工不再单列，统一归入公众当中。

三、政务公开的内容

这一阶段的政务公开的内容已经扩展到政府信息，还包括政府从第三方获取的信息。《政府信息公开条例》第 2 条规定，政府信息是指行政机关在履行职责过程中制作或者获取的，以一定形式记录、保存的信息。虽然这一定义可理解的空间很大，但是实践中将这一定义限于文件类等结果信息。范围不限于政府自身制作的信息，还包括从第三方获取的信息。当然，这一阶段的政务公开也有法定范围限制，不予公开的范围相对明确。相关内容规定在 2007 年的《政府信息公开条例》第 8、14 条，如"三安全一稳定"例外、国家秘密、商业秘密和个人隐私例外。实践中对例外还予以了扩展，包括过程性信息、内部管理信息等内容。

四、政务公开的方式

这一阶段的政务公开的方式是主动公开和依申请公开并存。主动公开是过往政务公开方式的延续。有别于其他国家被动公开型信息公开法，我国的《政府信息公开条例》的特色之一就是主动公开方面规定得特别多且细。[①] 这是过往多年的政务公开实践的归纳和总结，2007 年制定的《政府信息公开条例》使 1987 年

---

① 肖卫兵：《论我国有局限的推出型信息公开法》，《行政法学研究》2010 年第 3 期，第 131 页。

以来我国政务公开实践制度化、规范化。《政府信息公开条例》不仅规定了最低标准，而且提供了一般标准。最低标准即《政府信息公开条例》第10条、第11条和第12条详细规定了行政机关应该重点公开的政府信息。一般标准即《政府信息公开条例》第9条要求任何满足如下四个条件之一的政府信息，就应主动公开：(1)涉及公民、法人或者其他组织切身利益的；(2)需要社会公众广泛知晓或者参与的；(3)反映本行政机关机构设置、职能、办事程序等情况的；(4)其他依照法律、法规和国家有关规定应当主动公开的。这四个基本条件设定了一个比较灵活的判断标准，以供行政机关决定何种政府信息需要主动公开。同时，它吸收了国际发展潮流，规定了依申请公开制度。公民、法人或者其他组织还可以根据自身生产、生活、科研等特殊需要，向国务院部门、地方各级人民政府及县级以上地方人民政府部门申请获取相关政府信息。就政务公开而言，这里的依申请公开主要指依申请公开政府已经、即将和应主动公开的政府信息。这一阶段的公开平台强调政府网站作为政府信息公开的第一平台。

五、政务公开的保障

在立法保障方面，2007年《政府信息公开条例》的出台意味着政务公开法制化进程的初步完成。政务公开行为受到法律的约束，政务公开转变成责任主体的义务，随意性受到约束。2014年启动、最终于2019年完成修订的《政府信息公开条例》更是提升了制度层面的保障水平。在组织保障方面，主管部门明确为国务院办公厅，这是对过往政务公开领导机制和工作机制的总结归纳。各责任主体还需设立专门机构落实政务公开。另外，还有专门人员、培训、政府信息公开工作年度报告、2012年开始的年度公开工作要点等机制。在监督方面，建立了政府信息公开工作考核制度、社会评议制度和责任追究制度,定期对政府信息公开工作进行考核、评议。负责部门为政府信息公开工作主管部门和监察机关。同时,还建立了政府信息公开工作年度报告制度,通过晒成绩单的方式接受公众监督。在救济方面,公众可以举报、依法申请行政复议或者提起行政诉讼。

第四节 制度效果型阶段的政务公开

第三阶段的政务公开是在我国政务公开制度体系基本形成的基础上,公开实效的阶段。这一阶段从 2016 年开始,并将经历很长的一段时间,分阶段不断突出重点,实现螺旋式上升。

一、政务公开的目的

这一阶段政务公开的目的有所调整,延续了过往的保障公众权利的目的,增加了政府诚信和治理能力的要求。这些目的具体体现在 2016 年 11 月国务院办公厅发布的《〈关于全面推进政务公开工作的意见〉实施细则》中,具体包括:保障公众知情权、参与权、表达权和监督权,增强政府公信力执行力,提升政府治理能力。这些目的的增加是我国新时代政务公开新的历史定位。[①] 以人民为中心,强调公开实效的新时代政务公开从此开始。

增强政府公信力成为一项新的政务公开的目的。近年来,各领域出现的诚信缺失现象引起了决策层的高度关注。党的十八大报告和 2014 年国务院颁布的《社会信用体系建设规划纲要(2014—2020 年)》等多个文件都提到要大力推进政务诚信、商务诚信、社会诚信和司法公信建设。政务诚信是社会信用体系建

---

① 肖捷:《以人民为中心 推进新时代政务公开》,《学习时报》2019 年 9 月 9 日,第 1 版。

设的关键,更是摆在了突出位置。政务公开则是提升政府诚信的重要举措。

提升政府治理能力是另一项新增加的政务公开的目的。党的十八届三中全会决定指出:"全面深化改革的总目标是完善和发展中国特色社会主义制度,推进国家治理体系和治理能力现代化。"政府治理现代化是国家治理现代化的重要组成部分。推进政务公开是政府治理能力现代化的内在要求。无论是多元治理主体的参与还是多种治理手段的综合运用均离不开政务公开。① 另外,政务公开有助于建立"用数据说话、用数据决策、用数据管理、用数据创新"的管理机制,实现我国政府治理能力现代化。2019年召开的党的十九届四中全会审议通过的《中共中央关于坚持和完善中国特色社会主义制度、推进国家治理体系和治理能力现代化若干重大问题的决定》,在"十四、坚持和完善党和国家监督体系,强化对权力运行的制约和监督"部分明确指出:"坚持权责透明,推动用权公开,完善党务、政务、司法和各领域办事公开制度,建立权力运行可查询、可追溯的反馈机制。"该决定将政务公开作为完善党和国家监督体系的重要内容。从这个角度来看,政务公开是推进国家治理体系和治理能力现代化的重要环节。

二、政务公开的主体

这一阶段政务公开的责任主体与前一阶段类似,包括行政机关和法律法规授权的组织。这一限定是从狭义角度理解"政务公开"当中的"政",聚焦政府系统的公开。这一理解与2019年修订的《政府信息公开条例》对适用主体的要求一脉相承。公共企

---

① 姜明安:《论政务公开》,《湖南社会科学》2016年第2期,第46-47页。

事业单位信息公开不再参照《政府信息公开条例》执行,改为依照相关法律、法规和国务院有关主管部门或者机构的规定执行。同时,这一理解也符合国务院办公厅作为政务公开工作主管部门的职责定位。政务公开的权利主体涉及单个个人和社会公众。依照2019年修订的《政府信息公开条例》,个人可以不再依据生产、生活或科研需要,就可向责任主体提出政府信息公开申请。政务公开责任主体通过主动公开方式,将政府信息向社会大众公开;同时,通过答复政府信息公开申请方式,向申请人公开。

三、政务公开的内容

这一阶段的政务公开的内容包括信息、数据和行为。对于政务公开的例外,规定了一个原则,即"公开为常态,不公开为例外"。但是,很少有国家在法律或者重要文件中对此明文表述,[①] 2019年我国的《政府信息公开条例》将之写入是一个特殊例子。现阶段既要将"公开为常态、不公开为例外"的原则具体化,更要将其作为理念加以倡导,按照指导思想去引领,作为目标努力推进。[②]

这一阶段从政务公开工作全链条出发对政务公开的内容进行了细分。具体包括:决策、执行、管理、服务、结果公开;政策解读;回应关切;平台建设;数据开放。这些细分内容体现了以下思路:一是体现了从过往注重静态的结果公开到现如今注重动态的全过程公开和公开后的解读回应环节。按照实施细则要求,现阶段的"五公开"推进重点是将"五公开"要求落实到公文和

[①] 后向东:《中国特色"政务公开"什么样》,《学习时报》2015年10月1日,第A4版。
[②] 张庆广:《推动政府信息公开常态化》,《学习时报》2016年9月8日,第A6版。

会议办理程序、建立健全主动公开目录、对公开内容进行动态扩展和定期审查、推进基层政务公开标准化规范化。现阶段政策解读的重点是做好国务院和各地区各部门政策解读工作,对解读时间和主要负责人解读次数提出了明确要求。现阶段回应关切的重点是明确回应责任、突出舆情收集重点、做好研判处置、提升回应效果。二是涵盖了信息公开和数据开放工作。信息公开属于"五公开"应有之义。数据开放内容予以单列。我国 2015 年发布的《促进大数据发展行动纲要》明确提出积极研究数据开放、保护等方面的制度。信息公开和数据开放均为政务公开工作的内在组成部分,三者得以有机融合。政务公开的例外范围也通过 2019 年《政府信息公开条例》的修订得到进一步明确,提升了实践应用水平。

  不可忽视的是,随着促进制度实施效果的深入,未来政务公开的内容还会不断拓展到国家政令传递等其他信息流。之前为了国家的惠民政策能够让老百姓知晓,国家层面因而考虑信息公开立法。现如今有了信息公开立法后,人们意识到国家惠民政策的有效执行落实需要国家政令第一时间传递到基层单位,减少因传递不及时、不顺畅带来的政策实施梗阻问题,同时减少废止文件还在基层单位作为有效文件使用等问题。基于此,结合我国情况,未来政务公开还会从政府对公众公开为主,向政府对公众公开、上级机关对下级机关公开并重这一趋势转变。只有权威、及时、准确、全面地传递和发布国家政令传递和发布,才能更好地发挥政务公开在国家治理体系和治理能力现代化中的基础性作用。国家政令传递是政府间的内部公开信息流。它的顺畅与否事关政务公开的质效,予以重视自是提升政务公开实效的必要举措。①

---

  ① 肖卫兵:《中国信息公开改革新解:从信息流通角度》,上海社会科学院出版社 2013 年版,第 34 页。

加强政务公开和国家政令传递均离不开有效的政务信息管理。政务信息的有效管理是确保前面各种公开内容落实的前提和基础。国家目前也在考虑建立以"全周期管理"思维完善政务信息制作、获取、保存、处理等方面的制度。① 当前推进政务信息管理的一项重要工作就是基层政务公开标准化规范化工作。该项工作于2016年在《〈关于全面推进政务公开工作的意见〉实施细则》中得以部署，2017年《开展基层政务公开标准化规范化试点工作方案》颁布后，全国15个省份的100个县级政府围绕26个领域进行试点启动，在2018年年底试点结束后进入2019年的部委指引阶段。在基层试点和部委指引的基础上，2019年新修订的《政府信息公开条例》第8条明确要求加强政府信息资源的标准化、规范化、信息化管理。全面推进政府信息公开势在必行。2020年发布的《关于全面推进基层政务公开标准化规范化工作的指导意见》，使该项工作迎来了全面推进阶段。目标是到2023年基本建成全国统一的基层政务公开标准体系。

四、政务公开的方式

这一阶段的政务公开方式包括主动公开、依申请公开、开放和互动。与前一阶段相比，随着大数据时代的到来，数据开放横空出世。开放属于主动公开方式的深化，与主动公开的区别在于它是一种便于利用的主动公开方式。为了便于利用，要求开放信息机器可读、免费、无须授权许可并且无使用限制。同时，这一阶段的政务公开还提倡互动交流，咨询、回应、解读等机制。因此，从公开方式来看，这一阶段的政务公开方式是多维的，包括发布、开放、解读、回应、互动、答复等主、被动公开。与之前

---

① 肖捷：《以人民为中心　推进新时代政务公开》，《学习时报》2019年9月9日，第1版。

相比,第三阶段的政务公开还丰富了平台建设。这一阶段平台建设的重点是强化政府网站建设和管理、加强网站之间协同联动、充分利用新闻媒体平台、发挥好政府公报的标准文本作用。最终目的是让信息传递更加顺畅。

五、政务公开的保障

这一阶段的政务公开在立法保障方面,政务公开活动不仅受《政府信息公开条例》的规范,还辅之以《〈关于全面推进政务公开工作的意见〉实施细则》。《政府信息公开条例》经过十多年实施,于2019年完成了修订,这意味着政务公开制度的保障进一步完善。政务公开既包括政府行为的公开,也包括政府信息的公开。政府信息的公开由《政府信息公开条例》进行规范;政府行为的公开,主要采用自上而下行政推动、印发规范性文件的形式进行。

在组织保障方面,有全国政务公开领导小组。2017年年初,全国政务公开领导小组进行了调整。中纪委退出,国务院办公厅负责人任领导小组组长、副组长,成员单位有30家之多,领导小组建立联络员制度。领导小组办公室设在国务院办公厅政府信息与政务公开办公室,负责领导小组的日常工作。同时,这一阶段还突出强化地方政府的责任,要求主要负责人亲自抓,明确一位分管负责人具体抓,推动本地区各级行政机关做好信息公开、政策解读、回应关切等工作。主要负责人每年至少听取一次政务公开工作汇报,研究推动工作,有关情况和分管负责人工作分工应对外公布。在政务公开工作机制上得以进一步完善。要求建立承担政务公开工作的机构,配齐配强工作人员。还要求建立完善政务公开协调机制。在效果评估机制上,突出将评估结果作为政务公开绩效考核的重要参考。同时,要求加强政务公开教育培训,各级行政学院等干部培训院校将政务公开纳入干部培训课程,着力强化各级领导干部政务公开工作的能力和水平。强化考核问责机制。要求政务公开的重要内容纳入绩效考核体系,政务公开工作分值权重不应低于4%。强化政务公开工作责任追究。在救济环节,公众可以举报、依法申请行政复议或者提起行政诉讼。

第五节 深化政务公开是制度效果型阶段的延伸

一、中共中央历次规划建议是推动我国政务公开不断向纵深发展的重要指引

中共中央历次规划建议都成为推动我国政务公开不断向纵深发展的重要指引。2005年,中国共产党第十六届中央委员会第五次全体会议通过的《中共中央关于制定国民经济和社会发展第十一个五年规划的建议》,从加强社会主义民主政治的高度提出,"推进政务公开,发展基层民主,保证人民群众依法行使选举权、知情权、参与权、监督权"。

2010年,中国共产党第十七届中央委员会第五次全体会议通过的《中共中央关于制定国民经济和社会发展第十二个五年规划的建议》,从推进行政体制改革的角度重申,要求"健全科学决策、民主决策、依法决策机制,推进政务公开"。

2015年,中国共产党第十八届中央委员会第五次全体会议通过的《中共中央关于制定国民经济和社会发展第十三个五年规划的建议》,从加强和改善党的领导的高度提出了"完善信息发布制度"要求。

2020年,中国共产党第十九届中央委员会第五次全体会议

通过了《中共中央关于制定国民经济和社会发展第十四个五年规划和二〇三五年远景目标的建议》。在"全面深化改革，构建高水平社会主义市场经济体制"部分中的"加快转变政府职能"里面提到，要"推进政务服务标准化、规范化、便利化，深化政务公开"。"深化政务公开"提出后，如何深化是未来需要思考的重要议题。

总的来讲，深化政务公开必须坚持党的领导，把准政务公开方向；必须坚持人民至上，以人民为中心推进政务公开。《国务院办公厅关于印发2021年政务公开工作要点的通知》（国办发〔2021〕12号）从"五个"紧扣（紧扣"十四五"开好局起好步、紧扣宏观政策落地见效、紧扣强基础抓基层、紧扣政府信息公开条例实施、紧扣抓保障促落实）对深化政务公开开启了实践思考。《2022年国务院政府工作报告》明确提出，"坚持依法行政，深化政务公开，加强法治政府建设"。《国务院办公厅关于印发2022年政务公开工作要点的通知》（国办发〔2022〕8号）要求，重点围绕助力经济平稳健康发展和保持社会和谐稳定、提高政策公开质量、夯实公开工作基础等方面深化政务公开。

二、深化政务公开是推进制度实施效果向更深程度发展的新阶段

制度效果型阶段的政务公开无法一蹴而就，必将分为若干阶段予以有序推进。中共中央在《"十四五"规划建议》中提出的"深化政务公开"是对制度效果型政务公开这一发展阶段的突出强调，由此确定了我国政务公开工作进入了着力提升制度实施效果的深化阶段。为了贯彻新发展理念，构建新发展格局，推动高质量发展之需，深化政务公开应是一种适时举措，是我国"十四五"规划需要部署的一项不可或缺的重要工作。深化阶段是我国

政务公开向纵深发展之必然，是 2005 年中共中央办公厅和国务院办公厅联合提出的"进一步推行"和 2016 年联合提出的"全面推进"阶段的延伸和进阶。

当然，深化阶段还是我国政务公开将长期处于制度效果型这一阶段的延伸，是推进制度实施效果向更深程度发展的新阶段。制度效果型政务公开会经历一段较长的发展时期，期间会有若干个标志性成果不断推出。除了 2016 年对政务公开进行首次界定和 2017 年开展基层政务公开标准化规范化试点外，2019 年《政府信息公开条例》的首次修订算是一个标志性成果。在《国务院办公厅关于全面推进基层政务公开标准化规范化工作的指导意见》（国办发〔2019〕54 号）中所确立的于 2023 年基本建成全国统一的基层政务公开标准体系是另一个标志性成果。未来还会有国家制度体系信息平台建设等标志性成果陆续推出。"建设全国统一的法律、法规、规章、行政规范性文件、司法解释和党内法规信息平台"已纳入中共中央印发的《法治中国建设规划（2020—2025 年）》中。中共中央和国务院印发的《法治政府建设实施纲要（2021—2025 年）》对此也作出了进一步部署。

深化阶段还离不开提升立法位阶，为激发制度效果提供更加全面和强有力的制度保障。随着《全国人大常委会 2021 年度立法工作计划》提出研究启动行政基本法典等条件成熟的行政立法领域的法典编纂工作后，行政法法典化已提上议事日程，《政府信息公开条例》这一行政法规将来有可能通过升级为法律的方式编入法典。目前已有建议将"政务公开与数据治理"独立成编。[1]

---

[1] 马怀德：《行政基本法典模式、内容与框架》，《政法论坛》2022 年第 3 期，第 54 页。

思考题

1. 名词解释

深化政务公开

2. 简答题

（1）从制度演进视角可将我国政务公开划分成哪几个阶段？

（2）简述制度效果型阶段的典型特征。

（3）简述深化政务公开与制度效果型阶段的政务公开之间的关系。

3. 论述题

论述我国政务公开发展阶段的划分及依据。

第二章
政务公开的概念

【本章概要】政务公开的概念并非一成不变，它经历了动态发展并不断丰富的过程。新时代政务公开可以界定为：行政机关为保障公众知情权、表达权、参与权、监督权和提升政府公信力、执行力、治理能力、法治水平，以"公开为常态，不公开为例外"为原则，在强化政务信息管理的基础上，规范行政决策、执行、管理、服务、结果信息的全过程公开，并在政令传递、政策解读、回应关切、数据开放、申请答复和平台建设等方面所采取的一系列制度安排。政务公开包含政府信息公开和政府数据开放等内容，但与党务公开、村务公开有所区别，与国际上的开放政府既有共同之处，也有自身特色部分。

【学习目标】了解政务公开概念的动态发展过程，熟悉各阶段政务公开概念的区别和新时代政务公开的最新内涵，掌握政务公开与其他公开的关系。

第一节 政务公开概念的动态发展

政务公开的概念具有动态发展的特性，并非一成不变，随着政务公开发展各阶段的不断推进，政务公开的概念也随之发生一些变化。这主要基于对政务公开中的"政务"的广义和狭义理解。

广义的政务公开除了指行政公开外，还包括党务公开、检务公开、审务公开、警务公开、村务公开、厂务公开等。① 对应的政务公开主体几乎无所不包。党的机构、行政机关、法院、检察院、村民自治组织、国有企业等均是政务公开的责任主体。2000年10月召开的中国行政管理学会年会暨"政府政务公开理论与实践"研讨会就政务公开的含义分成两派，其分歧主要在于对"政务"的理解。一种观点认为，所谓政务，就是有关政治的种种事务，其中包括政党事务、行政事务和其他社会公共事务；政务公开，就是指除属于国家规定保密以外的党务、行政事务、社会公共事务等都要向社会和群众公开。这种理解可以看作广义的政务公开。根据这种理解，政务公开除了包括政府部门的政务公开之外，还应该包括立法部门、司法部门、政党、社会团体以及其他各种公共组织的政务公开。②

狭义的政务公开仅指各级人民政府和政府部门行使行政权的活动及其信息的公开。③ 政务公开仅仅限于政府机关范围内，尤其是与行政管理密切相关的、与人民群众利益密切相关的事务，因此不应该包括群众自治组织的村务公开，不包括司法领域的检务公开和审判公开，也不包括国有企业内部推行的厂务公开。④ 2005年印发的《关于进一步推行政务公开的意见》明确规定，这一时期的政务公开的责任主体是乡（镇）政府、县（市）和市（地）级行政机关、省级人民政府及其工作部门和国务院各部门，

---

① 马宝成：《政务公开的基本概念和基本理念探析》，《辽宁行政学院学报》2001年第1期，第7页。
② 胡仙芝：《"全国政务公开理论与实践"研讨会综述》，《中国行政管理》2000年第12期，第9页。
③ 姜明安：《论政务公开》，《湖南社会科学》2016年第2期，第45页。
④ 胡仙芝：《"全国政务公开理论与实践"研讨会综述》，《中国行政管理》2000年第12期，第9页。

官方文件是从狭义上理解政务公开,将责任主体限定在行政系统内。①

也有一种狭义理解是从公开内容来区分,将政务公开等同于办事公开或服务公开,认为政务公开是由行政单位将行使国家行政管理权力的事务和对社会公开服务的事项,向管理和服务的有关自然人、法人和其他组织公开。② 如此理解与 20 世纪 80 年代后期开始的"两公开一监督"项目所要求的"公开办事制度、公开办事结果、接受群众监督"密不可分。③ 该项目于 1988 年首先在河北省藁城市开展,很快扩展到其他省,包括湖南和福建。④ 据此,有观点认为政务公开的内涵和外延小于政府信息公开。如此理解脱离了我国政务公开动态发展的实践,并不被主流所认可。

第二节　新时代政务公开概念的演变

一、2016 年的官方界定

2016 年 11 月 15 日,国务院办公厅发布了《〈关于全面推进政务公开工作的意见〉实施细则》。该文件是对中共中央办公厅、国务院办公厅 2016 年年初发布的《关于全面推进政务公开工作的意见》相关要求的具体贯彻落实。该实施细则亮点纷呈,很多要求均是首次提出。其中一个值得称道的是首次对政务公开的内涵进行了界定。该实施细则指出,政务公开是行政机关全面推进决策、执行、管理、服务、结果全过程公开,加强政策解读、回应关切、平台建设、数据开放,保障公众知情权、参与权、表达权

---

① 干以胜主编:《中国政务公开研究》,中国方正出版社 2012 年版,第 1-2 页。
② 纪卫:《政务公开知识》,《上海城市规划》1997 年第 3 期,第 39-40 页。
③ 中央纪律检查委员会办公厅:《政务公开》,方正出版社 2004 年版,第 7 页。
④ 同上。

和监督权，增强政府公信力、执行力，提升政府治理能力的制度安排。

该定义适应了新形势的需要，它从主体、内容、目的等多个维度明确了政务公开的内涵。这一界定有利于明确政务公开工作的定位，并减少理论界和实务界在认识上的分歧。对这一定义，可以做如下几点理解。

首先，该定义将政务公开的主体限定于行政主体，包括各级行政机关和法律法规授权的具有管理公共事务职能的组织。这一限定是从狭义角度理解"政务公开"当中的"政"，聚焦政府系统的公开。它不同于广义上包括党的机关以及人大、法院、检察院等多主体类型的公开。这一理解与《政府信息公开条例》中对适用主体的要求相一致。同时，这一理解也符合国务院办公厅作为政务公开工作主管部门的职责定位。

其次，这一定义从政务公开工作全链条出发对政务公开的内容进行了细分。具体包括"五公开"、政策解读、回应关切、平台建设、数据开放。这些细分内容体现了以下思路：一是体现了从过往注重静态的结果公开到现今注重动态的全过程公开和公开后的解读回应环节，多位一体的政务公开工作格局得以确立。二是涵盖了信息公开和数据开放工作。信息公开属于"五公开"的应有之义。数据开放内容予以单列。信息公开和数据开放均为政务公开工作的内在组成部分，三者得以有机融合。三是涵盖了平台建设。政府网站、政务微博微信、政务客户端、政府公报和新闻媒体等这些平台承载着信息，只有充分利用这些平台并且注重多平台联动，信息才有可能传播迅速。

再次，这一定义明确了政务公开的目的。政务公开的目的包括两个方面：一方面，是从公众的角度而言，政务公开是保障公众知情权、参与权、表达权和监督权的必需。缺乏有效的政务公开，公众的权利行使则几无可能。知情权是公众其他权利有效行使的前提和基础。实施细则所规定的会议公开和重大决策草案的预公开使得公众参与权的行使成为可能。可救济的依申请公开方式和加强主动公开和政策解读等工作可以让群众看得到、听得懂、能监督。习近平总书记在2016年中央全面深化改革领导小组第二十次会议讲话中指出，政务公开是法治政府建设的一项重要制度，要以制度安排把政务公开贯穿政务运行全过程，权力运行到哪里，公开和监督就延伸到哪里。另一方面，是从政府自身需求而言，政务公开是增强政府公信力、执行力，提升政府治理能力的必需。及时权威的政策解读有助于减少误解误读，提升政府公信力；扩大公众参与，通过民意征集、政府热线、政策咨询问答和互动交流等渠道平台有助于提升政府科学决策水平和治理能力。政务公开不应简单地被认为是老百姓在添乱、找茬、帮倒忙；也不应被笼统地视为过于超前或是政府的一种自找麻烦。

最后，这一定义明确提出政务公开是一种制度化安排。关于政务公开公开什么、公开多少、在哪公开、怎么公开不能均由政府自身说了算。这次定义着重提出了政务公开是一种制度化安排。政务公开既包括政府行为的公开，也包括政府信息的公开。政府信息的公开由《政府信息公开条例》进行规范；政府行为的公开主要采用自上而下的行政推动、印发规范性文件的形式进行。[①]

二、最新理解

推进新时代政务公开工作，必须坚持服务大局，优化政务公开职能；必须坚持创新发展，持续深化政务公开。[②] 几年过去，

[①] 肖卫兵：《政务公开内涵的若干理解》，http://www.gov.cn/zhengce/2016-12/09/content_5145810.htm，最后访问日期：2022年3月19日。

[②] 摘自肖捷秘书长在全国政务公开领导小组第五次会议上的讲话。

对新时代政务公开的理解也应有些新的变化。应该来说，新时代政务公开可以界定为：行政机关为保障公众知情权、表达权、参与权、监督权和提升政府公信力、执行力、治理能力、法治水平，以"公开为常态，不公开为例外"为原则，在强化政务信息管理的基础上，规范行政决策、执行、管理、服务、结果信息的全过程公开，并在政令传递、政策解读、回应关切、数据开放、申请答复和平台建设等方面所采取的一系列制度安排。

不同于2016年的定义，该定义增加了一些要素。一是在公开目的上增加了提升法治水平。应该来说，法治建设尤其法治政府建设是推进我国政务公开法制化的一个举足轻重的因素。政务公开如今已经不仅仅是作为推进法治政府建设的手段，而且还是法治政府建设的当然内容。二是增加了"公开为常态，不公开为例外"这一原则。该原则已经被2019年修订后的《政府信息公开条例》吸纳为其中的一个法律原则。新时代政务公开的定义自然少不了对这一原则的重申。三是增加了政务公开的一些内容，如政令传递。政令传递是跑赢信息公开、提升执行力、促落实不走样、避免误解误读的必然举措。从加强政府内部信息共享的角度出发，新时代政务公开也应考虑到这点。同时，将申请答复作为一个独立内容从权力监督视角予以了强调。申请答复作为一种被动公开信息流，也是政府信息公开的主要内容，在政府信息公开作为政务公开的内在组成部分的今天，自然不容忽视。四是增加了政务信息管理。从提升政务公开能力的角度看，政务信息管理是推进政务公开工作的重要保障。目前推进的基层政务公开标准化规范化建设等工作，涵盖了政务公开标准目录编制、标准制定、目录展示应用等环节，为政务公开提供了标准姿势，对提升政务公开实效具有重要意义。政务信息管理还包括政策文件的规范管理，未来需要将法律、行政法规、规章、规范性文件、司法解释、党内法规等通过信息化手段，在集中统一的公开平台上规范发布，并根据立、改、废等情况动态调整更新并清理。

根据 2022 年 3 月 30 日召开的全国政务公开领导小组第五次会议的精神，推进新时代政务公开工作还需要强调"四个必须"：一是必须坚持党的领导，把准政务公开方向；二是必须坚持人民至上，以人民为中心推进政务公开；三是必须坚持服务大局，优化政务公开职能；四是必须坚持创新发展，持续深化政务公开。坚持党的领导与坚持人民至上具有高度的统一性。2021 年 11 月 11 日，中国共产党第十九届中央委员会第六次全体会议审议通过的《中共中央关于党的百年奋斗重大成就和历史经验的决议》中提到中国共产党百年奋斗的十条历史经验，分列第一位和第二位的是坚持党的领导和坚持人民至上。坚持党的领导是因为中国共产党是领导中国人民各项事业的核心力量；坚持人民至上是因为人民是党执政兴国的最大底气。中国共产党和人民利益的根本一致性决定了坚持党的领导和坚持人民至上具有高度的统一性。① 新时代政务公开工作需要围绕这两方面明确公开方向、优化公开职能、注重多维公开目的实现等方面深化政务公开。

第三节 新时代政务公开与其他公开的关系

一、政务公开和开放政府

与我国"政务公开"术语最为接近的国际上的术语是"开放政府"（Open Government）一词。虽然对开放政府的界定并不明确，但是一般意义上理解的开放政府至少包括透明、参与、协

---

① 徐沐熙：《论坚持党的领导和坚持人民至上的高度统一：学习〈中共中央关于党的百年奋斗重大成就和历史经验的决议〉》，《政工学刊》2022 年第 3 期，第 12 页。

同三个维度。① 最近又有人提出了五个维度，包括信息可得、透明、参与、协同和信息技术，并且认为未来不仅需要从整体上研究开放政府，还需要研究单个维度以及各维度间的关系。② 信息可得强调信息公开的广度和深度，与"五公开"这一全过程公开类似，也涵盖了主动公开和依申请公开。透明强调公开信息的可理解性和可利用性，与政策解读、数据开放相关。信息技术与我国《政府信息公开条例》第 8 条要求注重政府信息资源的信息化管理相一致，也与政务公开定义当中强化政务信息管理和平台建设相通。国外有学者提出开放政府需要从政策聚焦、信息形式、主要价值、市民角色四个维度予以转型，进阶意义上的开放政府的政策聚焦从单一知情权保障转向开放数据，信息形式从传统的纸质形式转向机器可读和可再利用的数据形式，主要价值从透明转向市民参与和协同治理，市民角色从被动知晓者和服务接受者转向主动的公共服务的共同提供者。③ 这与我国政务公开所强调的保障公众知情权、参与权、表达权和监督权有相似之处，但也不完全相同。

相比较而言，我国政务公开还强调政府自身建设和需求，政务公开目的维度提到提升政府公信力、执行力、治理能力、法治水平。另外，回应关切和平台建设是我国政务公开中应有的内容，具有我国的鲜明特色。我国更强调政令传递这一内部共享信息流的协同作用，与开放政府中强调政府和公众间的协同有所不

---

① A. J Meijer, D. Curtin, M. Hillebrandt, Open Government: Connecting Vision and Voice, *International Review of Administrative Sciences*, 2012 (1), 10-29.

② J. Ramon Gil-Garcia, Mila Gasco-Hernandez, Theresa A. Pardo, Beyond Transparency, Participation, and Collaboration? A Reflection on the Dimensions of Open Government, *Public Performance & Management Review*, 2020 (3): 483.

③ M. Jae Moon, Shifting from Old Open Government to New Open Government: Four Critical Dimensions and Case Illustrations, *Public Performance & Management Review*, 2020 (3): 535.

同，未来可以适当考虑增加协同元素，进一步丰富我国政务公开的内涵。

二、政务公开和政府信息公开

在实践中，大家对政务公开与政府信息公开的关系一直存有困惑。"政府信息公开"一开始的叫法并不统一，有叫"情报自由"①"情报公开"②"信息自由"③ 等。现有一些研究已经对政务公开与政府信息公开的相互关系进行了探讨。有人专门撰文从产生历史背景、规范性质、目的、公开内容、理论基础五个方面指出了政务公开与政府信息公开的不同。④ 也有人从公开主体和公开内容上认为政务公开大于政府信息公开，政务公开的主体是整个公权力主体，政府信息公开的主体只是行政权主体；政务公开内容包括动态活动和静态信息，政府信息公开只包括静态信息。⑤ 我们认为，应从政务公开的不同阶段出发，分析不同阶段的政务公开与政府信息公开的关系。只有如此，才有助于解决大家对这对相近概念的困惑。

（一）第一阶段政务公开与政府信息公开的关系

从以政府权力型为特征的第一阶段政务公开来看，这一阶段的政务公开在目的上和政府信息公开是有区别的，最大的区别体现在知情权的缺省。由此延伸的是政务公开在公开对象上不包括

---

① 潘汉典：《情报自由法：美国法典第五编 政府组织与职员》，《环球法律评论》1981年第1期，第67页。

② 赵正群：《情报公开法制化的世界潮流与政府上网工程的意义》，《清华法治论衡》2000年第1辑，第528页。

③ 后向东：《美国2016年〈信息自由法〉改革法案述评》，《电子政务》2016年第10期，第51页。

④ 白清礼：《政务公开与政府信息公开之辨析》，《图书馆工作与研究》2012年第8期，第63-64页。

⑤ 姜明安：《论政务公开》，《湖南社会科学》2016年第2期，第46页。

个体，即申请人。另外，政务公开和政府信息公开在内容上是交叉关系。这一阶段的政务公开侧重办事公开，也不延伸到政府从第三方获取的信息。同时，因为没有制度约束，政务公开在不予公开的范围上并不明确。这一阶段的政务公开在公开方式上只有主动公开，缺少政府信息公开所突出的依申请公开。最后，从保障角度看，这一阶段的政务公开有监督无救济，国家层面的推进主体以中纪委为主，并没有国务院办公厅。不可否认的是，这一阶段的政务公开实践为我国政府信息公开制度的最终建构奠定了基础。两者的详细区别见表 2-1。

表 2-1　第一阶段政务公开与政府信息公开的区别

比较维度	具体区别	
	第一阶段的政务公开	政府信息公开
目的	群众路线、反腐败、基层民主	有限的知情权，透明度，依法行政，经济发展
主体	公开信息是一种权力。政府是权力主体，面向的是单位内部职工和一般公众，非个体	公开信息是一种义务。政府作为责任主体。既面向公众，又面向个体
内容	侧重办事公开，不包括从第三方获取的信息；不予公开的范围不明确	延伸到政府信息，包括制作和获取；不予公开的范围相对明确
方式	主动公开	主动公开和依申请公开
保障	有监督无救济，推进主体以中纪委为主	有监督，推进主体以国务院办公厅为主；有救济，可复议、诉讼

（二）第二阶段政务公开与政府信息公开的关系

第二阶段的政务公开融入到政府信息公开当中，大部分内容成为政府信息公开的一部分，也有部分内容（如权力公开透明运行）不在政府信息公开的范围内。在公开目的侧重点上有所趋同。公开主体趋向一致，既面向公众，也针对个体。在公开内容上，这一阶段的政务公开侧重主动公开类政府信息；在不予公开的范围上，沿用《政府信息公开条例》中所规定的政府信息公开例外。在公开方式上，都有主动公开和依申请公开，只不过这一阶段的政务公开所提及的依申请公开针对的是已经、即将或应当主动公开的信息。从保障角度来看，这一阶段的政务公开和政府信息公开一样，有监督有救济。只有在推进主体上存在一些不同，在十八大之前，前者的推进主体以中纪委为主，后者的推进主体以国务院办公厅为主。

表 2-2　第二阶段政务公开与政府信息公开的区别

比较维度	具体区别	
	第二阶段的政务公开	政府信息公开
目的	有限的知情权、透明度、依法行政、经济发展	有限的知情权、透明度、依法行政、经济发展
主体	公开信息是一种义务。政府作为责任主体，既面向公众，也面向个体	公开信息是一种义务。政府作为责任主体，既面向公众，也面向个体
内容	延伸到政府信息，侧重主动公开类信息；范围上包括制作和获取；不予公开的范围相对明确	延伸到政府信息，包括主动公开信息和依申请公开信息；范围上包括制作和获取；不予公开的范围相对明确
方式	主动公开和依申请主动公开信息	主动公开和依申请公开
保障	有监督，推进主体在十八大之前以中纪委为主；有救济，部分可复议、诉讼	有监督，推进主体以国务院办公厅为主；有救济，可复议、诉讼

（三）第三阶段政务公开与政府信息公开的关系

从以制度效果型为特征的第三阶段政务公开发展来看，政务公开与政府信息公开之间在公开内容上是包含关系。从公开内容上来讲，政务公开除了政府信息公开外，还包括行为和数据的公开。政府数据开放也被包含在这一阶段政务公开的大概念中，成为政务公开中的一个新领域。① 从方式上来讲，这一阶段的政务公开除了强调政府信息公开的主动公开和依申请公开外，还多了开放和互动。两者在公开目的上也有差别。从保障角度看，国家层面推进主体统一为国务院办公厅，中纪委退出。2019年修订的《政府信息公开条例》在公开例外上也进一步明确，可同为政务公开和政府信息公开工作所适用。这一阶段的政务公开与政府信息公开的关系是指导未来开展政务公开工作的指南针。

表2-3　第三阶段政务公开与政府信息公开的区别

比较维度	具体区别	
	第三阶段的政务公开	政府信息公开
目的	保障公众知情权、参与权、表达权和监督权；增强政府公信力、执行力；提升政府治理能力	有限的知情权、透明度、法治政府、经济发展
主体	公开信息是一种义务。政府作为责任主体，既面向公众，也面向个体	公开信息是一种义务。政府作为责任主体，既面向公众，也面向个体
内容	政府信息，数据，行为信息；范围上包括制作和获取；不予公开的范围更为明确	政府信息；范围上包括制作和获取，不予公开的范围更为明确
方式	主动公开、依申请公开、开放和互动	主动公开和依申请公开
保障	有监督，推进主体为国务院办公厅；有救济，部分可复议、诉讼	有监督，推进主体为国务院办公厅；有救济，可复议、诉讼

---

① 杨孟辉：《开放政府数据：概念、实践和评价》，清华大学出版社2017年版，第7页。

三、政府信息公开和政府数据开放

"政府数据开放"这一术语出现得较晚,是随着信息技术的发展而出现。新时代政务公开与政府数据开放是一种包含与被包含的关系。政府数据开放是我国政务公开的内在组成部分。

实践中较难处理的是同为政务公开内在组成部分的政府信息公开与政府数据开放的关系。对于政府信息公开和政府数据开放的关系也是困扰大家较多的一对概念。学者对此作了详细分析。有人从公开对象、公开目的、实施重点强调了两者的不同。① 从公开对象而言,数据和信息是有区别的。数据是第一手的原始记录;信息是经过加工解读予以含义的数据。在公开目的上,政府信息公开强调公众知情权,侧重政治和行政价值;政府数据开放强调开发利用,侧重经济和社会价值。从实施过程来看,政府信息公开本身就是目标。政府数据开放注重政府和用户的互动。当然也有学者对此提出了异议,认为公开对象同为数据,但理解因人而异;两者价值也是趋同的,数据开放对象不限于原生数据。② 需要指出的是,认识两者的区别和联系不能离开政务公开这个大背景。可以说,从第三阶段的政务公开框架下理解,政府信息公开和政府数据开放同为政务公开的内在组成部分,两者不宜刻意分割,两者在公开目的、公开主体、公开保障等方面均有相似性。它们最大的不同体现在公开方式上,政府信息公开强调的公开方式包括主动公开和依申请公开。政府数据开放强调开放,是一种便于数据使用的主动公开,如机器可读、电子形式、

---

① 郑磊:《开放政府数据研究:概念辨析、关键因素及其互动关系》,《中国行政管理》2015 年第 11 期,第 13-14 页。
② 黄璜、赵倩、张锐昕:《论政府数据开放与信息公开:对现有观点的反思与重构》,《中国行政管理》2016 第 11 期,第 17 页。

免费和无需授权许可等。在公开内容上，虽然政府信息公开侧重信息，但是《政府信息公开条例》中的政府信息也涵盖政府数据。从政府信息构成要素来看，信息公开和数据开放的产生主体均为政府，产生过程为履职过程，产生方式为制作或获取，存在形式为客观存在。政府信息公开的例外也可适用于判断政府数据应当开放和不予开放的范围。应该来说，仅从制度层面来讲，两者在内涵上似乎并不存在实质差异。但从发展阶段来看，政府信息公开在先，政府数据开放在后。两者是信息化技术不同发展阶段下的产物。相比政府信息公开而言，政府数据开放还是离不开知情权保障这个核心，它能更为全面、主动和精准地保障知情权。

四、政务公开和村（居）务公开

村（居）务公开是指村（居）委员会组织将涉及村（居）集体和关系村（居）民利益的公共事务办理情况，通过一定的形式和程序告知全体村（居）民，并由村（居）民参与管理、实施监督的一种民主行为。政务公开与村（居）务公开在公开目的、公开主体、公开内容、公开依据、公开方式、公开时限和监督保障上均有不同的规定。关于村务公开的规范要求，可参阅《村务公开管理规范》（GB/T 40088—2021）。

政务公开与村（居）务公开的联系也很明显。第一，需要做好政务公开向村（居）公开延伸的工作。一方面，基层政务公开标准化规范化工作向村（居）务公开延伸，做好村（居）务公开的标准化规范化工作不可或缺。2020年1月8日，国务院办公厅印发的《关于全面推进基层政务公开标准化规范化工作的指导意见》提出，推动政务公开标准化规范化向农村和社区延伸。另一方面，做好政务公开内容中重点领域的信息公开需要村（居）务公开配合，村（居）务公开是一个必不可少的公开渠道。《国务院办公厅关于印发2021年政务公开工作要点的通知》（国办发〔2021〕12号）提出，加大惠民惠农政策和资金发放信息的公开力度，县级政府信息公开工作主管部门及财政部门要推动补贴信息公开向村和社区延伸，并与村（居）务公开有效衔接。《国务院办公厅关于印发2022年政务公开工作要点的通知》（国办发〔2022〕8号）细化要求县级政府及时公开涉农补贴申报信息，同时汇总当年面向农村的各类惠民惠农财政补贴资金实际发放结果，年底前将发放结果以村为单位通过村务公开栏公开，公开期满后，相关材料留存村委会供村民查询。延伸工作是衔接好政务公开与村（居）务公开的一个关键动作。2022年年初，新冠疫情的再次暴发更是提醒我们做好延伸工作的重要价值，通过标准化方式，在村（居）务公开工作中增加疫情防控、病例信息、物资保障、核酸检测等内容，有利于疫情防控效果最大化的发挥。只有做到政务公开与村（居）务公开两者衔接顺畅，才能一体推进，达到协同联动后提升政策落实效果。

第二，作为基层政务公开的责任主体，乡（镇）和区（县）政府负有监督村务公开的职责。《村民委员会组织法》第31条规定，村民委员会不及时公布应当公布的事项或者公布的事项不真实的，村民有权向乡、民族乡、镇的人民政府或者县级人民政府及其有关主管部门反映，有关人民政府或者主管部门应当负责调查核实，责令依法公布；经查证确有违法行为的，有关人员应当依法承担责任。该条款明确规定，接到村民反映的县级人民政府负有调查核实的法定职责，调查核实的范围包括村民委员会是否及时公布应当公布的事项以及公布的事项是否真实。对于该条规定中的"责令依法公布"要求，有案例认为仅向村委作出责令公开村务信息的决定还不够，还需对公布范围、方式作出限定，并对村委执行决定的情况进行有效核实，才能达到法律规定的具有约束力和执行力的责令程度。①

五、政务公开与公共企事业单位信息公开

政务公开与公共企事业单位信息公开属于不同的信息流或信息公开。我国2019年修订的《政府信息公开条例》确立了行政监管模式的公共企事业单位信息公开，它与政务公开在公开目的、公开主体、公开方式、公开渠道、公开内容、公开时限、监督保障上有所不同。

政务公开与公共企事业单位信息公开的联系也不可忽视。最为紧密的联系是落实行政监管模式。依据修订后的《政府信息公开条例》，国务院办公厅于2020年年底印发了《公共企事业单位信息公开规定制定办法》的通知，该办法从公开内容、公开方式、监督保障等方面明确了标准，提供了统一"姿势"。国务院有关主管部门于2021年和2022年制定了涉及教育、卫生健康、供水、供电、供气、供热、环境保护、公共交通等领域的管理办法，初步形成了我国行政监管模式下的公共企事业单位信息公开制度体系。未来还可拓展更多领域，最大化地发挥公开所带来的强化行政监管的效应。

 思考题

1. 名词解释

新时代政务公开　村（居）务公开

---

① 参见北京市高级人民法院（2018）京04行初1067号。

2. 简答题

(1) 简述政务公开广狭义内涵。

(2) 如何做好政务公开向其他公开的延伸和衔接工作?

3. 论述题

(1) 论述政务公开概念的动态发展。

(2) 如何正确看待政务公开与政府信息公开间的联系和区别?

第三章
"公开为常态，不公开为例外"原则

【本章概要】"公开为常态、不公开为例外"这一法律原则被正式写入了修订后的《政府信息公开条例》。这一原则包括五层含义：不公开清单外尽公开、部分公开优先适用、可公开可不公开时以公开处理、以主动公开常态降低依申请公开、主动公开的质优于主动公开的量。这种理解更符合新时代政务公开突出公开效果的主旨。当然，落实该一原则需要分计划、分步骤地不断推进。

【学习目标】了解"公开为常态、不公开为例外"这一原则在旧条例中的规定缺失。掌握"公开为常态、不公开为例外"这一原则写进新条例的过程，熟悉"公开为常态、不公开为例外"这一原则的内涵。

第一节 "公开为常态、不公开为例外"原则入法

一、旧《政府信息公开条例》的缺失

"公开为常态、不公开为例外"原则最初的提法是"公开是原则、不公开是例外"原则。因后者表述中有两个"原则"出现，为了避免重复，党的十八届四中全会上通过的《中共中

央关于全面推进依法治国若干重大问题的决定》中确定为前者。20世纪90年代以来，关于信息公开国际标准的讨论一直认为，"最大化公开原则"或"公开是原则，不公开是例外"应该规定在信息公开法中。欧洲依申请公开（Access Info Europe）和加拿大法律和民主（Law and Democracy）两大非政府组织于2011年9月28日（国际知情权日）推出的用以评估各国信息公开立法的全球信息公开法评级体系中的第二个指标也指向最大化公开。该指标要求法律上仅规定有限不予公开的理由，并鼓励信息公开原则。

我国2007年通过的《政府信息公开条例》并没有采纳这一鼓励公开的原则。虽然河北、湖北、江苏和辽宁等省的旧的政府信息公开规定中包含了这一原则，学界也呼吁采纳这一原则，但得到的答复是"过一段时间再说"。① 时任总理温家宝曾提到《政府信息公开条例》其实包含了"公开是原则，不公开是例外"，② 但这无法抹杀该原则不属于法定原则的事实。"公开是原则，不公开是例外"的缺省反映，在公开与保密之间，保密在我国《政府信息公开条例》制订之初仍旧享有一定的优先性。③ 这是因为2007年《政府信息公开条例》第8条规定了一个特殊原则。该条要求行政机关公开政府信息，不得危及国家安全、公共安全、经济安全和社会稳定。原工信部副部长杨学山指出，该条是各级行政机关在公开政府信息时的一个指导性原则。④

---

① 谭畅、李馥含、桂天舒：《政府信息公开条例实施11年来首次修订 迟到的"不公开为例外"》，《南方周末》2019年5月2日，第A3版。
② 温家宝：《认真贯彻党的十七大精神，大力推进廉政建设和反腐败工作》，《求是》2008年第9期，第6页。
③ 陈富智：《关于〈政府信息公开条例〉的几个问题（下）》，《中国行政管理》2008年第1期，第22页。
④ 肖卫兵：《中国信息公开改革新解：从信息流通角度》，上海社会科学院出版社2013年版，第120页。

这会鼓励行政机关在公开政府信息时，以保密而非以公开为优先衡量标准，尤其遇到那些可公开也可不公开政府信息的情形。这从另一侧面解释了"公开是原则，不公开是例外"没有被我国 2007 年《政府信息公开条例》采纳的原因。毕竟，该条规定和"公开是原则，不公开是例外"所体现的精神是相背的。

二、新《政府信息公开条例》的弥补

2011 年中共中央办公厅和国务院办公厅联合印发的《关于深化政务公开加强政务服务的意见》最先明确提出了该原则。当时的表述是："按照公开为原则、不公开为例外的要求，及时、准确、全面公开群众普遍关心、涉及群众切身利益的政府信息。""公开为常态、不公开为例外"这一原则在《中共中央关于全面推进依法治国若干重大问题的决定》中得以重提。该决定要求："全面推进政务公开。坚持以公开为常态、不公开为例外原则，推进决策公开、执行公开、管理公开、服务公开、结果公开。"

该决定颁布后，国务院办公厅随后于 2014 年年底启动了《政府信息公开条例》的修订工作。考虑到党和国家的重要文件已经明确提到这一原则，这时候再考虑修订《政府信息公开条例》时写入这一原则是水到渠成。2017 年对外发布的《政府信息公开条例》（修订草案征求意见稿）就明确将"公开为常态、不公开为例外"写进了法律原则条款中。2019 年通过的新《政府信息公开条例》最终规定了该原则。"公开为常态、不公开为例外"这一原则规定于总则篇第 5 条。该原则的确立回应了外界的强烈呼吁，无疑是此次条例修订的一大亮点。

第二节 "公开为常态、不公开为例外"原则的内涵

虽然 2019 年修订后的《政府信息公开条例》吸纳了"公开为常态、不公开为例外"这一原则，但对它的准确理解还需要进一步细化，以寻求找到便于该原则贯彻适用的最新解。对此，笔者认为，这一原则至少包含五层含义：不公开清单外尽公开（第 13 条规定）、部分公开优先适用（第 37 条）、可公开可不公开时以公开处理（第 16 条）、以主动公开常态降低依申请公开（第 44 条）、主动公开的质优于主动公开的量（第三章）。唯有如此，才能使信息公开法中的核心原则在政府信息公开实践中得以更好地贯彻。

一、不公开清单外尽公开

"公开为常态、不公开为例外"原则的第一层含义是不公开清单外尽公开。这与常规理解相一致。2019 年新修订的《政府信息公开条例》第 13 条强化了这一要求。该条规定，除《政府信息公开条例》规定的法定不予公开理由所涉及的政府信息外，其他政府信息应当公开。这意味着不予公开理由只能是新修订的《政府信息公开条例》第 14 条到 16 条规定的国家秘密、商业秘密、过程性信息等实体性例外。除此之外，不能新增任何政府信息不予公开方面的实体性理由。另外，新《政府信息公开条例》也从量上确立了只增不减的公开方向。这方面的具体体现是，新《政府信息公开条例》总则第 7 条要求各级人民政府应当逐步增加政府信息公开的内容。落实这一要求离不开动态调整机制。因此，新《政府信息公开条例》第 18 条要求开展定期评估审查工

作，原先不予公开的政府信息可因情势变化转为公开的政府信息。这说明不予公开的政府信息、不是一旦确定为不公开就永久不公开。根据情势变化可将不予公开的政府信息调整为公开的信息，这一举措可促进未来对外公开量的逐步增长，是"公开为常态、不公开为例外"原则的具体贯彻落实。

二、部分公开优先适用

"公开为常态、不公开为例外"原则的第二层含义是，对于所涉及的需要公开处理的政府信息宜采用部分公开优先适用标准，做到公开的充分性。我国 2007 年的《政府信息公开条例》首先提出了部分公开的要求。2019 年的《政府信息公开条例》承继了该一要求，该条例第 37 条规定："申请公开的信息中含有不应当公开或者不属于政府信息的内容，但是能够作区分处理的，行政机关应当向申请人提供可以公开的政府信息内容，并对不予公开的内容说明理由。"对该条的理解应该是，不鼓励在所涉及的政府信息只有一部分需要不予公开，就全部不予公开处理这种做法。该条用"应当"强调了部分公开的优先适用。当然，该条只是规定了依申请公开答复情形，不涉及主动公开情形。应该说，无论是主动公开部分信息还是被动公开部分信息，都应考虑到充分性的要求，用换位思维，从受众的关切度和获得感的角度公开到位。

三、可公开可不公开时以公开处理

"公开为常态、不公开为例外"原则的第三层含义是可公开可不公开时以公开处理。这可从新《政府信息公开条例》第 16 条关于任意式例外的规定推导得出。该条对于内部事务信息、过程性信息和行政执法案卷信息的公开，采取的是任意式立法，即可以不予公开，而不是"应当不予公开"这种强制式立法。还有，2019年修订的《政府信息公开条例》将旧条例的法律责任条款中的"公开不应当公开的政府信息的"这一情形予以删除。之前的这一规定是行政机关实践中不愿公开的最大顾虑之处。删除这一情形隐含了责任豁免机制。新《政府信息公开条例》向行政机关释放的一个强烈信号：如果非主观过错，依法公开了不应该公开的内容，行政机关及其工作人员可以免责。行政机关及工作人员仅限于"对不公开行为追责，不应对公开行为追责"。[①]这一系列改变意味着新《政府信息公开条例》树立起"公开优先"的制度导向，即鼓励未来遇到可公开可不公开时，采取公开的处理方式。

四、以主动公开常态降低依申请公开

"公开为常态、不公开为例外"原则的第四层含义是以主动公开常态降低依申请公开。新《政府信息公开条例》第44条就确立了该导向。该条规定：多个申请人就相同政府信息向同一行政机关提出公开申请，且该政府信息属于可以公开的，行政机关可以纳入主动公开的范围。对行政机关依申请公开的政府信息，申请人认为涉及公众利益调整、需要公众广泛知晓或者需要公众参与决策的，可以建议行政机关将该信息纳入主动公开的范围。行政机关经审核认为属于主动公开范围的，应当及时主动公开。根据该条的规定，行政机关可以将经常被申请的政府信息转为主动公开，并可基于申请人的建议，转为主动公开。这样说来，这里的"公开为常态"的正确理解应该是"主动公开为常态"，而不是"被动公开为常态"。这也是政府信息公开实践中需要特别

[①] 后向东：《论我国政府信息公开制度变革中的若干重大关系》，《中国行政管理》2017年第7期，第15页。

重视的一点。

五、主动公开的质优于主动公开的量

"公开为常态、不公开为例外"原则的第五层含义是需要摒弃政府信息公开最大化目标，而转向追求公开最优化目标，不仅仅强调公开的量，而且更应该强调公开的质。公开最大化目标是量的要求，仅限于政府与公众间单向、静态的沟通交流。它本身不会带来政府信息公开的和谐。最大化目标还会因一味地追求公开而损害其他不应损害的合法合理利益。强调公开最优化才是根本。

公开最优化需要构建起一套主动公开的闭环。一方面，需要从量上提要求。新《政府信息公开条例》第 19 条对主动公开要求的一般性规定和第 20 条关于主动公开的列举性规定都有所体现。第 20 条还规定了法律、法规、规章和国家有关规定要求应当主动公开的其他政府信息这一兜底条款。兜底条款所指的主动公开依据不仅仅限于法律法规，还扩及国家相关规定。另一方面，也需要在质上提要求。新《政府信息公开条例》要求动态增加主动公开的内容。第 22 条要求行政机关按照上级行政机关的部署，不断地增加主动公开的内容。这一要求是对从 2012 年以来国务院办公厅所开展的年度政务公开工作要点的肯定并将继续坚持这一独具我国特色的做法，不断拓展深化重点领域的信息公开内容。

当然，提升主动公开的质还应将政府信息的主动公开工作积极融入我国现如今推行的政务公开工作。这就要求以人民为中心，从覆盖事前、事中、事后的全过程公开的角度，从公开、解读、回应全链条的角度，从公开到兼顾到再利用的开放角度，从线上线下和新旧媒体等多平台联动的角度，让老百姓看得到、听得懂、易获取、能监督、好参与,最终实现信息公开让人民生活更美好的愿景。

 思考题

1. 名词解释

"公开为常态、不公开为例外"原则

2. 简答题

(1) 简述"公开为常态、不公开为例外"原则的立法过程。

(2) 简述"部分公开优先适用"。

3. 论述题

论述"公开为常态、不公开为例外"原则的内涵。

第二篇
政务公开的内容

本篇讲述政务公开各版块的内容，主要包括政府信息公开、"五公开"、重点领域信息公开、政策解读、回应关切、政府数据开放和政令传递，共七章。

第四章
政府信息公开

【本章概要】 政府信息公开是指行政机关通过法定形式和程序，在规定的时限内，主动将政府信息向社会公众或依申请向特定个人或组织公开的制度。我国《政府信息公开条例》于2007年通过，2008年5月1日实施。2019年第一次修订，并于5月15日正式施行。新《政府信息公开条例》扩大公开的"开"的一面，将之前的立法模糊变"明"，无论是在公开平台还是在公开程序上变得更"顺"，对申请人和行政机关更强调了说理，并加强了政府信息公开主管部门的内部监督。

【学习目标】 了解我国《政府信息公开条例》制订和修订历程，掌握《政府信息公开条例》修订的基本特征，熟悉政府信息公开的基本知识。

第一节 《政府信息公开条例》的制订和修订历程

一、制订历程

我国政府信息公开的法制化总体上经历了从下至上的立法进程。

（一）市一级层面展开的政府信息公开立法活动

我国地方政府从2002年开始就展开了政府信息公开方面的

立法探索。这些探索不仅保障了当地政府公开活动的规范化和法制化,而且还为更高一级政府在考虑类似立法时打下了基础。依据《立法法》的规定,我国较大的市有立法权。统计表明,截至 2006 年年底,49 个较大的市里,有 17 个较大的市先后出台了政府信息公开规定。广州市在 2002 年 11 月率先实现了我国政府信息公开立法的破冰。之后,8 个较大的市在 2004 年出台了政府信息公开规定,2005 年则是 5 个,2006 年有 3 个。这些政府信息公开规定大多同时规定了依申请公开和主动公开两种机制。

(二)省级政府开展的政府信息公开立法活动

地方政府信息公开立法是国家立法的试验田,① 为全国性立法积累了经验。2006 年之后,原国务院法制办开始更为积极地推动全国性政府信息公开立法。② 我国 12 个省级政府在 2006 年年底出台了政府信息公开规定。这为制定全国性的政府信息公开制度奠定了坚实基础。从 2004 年开始,政府信息公开立法活动在我国省级政府迅速开展。上海市在 2004 年 1 月 20 日率先出台了政府信息公开规定。该规定是全国最早关于政府信息公开的省级政府规章。2004 年有 3 个省级政府出台了类似规定,2005 年增加到 6 个,2006 年有 2 个。

地方各级政府信息公开立法活动给全国性立法创造了便利。首先,省市级政府信息公开立法活动有助于中央政府理解信息公开制度和我国国情并不是不相符合,尤其是上海市的立法实践。上海市的政府信息公开规定是国家层面可以参考的最为全面的范本。③

---

① 刘杰:《知情权与信息公开法》,清华大学出版社 2005 年版,第 282 页。
② 周汉华:《"洪范法律与经济研究所政府信息公开条例研讨会"》,http://www.hongfan.org.cn/file/upload/2007/03/17/1215097825.pdf,最后访问日期:2011 年 6 月 18 日。
③ Jamie Horsley, Shanghai Advances the Cause of Open Government Information in China,http://www.freedominfo.org/news/20040420.htm,2008-9-19。

其次，地方政府信息公开规定的实施，有助于国家层面意识到政府信息概念的不确定性、负责政府信息公开工作部门的多样性和对依申请公开收费制度的复杂性等诸多问题。① 这些问题的发现和积累、为全国性的政府信息公开立法明确了方向和内容。全国性的政府信息公开立法的时机渐趋成熟。

（三）国家层面开展的政府信息公开立法活动②

我国政府面临着一个应先通过信息公开法还是信息公开条例的抉择问题。法律与条例相比具有明显的优越性。全国人大代表在 2002 年和 2006 年曾 7 次提交了信息公开立法提案。为了回应全国人大代表们的要求，2003 年年初，十届全国人大常委会将信息公开法列为 2003—2008 之间五年立法规划的二类项目。这些二类项目需要研究起草、在成熟时才安排审议。但是，该立法规划并未实现。2004 年 3 月，全国人大内务司法委员会解释说，国务院正在考虑出台《政府信息公开条例》，信息公开法将待国务院制定的条例实施后，在总结实践经验的基础上再予以考虑。这意味着行政法规将先于法律在我国出台并实施。

明确了先出台行政法规这一思路后，原全国性信息化机构先期启动并积极推动政府信息公开条例的制订工作。在国家信息化领导小组出台了《电子政务建设纲要》后，原国务院信息化办公室于 2002 年 5 月委托中国社会科学院法学所起草政府信息公开条例。期间，中央纪委和全国政务公开领导小组从预防腐败出发，分别在第二次和第六次召开的全国政务公开领导小组会议上

---

① 李盛：《〈中华人民共和国政府信息公开条例〉的制定背景、主要内容及目录编制》，《电子政务》2008 年第 5 期，第 22 页。
② 肖卫兵：《中国信息公开改革新解：从信息流通角度》，上海社会科学院出版社 2013 年版，第 103-107 页。

积极推动《政府信息公开条例》尽快出台。

2004年后,党中央和国务院开始慎重考虑我国政府信息公开立法。2004年3月,温家宝总理在十届人大二次会议上承诺:"为便于人民群众知情和监督,要建立政务信息公开制度,增强政府工作的透明度"。该次会议之后的3月22日,国务院就出台了《全面推进依法行政实施纲要》。该纲要将政府信息公开视为依法行政框架的一部分,并要求各级部门积极开展信息公开立法活动。2005年,中共中央办公厅和国务院办公厅联合印发了《关于进一步推行政务公开的意见》,重申了加速政府信息公开的立法。随后,国务院在2004年和2005年将《政府信息公开条例》列为其立法规划中的二类立法。2006年,国务院首次将《政府信息公开条例》列为立法计划中的一类立法,这意味着条例将在2006年通过。实际上,该条例的通过略微有些延迟。2007年1月17日,《政府信息公开条例》经国务院常务会议通过,自2008年5月1日起施行。

二、修订历程

从2014年年底修订启动,历经四年,《政府信息公开条例》终于在2019年4月完成修订,并于5月15日正式施行。此次修订如此之久,足以说明修订工作非常不易。本次修订内容非常全面。这次修订涉及公开目的、原则、主体、内容、方式和监督机制等诸多方面,可谓是一次在有了丰富的本土实践之后,又吸收了国际上最新实践后的大修。对之进行评析非常必要。

(一)修订背景

2007年1月,我国通过了《政府信息公开条例》,实现了我国自1987年以来推行的政务公开实践的制度化。条例在建设法治政府和提升政府公信力等方面发挥了积极作用。但随着实施的推进，新情况、新问题不断出现，修订显得十分必要和迫切。对此，时任司法部负责人在答记者问时提到启动修订的三个考虑：一是行政机关公开广度、深度和准确度无法满足人民群众日益增长的信息需求；二是存在非正常申请，需要有所规制；三是弥补旧《政府信息公开条例》规定的不足，吸纳我国的实践经验。①基于此，本次条例修订总体考虑主要聚焦在四个方面，包括对基本定位和框架结构作必要调整、对主动公开制度重新设计、对依申请公开制度作必要优化调整和加强责任约束。②不同于旧《政府信息公开条例》，条例修改草案公开对外征求公众意见，公众参与度更为广泛，立法相对科学。

（二）本次条例修订的历程

2014年年底，政府信息公开工作的主管部门国务院办公厅决定启动《政府信息公开条例》的修订。外界第一次了解到条例将启动修订工作是基于"我向总理说句话"栏目组的回信。2015年1月20日，中国海洋大学行政管理专业2014级硕士研究生吴金鑫联名30余位全国人大代表、山东省政协常委及青年学子向中国政府网"我向总理说句话"栏目组发了一封邮件，建议将修订《政府信息公开条例》纳入国务院2015年立法工作计划。1月21日，吴金鑫得到栏目组的正式答复："条例的修订工作已经在进行中。"③ 2015年，国务院办公厅在充分吸收了江苏、上海等省市政务公开主管部门的内部意见和中国社科院法学所和上海政法学院等专家的前期重点问题的修改调研报告后，于2015年

---

① 《司法部负责人就〈中华人民共和国政府信息公开条例〉修订答记者问》，《法制日报》2019年4月16日，第2版。

② 后向东：《构建新时代中国特色政府信息公开制度》，《中国行政管理》2018年第5期，第8页。

③ 赵奚赟：《海大学子向总理建言获答复　建议将修订〈政府信息公开条例〉纳入国务院二〇一五年立法工作计划》，《中国海洋大学校报》2015年1月31日，第1版。

年底完成了条例修改建议方案并移交给原国务院法制办继续开展修订工作。2016年2月，中共中央办公厅和国务院办公厅联合下发的《关于全面推进政务公开工作的意见》更是明确提出："修订政府信息公开条例，完善主动公开、依申请公开信息等规定。"至此，条例修订紧锣密鼓地开展。

原国务院法制办从2016年开始接手条例修订工作。条例修订均纳入了国务院2016年度和2017年度立法工作计划中的全面深化改革急需的项目。① 2018年度国务院立法工作计划将条例修订归为全面贯彻党的十九大精神，围绕统筹推进"五位一体"总体布局和协调推进"四个全面"战略布局安排政府立法项目中的"为健全人民当家作主制度体系，发展社会主义民主政治，加强政府自身建设"方面的修订项目。② 2017年6月6日，条例修订草案征求意见稿对外发布。③ 征求意见结束后，条例几易其稿，进入了一段沉寂期。2019年以来，人大代表关于制定信息公开法的议案也开始提出。2019年全国"两会"期间，全国人大代表刘小兵建议制定《中华人民共和国信息公开法》，提升信息公开法律级次、扩大公开范围。④ 新《政府信息公开条例》最终于2019年4月15日对外发布，并于5月15日实施。

---

① 参见《国务院办公厅关于印发国务院2016年立法工作计划的通知》（国办发〔2016〕16号）；《国务院办公厅关于印发国务院2017年立法工作计划的通知》（国办发〔2017〕23号）；《国务院办公厅关于印发国务院2018年立法工作计划的通知》（国办发〔2018〕14号）。

② 参见《国务院办公厅关于印发国务院2018年立法工作计划的通知》（国办发〔2018〕14号）。

③ 参见国务院法制办公室关于《中华人民共和国政府信息公开条例（修订草案征求意见稿）》公开征求意见的通知。

④ 张弛、刘小兵：《制定信息公开法 切实保障人民的知情权》，民主与法制网，http://www.mzyfz.com/cms/benwangzhuanfang/xinwenzhongxin/zuixinbaodao/html/1040/201900307/content1386193.html?from=groupmessage&isappinstalled=0，最后访问日期：2019年4月27日。

第二节 《政府信息公开条例》修订的特点

一、"开"的一面

"开"的一面是指相比旧《政府信息公开条例》，新《政府信息公开条例》公开的广度、深度和力度都有所增强，尤其在推进主动公开方面更是如此，可总体上称为"放"。① 具体体现在如下四个方面。

一是将之前有所争议的"公开为常态、不公开为例外"② 这一原则在总则篇中确立。新《政府信息公开条例》第 5 条规定："行政机关公开政府信息，应当坚持以公开为常态、不公开为例外，遵循公正、公平、合法、便民的原则。"这一原则的确立回应了外界对此的强烈呼吁。③ 它的确立为今后在难以判断是否公开时以公开处理以及鼓励大幅度提升部分公开比例这些做法提供了有力支撑。当然，仅有这一原则还不够。新《政府信息公开条例》中还有诸多落实这一原则的具体规定。比如，新《政府信息公开条例》第 13 条"扎口"的规定，即除条例规定的法定不予公开理由所涉及的政府信息外，其他政府信息应当公开。这意味着不予公开的理由只能有新《政府信息公开条例》第 14 条到第 16 条规定的九种例外。除此之外，不能新增任何针对政府信息不予公开方面的新理由。

---

① 后向东：《论我国政府信息公开制度变革中的若干重大关系》，《中国行政管理》2017 年第 7 期，第 11 页。
② 张庆广：《落实以"公开为常态，不公开为例外"的瓶颈和路径》，《行政改革内参》2017 年第 1 期，第 21 页。
③ 谭畅、李馥含、桂天舒：《政府信息公开条例实施 11 年来首次修订 迟到的"不公开为例外"》，《南方周末》，2019 年 5 月 2 日，第 A3 版。

二是从量上确立了只增不减的公开方向。这方面的具体体现是新《政府信息公开条例》总则第7条要求各级人民政府应当逐步增加政府信息公开的内容。落实这一要求离不开动态调整机制。因此，新《政府信息公开条例》要求开展定期评估审查工作，对原先不予公开的政府信息可因情势变化转为公开的政府信息。这说明不予公开的政府信息不能是一旦确定为不公开，就意味着永久不公开。根据情势变化可将不予公开的政府信息调整为公开的信息，这一举措本身可促进未来对外公开量的逐步增长。

三是加大了主动公开的广度和力度，进一步夯实了我国政府信息公开立法的"主动公开"特色。① 新《政府信息公开条例》适应政务公开要求，缩减了旧《政府信息公开条例》对主动公开的一般原则要求。新《政府信息公开条例》第19条规定："对涉及公众利益调整、需要公众广泛知晓或者需要公众参与决策的政府信息，行政机关应当主动公开。"新《政府信息公开条例》还明确了主动公开的具体要求，将财政预算决算报告修改为预决算信息。这一修改意味着未来财政资金信息主动公开的广度将进一步扩大。新《政府信息公开条例》还增加了行政处罚和行政强制的依据、条件和程序及办理结果公开，具有一定社会影响的行政处罚决定公开，公务员招考的职位、名额、报考条件等事项以及录用结果公开和法律、法规、规章和国家有关规定要求应当主动公开的其他政府信息这一兜底条款。兜底条款所针对的主动公开依据不限于法律法规，还扩及国家相关规定。除了对主动公开内容进行列举外，新《政府信息公开条例》还要求动态增加主动公开内容。新《政府信息公开条例》第22条要求按照上级行政机关的部署，不断增加主动公开的内容。这一要求是对从2012年

---

① 肖卫兵：《论我国有局限的推出型信息公开法》，《行政法学研究》2010年第3期，第131页。

以来国务院办公厅所开展的年度政务公开工作要点的肯定并将继续坚持这一独具我国特色的做法，不断拓展深化重点领域的信息公开内容。加大主动公开内容还体现在依申请转主动公开机制的确立上，弥补了旧《政府信息公开条例》在这方面的不足。新《政府信息公开条例》吸取了国际上的相关做法并考虑到我国的实际，第44条要求行政机关将多个申请人就相同政府信息向同一行政机关提出的公开申请，且该政府信息属于可以公开的纳入主动公开的范围。同时要求积极回应申请人要求主动公开的建议，经审核认为属于主动公开范围的，应当及时主动公开。在主动公开的力度上，新《政府信息公开条例》还确立了未落实主动公开义务的监督机制，改变了之前申请人要求主动公开必须通过递交信息公开申请方式才能达成的窘境，一定程度上可以缓解因"主动公开行为不可诉"所带来的主动公开难以有效推进的难题。

四是从措辞上突出公开字眼，防止被贴上"政府信息不公开条例"的标签。旧《政府信息公开条例》的规定中有多个"保密"字眼，新《政府信息公开条例》予以大幅度减少，并突出从规范公开的角度进行阐述。如将旧《政府信息公开条例》规定的职责内容中"组织开展对拟公开政府信息的保密审查"改成"组织开展对拟公开政府信息的审查"；将旧《政府信息公开条例》中关于机制建设缺失所引发的责任追究中的"未建立健全政府信息发布保密审查机制的"改成"未建立健全政府信息公开有关制度、机制的"。最为突出的是，新《政府信息公开条例》将旧《政府信息公开条例》中法律责任条款所规定的"公开不应当公开的政府信息的"这一情形予以删除。之前的这一规定被外界戏称旧《政府信息公开条例》为"不公开条例"，同时也是行政机关实践中不愿公开的最大顾虑之处。删除这一情形，隐含了责任豁免机制。新《政府信息公开条例》向行政机关释放的一个强烈信号就是：如果公开了不应该公开的内容，并且非主观过错，行政机关可以免责，行政机关及工作人员仅限于"对不公开行为追责，不应对公开行为追责"。① 这一系列改变意味着新《政府信息公开条例》将树立起"公开优先"的制度导向。

二、"明"的一面

旧《政府信息公开条例》广受批评的一大方面是，被认为不予公开理由和依申请公开所涉及程序等方面的规定不明确导致实践中适用困难。当时，因客观条件所限，在依申请公开工作方面没有本土经验积累，做到事无巨细实在是勉为其难。在经过十来年实施之后，相关问题已经充分显现。对此，新《政府信息公开条例》最大的着力点就是解决旧《政府信息公开条例》中规定模糊、笼统的不足。具体体现在以下三个方面。

一是在公开义务主体上予以明确规定。实践中最大的困惑是从其他行政机关获取的政府信息的公开义务主体的确定。新《政府信息公开条例》第10条确立了"谁制作，谁公开"原则并对之予以进一步明确，要求对于联合制作主体的确定，由牵头制作的行政机关负责公开，而不是所有联合制作主体均有义务公开。牵头单位可以征询其他联合制作主体的意见，其他制作主体逾期不提供意见的视为同意。同时，新《政府信息公开条例》确立了"谁获取，谁公开"的原则并对之予以进一步明确。新《政府信息公开条例》区分从其他行政机关获取和从非行政机关获取两种情形，明确了从其他行政机关获取的政府信息，由制作或者最初获取该政府信息的行政机关负责公开。不属于本机关负责公开答复是实践中使用频率较高的一种无法提供的理由。新《政府信息

---

① 后向东：《论我国政府信息公开制度变革中的若干重大关系》，《中国行政管理》2017年第7期，第15页。

公开条例》如此规定能有效地降低这一答复,有助于在政务公开的大背景下,提升信息公开的服务水平。另外,受旧有的行政主体理论所限,针对实践中突出的派出机构或内设机构是否是公开义务主体这一问题,新《政府信息公开条例》对派出机构、内设机构设定了公开义务要求,但需满足两个条件:一是依照法律、法规的规定;二是对外以自己的名义履行行政管理职能。

二是对公开例外予以明确,细化了不同种类,确立了实践中不断出现的多种新情形。旧《政府信息公开条例》的例外体系凌乱,不成系统,① 新《政府信息公开条例》解决了这一问题。将实践中的各种合理情形予以了充分吸纳。综合起来看,对于实体性例外,规定了国家秘密、其他法律和行政法规禁止公开的信息、危及"三安全一稳定"(国家安全、公共安全、经济安全和社会稳定)的信息、第三方合法权益信息(商业秘密、个人隐私、其他第三方信息)、内部事务信息、过程性信息、行政执法案卷和行政查询事项八种情形。对于程序性例外,明确规定了已主动公开、信息不存在、不属于本机关负责公开、重复申请、以信息公开名义提出的信访投诉或举报、申请公开出版物、需加工分析、异常申请(申请权滥用、合理异常)八种情形。同时对于过程性信息和内部事务信息进行了明确列举,如内部事务信息包括人事管理、后勤管理、内部工作流程等;过程性信息包括在履行行政管理职能过程中形成的讨论记录、过程稿、磋商信函、请示报告等。对于过程性信息,还摒弃了"过程说",转为"状态说"。② 另外,对这些例外,还秉承"区分论",分类别式例外

---

① 肖卫兵:《论我国政府信息公开例外体系构建完善》,《交大法学》2018年第1期,第128页。
② 肖卫兵:《政府信息公开热点专题实证研究:针对条例修改》,中国法制出版社2017年版,第53页。

(如国家秘密)、损害式例外(如第三方信息和"三安全一稳定")、强制式例外(如其他法律、行政法规禁止公开)、任意式例外(如内部事务信息和过程性信息);绝对式例外及相对式例外(后者受制于公共利益衡量,如第三方信息)。如此细致和周密的规定,目的是通过明确例外的种类,确保其可用,并将不予公开的权力有效地关进"笼子"。这绝不简单地意味着新《政府信息公开条例》大大限缩了公开的范围。

三是对模棱两可的申请条件予以明确。首先是取消了旧《政府信息公开条例》的"三需要"的申请条件。"三需要"在实践中得以启用是政府信息公开"异化"的产物,[①] 在旧《政府信息公开条例》不予公开理由立法不周全的情况下,启用第13条"三需要"规定作为限制申请权滥用的一种措施有一定的合理性。[②] 当然,行政机关普遍认为"三需要"门槛过低,需慎用。新《政府信息公开条例》与国际趋势接轨,果断取消了这一限制。申请人不必说明申请目的就可递交政府信息公开申请。但同时,新《政府信息公开条例》对申请条件增加了身份证明要求,强调了申请的严肃性和真实性。

四是对补正予以明确。由申请内容不明确所带来的补正问题在旧《政府信息公开条例》中并未得以细化。新《政府信息公开条例》第30条对补正时间、补正要求、答复期限起算、不补正后果都予以了明确。对内容不明确的申请,行政机关有义务指导和释明。行政机关应该在收到申请之日起7个工作日内一次性告知申请人作出补正,说明需要补正的事项和合理的补正期限。一

---

① 后向东:《政府信息公开申请资格条件上的利害关系问题探讨》,《中国行政管理》2018年第2期,第85页。
② 章剑生:《政府信息获取权及其限制:〈政府信息公开条例〉第13条评析》,《比较法研究》2017年第2期,第10页。

次性告知是原则，不能无故要求申请人多次补正，避免将补正作为延迟答复手段使用。当然，申请答复期限自行政机关收到补正的申请之日起计算，不再是之前实践中的中止算法。对于申请人无正当理由逾期不补正的，视为放弃申请，行政机关不再处理该政府信息公开申请。

五是对收到时间的明确。新《政府信息公开条例》通过区分不同方式的申请，明确了不同的收到时间。明确收到时间节点有利于今后 20 个工作日答复期限的起算。新《政府信息公开条例》区分三种不同情形：当面申请的，以提交之日为收到申请之日；邮寄申请的，以行政机关签收之日为收到申请之日；以平信申请的，以确认之日为收到申请之日；以互联网渠道或传真申请的，以双方确认之日为收到申请之日。

六是对答复情形予以明确。新《政府信息公开条例》第 36 条具体列举了已经主动公开、同意公开、不予公开、信息不存在、不属于本机关负责公开、重复申请、行政查询事项这七种答复情形。除此之外，还对部分公开、需加工分析、以信息公开名义提出的信访投诉或举报、申请公开出版物、异常申请这五种情形进行了明确。

三、"顺"的一面

新《政府信息公开条例》为顺畅政府信息公开工作，从标准化规范化、平台建设、申请程序等方面提出了一系列要求。

一是标准化规范化要求。新《政府信息公开条例》第 8 条规定："各级人民政府应当加强政府信息资源的规范化、标准化、信息化管理。"这是对自 2017 年以来基层政务公开标准化规范化试点工作的肯定。这项工作将成为常态化工作，会扩展到所有行政机关所涉的所有政府信息资源。

二是政府信息公开平台建设。其一，在线办理平台。新《政府信息公开条例》要求，加强互联网政府信息公开平台建设，推进政府信息公开平台与政务服务平台融合，提高政府信息公开在线办理水平。其二，政务新媒体平台建设要求。新《政府信息公开条例》第 23 条要求，建立健全政府信息发布机制，将主动公开的政府信息通过政府公报、政府网站或者其他互联网政务媒体、新闻发布会以及报刊、广播、电视等途径予以公开。其三，强化政府网站作为公开的第一平台地位。新《政府信息公开条例》第 24 条要求，各级人民政府加强依托政府门户网站公开政府信息的工作，利用统一的政府信息公开平台集中发布主动公开的政府信息。除此之外，政府信息公开平台应当具备信息检索、查阅、下载等功能，便于公众获取、使用。另外，就是线下查阅场所增加。新《政府信息公开条例》第 25 条规定，各级人民政府在国家档案馆、公共图书馆之外还需在政务服务场所设置政府信息查阅点，设置了三个线下查阅点的硬性要求，为公众线下获取主动公开的政府信息提供了便利。

三是完善申请渠道和程序。申请渠道的畅通是成功递交政府信息公开申请的前提。新《政府信息公开条例》第 29 条要求，申请人应当向行政机关的政府信息公开工作机构提出信息公开申请，避免了之前向机构负责人或信访部门等其他业务处室申请所带来的衔接上的挑战。第 28 条要求，行政机关建立完善政府信息公开的申请渠道，为申请人依法申请获取政府信息提供便利。同时要求行政机关建立健全政府信息公开申请登记、审核、办理、答复、归档的工作制度，加强工作规范。加强这方面的规范工作非常必要，它可以有效地避免答复的不规范、不统一和不及时等情况。对此，有些省份（如江苏省）制定了《关于规范政府信息依申请公开办理程序的意见》并对外发布。

四、"理"的一面

新《政府信息公开条例》对申请人和行政机关都加强了说理要求。对特殊申请人而言，如果其申请公开政府信息的数量、频次明显超过合理范围，行政机关可以要求其说明理由。这是对实践中申请权滥用的一种合理规制。"三需要"这种申请目的在对待特殊申请人时其实并未废除，但也只限于这种特殊申请人。另外，对于补正，如果申请人无正当理由逾期不补正的，视为放弃申请，行政机关不再处理该政府信息公开申请。申请人需要慎重对待补正，并利用好补正程序加强与行政机关的沟通，说明实际情况。还有就是对所申请信息涉及的第三方，也加强了其说理要求。不同于之前只要第三方不同意即不公开，即使不答复也会视为不同意这种实践做法，新《政府信息公开条例》要求第三方如果持不同意公开意见，最好附上合理理由，供行政机关综合考量。

当然，对行政机关，新《政府信息公开条例》也加强了相关说理要求。新《政府信息公开条例》规定，当申请人所申请的内容不明确时，行政机关应当给予指导和释明。行政机关依据条例的规定决定不予公开的，应当告知申请人不予公开并说明理由。不予公开的理由指向前面所述的九种例外。对部分公开答复，行政机关应当向申请人提供可以公开的政府信息内容，并对不予公开的内容说明理由。避免随意隐去政府信息内容。对信息不存在等程序性例外，也应有更多阐释，如经检索未发现等，既可以赢得申请人的理解，也克服了证明不存在的客观不能问题；如对不属于本机关负责公开答复，行政机关应当告知申请人并说明理由。认定为申请权滥用的，也需要从申请目的、行为和历史等方面进行说理。说明理由义务是新增要求，不同于旧《政府信息公开条例》只是笼统地指出不属于本机关负责公开机关，有利于缓解"踢皮球"现象并尽可能地降低不属于本机关负责公开答复的频率。

五、"督"的一面

相比旧《政府信息公开条例》，新《政府信息公开条例》在发挥内部救济监督机制作用方面得以大幅度加强。国际上有一些国家设立了独立的第三方信息专员机制，用以解决政府信息公开专业领域的争议。虽然有人也建议我国设立这一机制，[①] 我国也意识到这一机制的影响，但新《政府信息公开条例》还是从加强主管部门职能、强化内部专业监督机制予以回应。从政府信息公开主管部门入手，先是要求确定县级以上地方人民政府办公厅（室）作为本行政区域的政府信息公开工作主管部门，负责推进、指导、协调、监督本行政区域的政府信息公开工作。这一规定意味着各地不能再由指定的服务中心等其他单位作为主管部门，实现了主管部门要求的统一。在此基础上，强化了主管部门的各项职能，要求主管部门加强对政府信息公开工作的日常指导和监督检查，从内部监督开始落实政府信息公开工作。新《政府信息公开条例》还赋予主管部门相应的权力，如果行政机关未按照要求开展政府信息公开工作的，或因公众提出行政机关违反主动公开义务或不依法答复处理信息公开申请的，主管部门有权予以督促整改或者通报批评；需要对负有责任的领导人员和直接责任人员追究责任的，主管部门有权提出处理建议。将责任落实到具体的工作人员是新《政府信息公开条例》为有效发挥内部监督机制的一大举措。除该条例外，2018年修订的《中国共产党纪律处分条例》第119条[②]

[①] 申静、王敬波：《设立政府信息公开委员会的域外经验及本土设计》，《理论与改革》2015年第1期，第103页。

[②] 该条规定：不按照规定公开党务、政务、厂务、村（居）务等，侵犯群众知情权，对直接责任者和领导责任者，情节较重的，给予警告或者严重警告处分；情节严重的，给予撤销党内职务或者留党察看处分。

和 2020 年通过的《公职人员政务处分法》第 38 条还特别规定了违反信息公开法定义务方面的法律责任。① 这一系列措施都凸显了我国对信息公开监督方面的重视。

另外,公民、法人或者其他组织认为行政机关在政府信息公开工作中侵犯其合法权益的,可以向上一级行政机关或者政府信息公开工作主管部门投诉、举报。主管部门第一次被赋予了处理投诉举报的内部救济职能。除此之外,作为主管部门的各级人民政府应当在政府信息公开工作年度报告中加上工作考核、社会评议和责任追究结果情况。这方面信息的增加对主管部门提出了更高要求,督促其将保障监督职责落到实处。当然,除了加强监督之外,主管部门还应当对行政机关的政府信息公开工作人员定期进行培训和开展相应的指导工作。

 思考题

1. 名词解释

政府信息　政府信息公开　依申请公开

2. 简答题

(1) 简述我国《政府信息公开条例》的制订历程。

(2) 简述我国《政府信息公开条例》的修订历程。

3. 论述题

论述我国《政府信息公开条例》的修订特点。

---

① 该条第 1 款规定:有下列行为之一,情节较重的,予以警告、记过或者记大过;情节严重的,予以降级或者撤职:(一)违反规定向管理服务对象收取、摊派财物的;(二)在管理服务活动中故意刁难、吃拿卡要的;(三)在管理服务活动中态度恶劣粗暴,造成不良后果或者影响的;(四)不按照规定公开工作信息,侵犯管理服务对象知情权,造成不良后果或者影响的。

第五章
"五公开"

【本章概要】 决策、执行、管理、服务和结果公开,简称"五公开",是新时代政务公开所倡导的全过程公开的核心内容。实践中经常遇到何为决策公开、管理与服务公开如何区分、这些公开分别包含哪些内容等方面的困惑。充分认识"五公开",需要从公开思维和公开内容两个维度出发,且应偏重前者,落实相关要求。

【学习目标】 了解"五公开"的概念,掌握"五公开"中各项公开的内涵,熟悉"五公开"的落实要求。

第一节 "五公开"的缘起

"五公开"在我国的提出是党的十八大之后。最早提及"五公开"的文件是 2013 年党的十八届三中全会通过的《中共中央关于全面深化改革若干重大问题的决定》。在决定第十部分"强化权力运行制约和监督体系"中提到:"完善党务、政务和各领域办事公开制度,推进决策公开、管理公开、服务公开、结果公开。"该决定只是提到了四个公开。"五公开"的提出是 2014 年党的十八届四中全会通过的《中共中央关于全面推进依法治国若干重大问题的决定》。在决定第三部分"深入推进依法行政,加快建设法治政府"中提出:"全面推进政务公开。坚持以公开为常态、不公开为例外原则,推进决策公开、执行公开、管理公开、服务公开、结果公开。"此后,"五公开"的提法得以相对固定,在国家各类文件中不断被提及。2015年12月,中共中央和国务院联合印发的《法治政府建设实施纲要(2015—2020年)》对五种类型的公开予以重提。2016年2月17日,中共中央办公厅和国务院办公厅联合下发的《关于全面推进政务公开工作的意见》(中办发〔2016〕8号)中对"五公开"进行了一些针对性的具体阐释。2016年11月15日,国务院办公厅发布的《〈关于全面推进政务公开工作的意见〉实施细则》(国办发〔2016〕80号)中明确提出了"五公开"的简称。国务院办公厅印发的《2017年政务公开工作要点》和《2018年政务公开工作要点》也沿用了该"五公开"简称。

第二节 "五公开"的内涵

一、"五公开"之间的关系

"五公开"提出后,无疑带来一个不可回避的问题:什么是决策公开、执行公开、管理公开、服务公开和结果公开?这个问题一直困扰着政务公开从业人员。对这个问题的回答并不容易。有学者已经注意到这五种类型的公开,并且认为它们存在一定程度的交叉和重合。这是因为结果公开不应是孤立的,决策、执行、管理和服务公开中必定有结果类型的公开,否则就失去了公开的完整性。另外,相对于"决策","执行、管理和服务均是"执行",因此,管理公开和服务公开是执行公开的一种。管理公开和服务公开相对清晰,管理公开针对较多义务性、单方性和强制性层面的执行公开,服务公开指的是具有较多权益性、协商性和柔性层面的执行公开。①

面对这种交叉和重合情况无法避免的现状，厘清"五公开"的内涵有一定的必要性。而要厘清内涵，则离不开结合国家相关文件和各地实践进行探索。这方面可找到的一个参照标准是中共中央办公厅和国务院办公厅联合下发的《关于全面推进政务公开工作的意见》（中办发〔2016〕8号）。该意见第二部分"二、推进政务阳光透明"中对"五公开"逐一进行了阐释，可以算是对"五公开"中各个公开的一些最初理解。"五公开"中的相关公开，尤其是决策公开在随后的《〈关于全面推进政务公开工作的意见〉实施细则》（国办发〔2016〕80号）中得以进一步明确和细化。执行公开和结果公开等其他公开也在2017年以来的国务院办公厅下发的一些年份的政务公开年度工作要点中得以提及。2020年6月，一些地方政府在各自门户网站中的政务公开专栏当中分各种类型公开特别设置了"五公开"栏目，较为典型的是上海市、安徽省和山东省。其中，以上海市最为突出，从市级政府到16个区政府的门户网站都开设了"五公开"栏目。遗憾的是，现有关于"五公开"的理论研究几近空白，远远没有跟上我国政务公开的飞速发展步伐。下面结合这些文件资料和各地的探索经验，对"五公开"逐一进行初步分析。

二、决策公开的内涵

政务公开领域的决策公开特指重大行政决策事项的公开，包括重大行政决策事项的事前、事中和事后的全过程公开。针对这一定义，可以延伸出如下决策公开的内容。

一是事前环节的公开。决策公开的全过程公开的第一个环节

---

① 姜明安：《论政务公开》，《湖南社会科学》2016年第2期，第47页。

是事前公开环节,它突破了过往的侧重于事后结果公开的限制,将公开要求延伸到决策前。做好事前环节的公开,一般有两种标准做法:其一,事前环节的决策公开需要一个权威统一的公开平台。对此,一般要求在政府网站政务公开专栏上以设立决策公开的子栏目的方式集中公开涉及决策公开的相关内容;其二,更为关键的是年度决策事项目录的确定和公布。《重大行政决策程序暂行条例》鼓励决策机关可以根据第3条第一款的规定,结合职责权限和本地实际,确定决策事项目录、标准,经同级党委同意后向社会公布,并根据实际情况调整。至于重大行政决策事项目录的确定,则以2019年5月颁布的《重大行政决策程序暂行条例》为准。条例第3条解释了重大行政决策事项包括五大方面的内容:(1)制定有关公共服务、市场监管、社会管理、环境保护等方面的重大公共政策和措施;(2)制定经济和社会发展等方面的重要规划;(3)制定开发利用、保护重要自然资源和文化资源的重大公共政策和措施;(4)决定在本行政区域实施的重大公共建设项目;(5)决定对经济社会发展有重大影响、涉及重大公共利益或者社会公众切身利益的其他重大事项。条例同时指出,财政政策、货币政策等宏观调控决策,政府立法决策以及突发事件应急处置决策虽属于重大行政决策事项,但不适用该条例。

为了更好地明确第3条所确立的重大行政决策事项的内容,条例鼓励各级行政机关确定重大行政决策事项目录、标准,便于执行条例所规定的各项决策程序要求。至于重大行政决策事项目录公布时应包括哪些标准要素,实践中做法多样。笔者认为,决策事项、承办单位、完成时间应该是不可或缺的要素,其他要素可根据情况选择公开。

二是事中环节的公开。事中环节的决策公开是决策公开环节的核心内容。这方面的要求可以细化为决策事项向社会公开征求意见环节和邀请相关方代表列席相关会议的会议开放环节。征求意见环节的公开内容是决策草案及其说明等材料，明确提出意见的方式和期限，公开方式是通过听证座谈、网络征集、调查研究、咨询协商、问卷调查、民意调查、媒体沟通等多种方式，广泛听取意见。公开平台是政府网站、政务新媒体以及报刊、广播、电视等便于社会公众知晓的途径。公开征求意见的期限一般不少于30日；因情况紧急等原因需要缩短期限的，公开征求意见时应当予以说明。

会议开放环节侧重是否邀请利益相关方、公众代表、专家、媒体等列席政府全体会议、常务会议、专题会议。原则上列入重大行政决策事项目录的决策事项均可采取会议开放的方式要求利益相关方列席，各地目前的实践是从年度不少于2次这种次数上提出要求。对涉及公众利益、需要社会广泛知晓的电视电话会议，行政机关应积极采取广播电视、网络和新媒体直播等形式向社会公开。通过开展民意调查等公众参与方式，建立健全企业家、利益相关方等社会公众参与的涉企政策制定机制，推进用权公开和各项政策符合基本国情和客观实际。

三是事后环节的公开。事后环节的公开是决策结果、决策解读、意见征集和采纳情况和决策后评估等内容的公开。决策结果涉及议定事项的政策文件和会议纪要。对于意见征集和采纳情况，需要公开征求意见的采纳情况，相对集中的意见和建议不予采纳的，公布时要说明理由。① 对于决策后评估，要求发挥好人大代表、政协委员、民主党派、人民团体、社会公

---

① 《重大行政决策程序暂行条例》第32条规定："决策机关应当通过本级人民政府公报和政府网站以及在本行政区域内发行的报纸等途径及时公布重大行政决策。对社会公众普遍关心或者专业性、技术性较强的重大行政决策，应当说明公众意见、专家论证意见的采纳情况，通过新闻发布会、接受访谈等方式进行宣传解读。依法不予公开的除外。"

众、新闻媒体的监督作用，通过委托专业机构、社会组织等第三方等方式，做好对政策措施执行情况的评估和监督工作。需要注意的是，《重大行政决策程序暂行条例》目前未对决策后评估的公开进行规定。

从各地的探索实践看，大家对于决策公开的认识相比"五公开"中的其他公开来讲，更为清晰。也有通过设立决策公开专栏实现了决策公开从无到有的过渡，达到了不断提升决策透明度的目的。展望未来，可以进一步优化决策公开栏目内容。

一是建议从事前、事中和事后三个环节具体设计决策公开栏目内容。事前环节主要包括年度重大决策事项目录。事中环节包括征求意见和会议开放。征求意见再细分为决策草案及说明等材料、征求意见的方式；会议开放不一定需要细分，可根据各地推进情况细分为政府全体会议、常务会议、专题会议开放。事后环节包括决策结果、决策解读、意见征集和采纳情况和决策后评估等内容的公开。如此划分是针对块的方式所作的区分。当然，更为便民的路径是基于年度重大决策事项目录中一项项决策事项这一事前环节，从决策全周期管理的角度看，以链接等方式展示其事中和事后各环节内容，让各项公开内容以目录树的方式串联起来，一目了然，可以提升公众的获得感。

二是编制决策公开标准化目录，推进决策公开标准化规范化。随着《重大行政决策程序暂行条例》的颁布和实施，编制决策公开标准化目录显得非常迫切。随着《重大行政决策程序暂行条例》在2019年的制定出台，编制决策公开标准化目录的时机已经成熟。具体编制路径是按照事前、事中、事后全过程梳理事项目录和公开内容。其中还可融入政策解读、回应关切等政务公开元素。最终通过以事项目录超链接方式归集展示。

三、执行公开的内涵

目前缺少对执行公开概念的界定。这里的执行公开主体是行政机关。它不同于法院层面的将案件执行和执行程序予以公开的执行公开。基于对相关文件的研读，我们认为，政务公开层面的执行公开是指决策作出后责任部门为落实政府工作报告等文件中的各项重大任务所采取的涉及任务分解、工作进展及成效、执行力保障等一系列措施的全过程公开。这里的执行公开更多涉及政府内部层面的任务落实。服务公开和管理公开层面的执行公开不在此列。另外，重点领域的信息公开也涉及执行公开，但其一般以单列专栏的方式予以集中公开处理。因此，这里所探讨的执行公开特指"小切口"的执行公开，即狭义层面的执行公开。基于此，"小切口"的执行公开主要包含三个方面内容。

一是任务分解信息公开。这需要围绕党和国家的中心工作，在政府工作报告、规划计划的基础上，细化公开执行措施、实施步骤、责任分工、监督方式等方面的内容。二是工作进展及成效信息公开。这需要公布各项任务的工作进展、完成情况和取得成效。三是执行力保障信息公开。这需要注重对基层一线政策执行人员开展政策解读和培训，确保各项政策在实际执行环节不遗漏、不走样；另外，需要通过听取公众意见和建议，积极开展决策执行效果评估方面的信息公开。还有就是加强督查和审计发现问题及整改落实情况公开，积极公开不作为、慢作为、乱作为问责的情况，深化审计结果公告及整改情况的公开，促进重大政策措施的有效落实。

根据各地的探索实践，大家在执行公开上的认识相比决策公开来讲，认识上不统一的情况更为突出。现有更多执行公开栏目下的内容指向重点领域信息公开，与我们所理解的"小切口"的执行公开吻合度并不高。未来有必要进一步统一对执行公开的认识，优化执行公开栏目的内容。这就需要从事前、事中和事后三个环节具体设计执行公开栏目的内容。事前环节主要包括任务分解信息公开，具体包括围绕党和国家的中心工作所采取的执行措施、实施步骤、责任分工、监督方式等方面内容的细化公开。事中环节主要包括工作进展及成效信息公开。这需要公布各项任务的工作进展、完成情况和取得成效。事后环节涉及执行力保障信息公开。具体包括决策执行效果评估方面的信息公开和督查、审计发现问题及整改落实情况公开。审计公开特指审计结果公告及整改情况的公开。执行层面的公开可以是如上各板块内容的分别公开。当然，更为便民的路径是基于任务分解信息，从一项项任务所涉及的各分解环节出发，以内容链接等方式分别展示各项内容，让具体执行公开的内容一一展示出来。另外，可在此基础上，探索编制狭义层面的执行公开标准化目录，提升执行公开的实效。

四、管理公开的内涵

管理公开属于广义上的执行公开的一种，与前述的狭义上的执行公开的区别是，它特指涉公开用权的包括权责等各类清单以及阳光执法等监管执法信息的全过程公开。基于此，管理公开可以细分为如下两个内容。

一是涉公开用权的包括权责等各类清单信息的公开。对于权责清单，除涉密事项外，要求通过政府门户网站集中展示各层级权力清单、责任清单公开工作，并做到及时动态更新。除了权责清单外，投资核准事项清单、国家职业资格目录清单、政府定价或指导价经营服务性收费清单、中介服务事项清单、工商登记前置审批事项目录和企业设立后的经营许可清单等可以清单管理推动减权放权的各类清单也需要集中发布，用以接受群众监督，推动政府更好地依法规范履职。

二是涉阳光执法等监管信息公开。第一是行政执法信息公示，各级政府要根据各自的事权和职能，按照突出重点、依法有序、准确便民的原则，推动执法部门公开职责权限、执法依据、裁量基准、执法流程、执法结果、救济途径等。目的是为了规范行政裁量，促进执法公平公正。第二是"双随机、一公开"信息公开。各级政府需要汇总形成并统一公布本级随机抽查事项清单，明确抽查依据、主体、内容、方式等，及时通过国家企业信用信息公示系统及其他平台公开抽查结果和查处情况。目的是为了加强事中事后监管。第三是"双公示"信息公开。依托国家企业信用信息公示系统，有关行业主管部门应将对企业作出的行政许可准予、变更、延续、撤销，以及行政处罚、抽查检查和企业严重违法失信等信息通过该系统进行归集并公示。第四是推进监管情况信息公开，重点公开安全生产、生态环境、卫生防疫、食品药品、保障性住房、质量价格、国土资源、社会信用、交通运输、旅游市场、国有企业运营、公共资源交易等监管信息。第五是政府文件管理信息公开，尤其是规范性文件有效性方面的信息公开。这需要及时公开政策性文件的废止、失效等情况，并在政府网站已发布的原文件上作出明确标注。

基于现有的关于管理公开栏目建设的探索实践，我们不难看出，大家对管理公开栏目应该包含的内容在认识上还不统一。对于权责清单等各类清单信息的公开大家没有异议，但是对于行政执法和"双随机、一公开"信息的公开则有认识上的不同。我们认为，对这个栏目予以专门建设的必要性不是很大。

五、服务公开的内涵

服务公开是指为实现全过程透明化办事，嵌入政务服务的各个环节和流程的涵盖事前、事中和事后服务的全过程公开。该定义说明服务公开不能简单地等同于政务服务。基于这种对服务公开的理解,服务公开的内容可以细分为如下四个方面。

一是政务服务事项目录和各类办事指南、办事流程公开,并做到动态更新。办事指南需要明确受理单位、办理渠道、申请条件、申请材料、办理程序、办理时限、收费依据及标准、评价渠道等要素,推进同一事项无差别受理、同标准办理。二是办事服务全过程精准公开,实现服务对象事前准备清晰明了、事中进展实时掌握、事后结果及时获知。三是政府购买公共服务、政府和社会资本合作(PPP)提供公共服务的公开。四是政务服务评价信息公开。除依法不得公开的信息外,政务服务情况、评价结果及整改情况,均要通过政府门户网站、政务服务平台和新闻媒体向社会公开。对造成不良影响的案例,要进行内部通报,必要时媒体曝光,推动形成愿评、敢评、评了管用的社会共识。[①]

基于现有的关于服务公开栏目建设的探索实践,我们不难看出,大家对服务公开栏目应该包含的内容在认识上还不统一。对于事前环节的公共服务事项清单的公开大家并没有异议,但是对于事中、事后环节的服务公开,似乎难以在服务公开专栏中具体展现。这就需要通过提供链接的方式导向政府采购网、政务服务网等专门网站得以完成。基于此,对这个栏目予以专门建设的必要性并不是很大。

六、结果公开的内涵

简单来讲,结果公开是指决策、执行、管理和服务所导向的结果的公开以及无法纳入"五公开"中的其他事项方面的结果公

[①] 参见《国务院办公厅关于建立政务服务"好差评"制度提高政务服务水平的意见》(国办发〔2019〕51号)。

开。但是，考虑到决策、执行、管理和服务这些结果的公开都可纳入决策、执行、管理和服务公开行为中予以更为完整系统地公开，这里的结果公开侧重指向无法归入决策、执行、管理和服务结果的其他事项方面的结果公开。基于此，结果公开的内容具体可分为两类：一是人大代表建议和政协委员提案办理结果公开工作，对涉及公共利益、社会广泛关注的建议提案，原则上都要公开答复全文，及时回应关切，接受群众监督；二是第三方评估结果的公开。通过第三方评估、民意调查等方式，加强对政务公开的评估，并根据评估结果不断调整优化政务公开的方式方法。公开评估结果，并将之作为政务公开绩效考核的重要参考。

根据现有的关于结果公开栏目的探索实践，结果公开的分类标准十分不统一。有的属于决策、执行、管理、服务公开中的结果，这些应当归属于其他公开中，更符合大家的浏览习惯，也更为合适。去掉了这些结果信息之后的结果公开特指其他事项的结果公开，其内容非常少。除去重点领域信息的结果公开外，最终只剩下人大代表建议和政协委员提案信息以及政务公开第三方评估和考核结果的信息公开。基于此，结果公开栏目单独建设的意义也不是很大。

第三节　"五公开"的理解和应用

一、"五公开"指向的是一种公开思维还是公开内容

现有对"五公开"的理解存在很大程度上的分歧。这体现在两方面：

一方面，大家对"五公开"是一种公开思维还是一种公开内容或两者皆不可或缺上的认识不统一。简单地将"五公开"作为一种贯穿事前、事中、事后全过程的公开思维来看，固然是好

事。因为只有从公开思维上认识政务公开,才可打破过往的重结果、静态和信息的公开,轻视过程、动态和行为的公开。"五公开"的提出,关键在于将"五公开"的要求落实到公开思维的养成,公开促服务、促监管、促法治、提升营商环境等一项项具体业务工作当中。

另一方面,仅仅认识到公开思维的转型还不够,还应从公开内容上予以具体化,才能发挥相关推动作用。因此,我们认为,充分认识"五公开",需要有公开思维和公开内容两个维度,且应偏重前者落实相关要求。从前述的分析可以得知,"五公开"中的公开种类并不能非常明确地界分清楚。现有一些探索出现了分类的不统一,甚至有些混乱。如此情况容易给人感觉分类更多是为了"五公开"而"五公开"。

二、落实"五公开"要求的若干建议

一是内容层面的"五公开"栏目建设应有所侧重,无需面面俱到。栏目建设是需要的,但是重点栏目应该是决策公开,这也是目前各地的薄弱点和难点。各地目前在决策公开方面普遍存在决策公开的可见度较差的问题,主要体现在:对哪些属于需要公开的决策事项把握不准;公众意见的收集采纳情况反馈不够;公众参与的深度不够;年度重大行政决策事项目录清单公开情况不佳;邀请利益相关方列席政府有关会议推进较慢。为解决这些问题,需要以栏目建设促决策公开的可见度和能见度。另外,通过重点推进决策公开栏目和内容建设,还有助于推动各地将政务公开思维落地,依托决策公开,整体推进主要负责人、业务人员和公开人员的认识水平。对于决策公开,2019 年 9 月 1 日开始施行的《重大行政决策程序暂行条例》对于各环节的公开要求明确,相关认识趋于统一,为标准化规范化的决策公开创造了可能。因此，决策公开专栏建设具有必要性和可行性。

至于其他四个公开，专栏建设的必要性存疑。如果确为整体性考虑，其他公开栏目可以单列，但是在公开内容上则应做好区分，重点列举几项不存在认识上争议的公开内容，并采取链接到其他栏目的方式丰富栏目内容。不过，如此做法容易导致相关栏目内容不够丰富、更新不够及时等问题。

二是将"五公开"要求嵌入重点领域信息公开中实现全过程公开。除了"五公开"外，重点领域信息公开是着力打造的不可或缺的栏目内容。除了国家文件所明确要求的财政预算、公共资源配置、重大建设项目批准和实施、社会公益事业建设四个重点领域的信息公开外，基层政务公开标准化规范化试点工作所提到的 26 个领域以及各级政府结合自身特色所开展的重点领域的信息公开是未来公开工作的重中之重。对重点领域信息的公开则提倡以涉及决策执行管理服务结果的全过程公开思维对各个重点领域开展立体式和全方位公开。一般来说，决策先行，执行落实，管理保障，服务精准，最终体现为实施结果。唯有如此，才能完成单一重点领域所应公开的完整图景或闭环。达到如此要求往往需要打破部门界限，是一级政府而非单个部门所能作为的。

第四节 "五公开"示例

为应对区域深度老龄化的趋势，围绕"9073"养老服务要求，上海市徐汇区从政府职能、服务形态、工作机制等方面积极探索实践，着力打造服务供给体系、保障体系、政策支撑体系、需求评估体系、行业监管体系"五位一体"的社会养老服务体系。结合政务公开标准化规范化试点，推进养老政策的制定、实施以及养老服务的供给、评价和管理的全过程公开，以公开促公平，以公开促规范，让优质养老服务资源更多更广地惠及有需求的老年人，让徐汇区的老年人能够更加体面、有尊严地养老。该事例的具体做法有：(1) 决策公开，因需求制定养老服务政策；(2) 执行公开，养老服务政策注重匹配度；(3) 服务公开，获取养老服务注重便捷度；(4) 管理公开，评价养老服务强调实效性；(5) 结果公开，养老服务注重提升满意度。①

 思考题

1. 名词解释

决策公开　执行公开　管理公开　服务公开　结果公开

2. 简答题

(1)"五公开"是哪五种公开的简称？

(2) 简述"五公开"中各公开之间的关系。

3. 论述题

如何理解"五公开"？

---

① 徐汇区人民政府办公室："五公开"助您幸福晚年早"知道"，http://www.xuhui.gov.cn/H/zwgk/zwgk_sdal/2018-11-08/Detail_33608.htm，浏览日期：2022 年 4 月 15 日。

第六章
重点领域信息公开

【本章概要】重点领域信息公开是将人民群众普遍关心和涉及人民群众切身利益的问题作为重点内容予以公开的制度安排。推进重点领域信息公开工作在我国由来已久。目前，重点领域信息公开主要涉及财政预决算信息公开、公共资源配置信息公开、重大建设项目信息公开、社会公益事业信息公开四大块。各级政府还可结合自身需要，拓展重点领域信息公开的内容。做好重点领域信息公开，需要行政机关在推进重点领域工作的同时嵌入政务公开所涉及的公开、参与、解读等各版块内容，全面提升重点领域信息的公开的实效。

【学习目标】了解重点领域信息公开的内容，熟悉重点领域信息公开的要求，掌握重点领域信息公开的测评要点。

第一节 重点领域信息公开概述

一、重点领域信息公开的源起

重点领域信息公开是将人民群众普遍关心和涉及人民群众切身利益的问题作为重点内容予以公开的制度安排。在我国完成政务公开制度化之前，重点领域信息公开是我国《政府信息公开条例》主动公开规定的基础；在我国完成政务公开制度化之后，重点领域信息公开成为贯彻落实我国《政府信息公开条例》主动公开规定的重要抓手。

推进重点领域信息公开工作在我国由来已久。2000年，中共中央办公厅和国务院办公厅联合印发的《关于在全国乡镇政权机关全面推行政务公开制度的通知》在"二、主要内容和工作方法"中要求："乡镇政务公开要从人民群众普遍关心和涉及群众切身利益的实际问题入手，对群众反映强烈的问题、容易出现不公平、不公正甚至产生腐败的环节以及本乡镇经济和社会发展的重大问题，都应当公开。其中，重点是财务公开。"该通知不仅提出了判断重点领域信息公开的两项总的原则（人民群众普遍关心和涉及群众切身利益），而且还将财务公开作为重点公开的内容。

2005年，中共中央办公厅和国务院办公厅联合印发的《关于进一步推行政务公开的意见》在"三、进一步推行政务公开的主要任务、重点内容和形式"中，更是区分不同层级设定了不同的重点公开内容。该意见先是提出了总体要求："要把人民群众普遍关心、涉及人民群众切身利益的问题作为政务公开的重点内容，围绕行政主体基本情况和行政决策、执行、监督的程序、方法、结果等事项，不断拓展政务公开的内容。"该意见随后区分不同层级提出了不同的重点公开内容：（1）对于乡（镇）政府，要求重点公开其贯彻落实中央有关农村工作政策，以及财政、财务收支，各类专项资金、财政转移支付资金使用，筹资筹劳等情况；（2）对于县（市）、市（地）政府，要求重点公开本地区城乡发展规划，财政预决算报告，重大项目审批和实施，行政许可事项办理，政府采购，征地拆迁和经营性土地使用权出让，矿产资源开发和利用，税费征收和减免政策的执行，突发公共事件的预报、发生和处置等情况；（3）对于省级人民政府及其工作部门，要求重点公开本地区本部门经济建设和社会发展的相关政策与总体规划，财政预决算报告，行政许可事项的设定、调整、取消以及行政许可事项办理，国有企业重组改制、产权交易等情况；(4) 对于国务院部门，要求国务院各部门结合实际确定公开的重点内容。

该意见的这些重点公开内容要求最终被纳入 2007 年通过的《政府信息公开条例》，该条例第 9 条到第 12 条规定了我国独特的主动公开制度。① 对判断是否主动公开的一般标准予以具体列举。第 9 条要求，任何满足如下四个条件之一的政府信息，应主动公开。这四个条件包括：(1) 涉及公民、法人或者其他组织切身利益的；(2) 需要社会公众广泛知晓或者参与的；(3) 反映本行政机关机构设置、职能、办事程序等情况的；(4) 其他依照法律、法规和国家有关规定应当主动公开的。2019 年修订的《政府信息公开条例》第 19 条中将之浓缩成三块，包括：涉及公众利益调整、需要公众广泛知晓或者需要公众参与决策。2007 年《政府信息公开条例》第 10 条到第 12 条列明了具体的重点公开内容。第 10 条突出要求县级以上行政机关重点公开行政法规、规章和规范性文件和政府预决算报告等政府信息。第 11 条重点要求县级行政机关特别公开除第 10 条规定之外的涉及土地征收征用和低收入家庭补助等政府信息。第 12 条则突出要求乡镇一级行政机关主动公开涉及贯彻落实国家关于农村工作政策和计划生育执行情况等的政府信息。2019 年修订的《政府信息公开条例》将旧条例的第 11 条和第 12 条浓缩成一条，即第 21 条，作为主动公开的个性化条款予以规定。第 21 条规定，除本条例第 20 条规定的政府信息外，设区的市级、县级人民政府及其部门还应当根据本地方的具体情况，主动公开涉及市政建设、公共服务、公益事业、土地征收、房屋征收、治安管理、社会救助等方

---

① 肖卫兵：《中国信息公开改革新解：从信息流通角度》，上海社会科学院出版社 2013 年版，第 113 页。

面的政府信息；乡（镇）人民政府还应当根据本地方的具体情况，主动公开贯彻落实农业农村政策、农田水利工程建设运营、农村土地承包经营权流转、宅基地使用情况审核、土地征收、房屋征收、筹资筹劳、社会救助等方面的政府信息。

为提升《政府信息公开条例》的施行成效，国务院办公厅于2012年开始了年度政务公开工作要点的部署，2012年以《政府信息公开重点工作安排》，2013年以《当前政府信息公开重点工作安排》为文件标题发布了当年的政府信息公开的重点工作。2012年、2013年和2015年的年度公开工作要点都有"推进重点领域信息公开"的标题。2014年直接分行政权力运行、财政资金信息、公共资源配置信息、公共服务信息、公共监管信息公开等多个重点领域予以更为具体的部署。

二、重点领域信息公开的要求

基于之前的若干探索，2014年发布的《中共中央关于全面推进依法治国若干重大问题的决定》明确要求"全面推进政务公开"。该决定提出："坚持以公开为常态、不公开为例外原则，推进决策公开、执行公开、管理公开、服务公开、结果公开。各级政府及其工作部门依据权力清单，向社会全面公开政府职能、法律依据、实施主体、职责权限、管理流程、监督方式等事项。重点推进财政预算、公共资源配置、重大建设项目批准和实施、社会公益事业建设等领域的信息公开。"该决定明确了我国当下重点领域信息公开的四大版块内容。

为贯彻落实党的十八大和十八届三中、四中、五中全会精神，中共中央办公厅和国务院办公厅于2016年年初联合印发了《关于全面推进政务公开工作的意见》。该意见为进一步做好当前和今后一个时期政务公开工作提出了方向。该意见中专设"推进重点领域信息公开"版块，规定重点领域信息公开工作。该意见要求："着力推进财政预决算、公共资源配置、重大建设项目批准和实施、社会公益事业建设等领域的政府信息公开，有关部门要制定实施办法，明确具体要求。各级行政机关对涉及公民、法人或其他组织权利和义务的规范性文件，都要按照政府信息公开要求和程序予以公布。规范性文件清理结果要向社会公开。加强突发事件、公共安全、重大疫情等信息发布，负责处置的地方和部门是信息发布第一责任人，要快速反应、及时发声，根据处置进展动态发布信息。"

依据意见提出的制订重点领域信息公开实施办法的要求，2017年12月，国务院办公厅分别印发了《关于推进重大建设项目批准和实施领域政府信息公开的意见》和《关于推进公共资源配置领域政府信息公开的意见》。2018年2月，国务院办公厅印发了《关于推进社会公益事业建设领域政府信息公开的意见》。相比其他领域，财政预决算公开的文件推进得更早。早在2011年5月，国务院办公厅就印发了《关于进一步做好部门预算公开工作的通知》。2016年2月，中共中央办公厅和国务院办公厅联合印发了《关于进一步推进预算公开工作的意见的通知》。2016年11月，财政部印发了《地方预决算公开操作规程》（财预〔2016〕143号）。所有这些实施办法及后续推进的基层政务公开标准化规范化工作，为规范重点领域信息公开奠定了基础。

第二节 重点领域信息公开的内容

一、财政预决算信息公开

（一）制度文件

这方面的专门制度文件主要有两个：一个是2016年11月财

政部印发的《地方预决算公开操作规程》(财预〔2016〕143号);另一个是2019年财政部办公厅印发的《关于印发财政预决算领域基层政务公开标准指引的通知》(财办发〔2019〕77号)。

(二)具体要求

1. 地方预决算的定义

地方预决算是指经地方各级人民代表大会或其常务委员会批准的预算、预算调整、决算、预算执行情况的报告及报表(以下简称政府预决算),以及经地方各级政府财政部门批复的部门预算、决算及报表(以下简称部门预决算)。

2. 预决算的公开主体

地方各级财政部门在本级政府信息公开工作主管部门领导下,组织开展本地区政府预决算公开工作,制定本地区预决算公开的规定,负责向社会公开政府预决算;指导和督促本级各部门和下级财政部门预决算公开工作,向本级政府信息公开工作主管部门和上一级政府财政部门报告本地区预决算公开情况。地方各部门在本级政府信息公开工作主管部门的领导下,组织开展本部门预决算公开工作,制定本部门预决算公开规定,负责向社会公开本部门预决算,向本级政府信息公开工作主管部门和本级政府财政部门报告本部门预决算的公开情况。

3. 预决算的公开时间

政府预决算应当在本级人民代表大会或其常务委员会批准后20日内向社会公开。地方各级财政部门必须在法律规定的时限内公开,鼓励公开时间适当提前。部门预决算应当在本级政府财政部门批复后20日内向社会公开。地方各部门必须在法律规定的时限内公开,鼓励公开时间适当提前,原则上在同一天集中公开。

4. 预决算的公开内容

它分为政府预决算的公开内容和部门预决算的公开内容。政府预决算的公开内容包括一般公共预算、政府性基金预算、国有资本经营预算、社会保险基金预算四本预算。地方部门预决算的公开内容为地方各级财政部门批复的部门预决算及报表，包括部门收支总体情况和财政拨款收支情况，其中，财政拨款收支情况包括一般公共预算、政府性基金预算、国有资本经营预算拨款收支情况。

5. 预决算的公开方式

地方各级财政部门和各部门建有门户网站的，应当在门户网站公开预决算，并永久保留，其中，当年预决算应当公开在网站醒目位置；没有门户网站的，应当采取措施在公开媒体公开预决算，并积极推动门户网站建设。自 2017 年起，地方各级财政部门应当在本级政府或财政部门门户网站上设立预决算公开统一平台（或专栏），将政府预决算、部门预决算在平台（或专栏）上集中公开。对在统一平台公开政府预决算、部门预决算，应当编制目录，对公开内容进行分类、分级，方便公众查阅和监督。

6. 涉密事项管理

地方各级财政部门和各部门在依法公开政府预决算、部门预决算时，对涉及国家秘密的内容不予公开。部分内容涉及国家秘密的，在确保安全的前提下，按照下列原则处理：(1) 同一功能分类款级科目下，大部分项级科目涉密的，仅公开到该款级科目；(2) 同一功能分类类级科目下，大部分款级科目涉密的，仅公开到该类级科目；(3) 个别功能分类款级科目或项级科目涉密的，除不公开该涉密科目外，同一级次的"其他支出"科目也不公开。

2019 年，根据《预算法》《政府信息公开条例》和《地方预决算公开操作规程》（财预〔2016〕143 号）《财政部关于印发〈地方政府债务信息公开办法（试行）〉的通知》（财预〔2018〕

209号)等法律法规和部门规章的规定,财政部办公厅组织编制了《财政预决算领域基层政务公开标准目录》。标准目录将财政预决算领域基层政务公开二级事项分为四大类,包括政府预算、政府决算、部门预算(含政府采购事项)、部门决算(含政府采购事项)。标准目录规定了各公开事项的公开内容(要素)及要求、公开依据、公开时限、公开主体、公开渠道和载体、公开对象、公开方式和公开层级。

二、公共资源配置信息公开

(一)制度文件

这方面的专门制度文件主要有二类:一类是2017年12月国务院办公厅印发的《关于推进公共资源配置领域政府信息公开的意见》(国办发〔2017〕97号);另一类是国家主管部门针对住房保障、公共资源交易、政府采购等公共资源配置若干领域编制发布的标准目录。

(二)具体要求

1. 公共资源配置的定义

公共资源配置主要包括保障性安居工程建设、保障性住房分配、国有土地使用权和矿业权出让、政府采购、国有产权交易、工程建设项目招标投标等社会关注度高,具有公有性、公益性,对经济社会发展、民生改善有直接、广泛和重要影响的公共资源分配。

2. 公开重点

(1)住房保障领域。在项目建设方面,主要公开城镇保障性安居工程规划建设方案、年度建设计划信息(包括建设计划任务量、计划项目信息、计划户型)、建设计划完成情况信息(包括计划任务完成进度、已开工项目基本信息、已竣工项目基本信息、配套设施建设情况)、农村危房改造相关政策措施执行情况信息(包括农村危房改造政策、对象认定过程、补助资金分配、改造结果);在住房分配方面,主要公开保障性住房分配政策、分配对象、分配房源、分配程序、分配过程、分配结果等信息。(2)国有土地使用权出让领域。主要公开土地供应计划、出让公告、成交公示、供应结果等信息。(3)矿业权出让领域。主要公开出让公告公示、审批结果信息、项目信息等信息。(4)政府采购领域。主要公开采购项目公告、采购文件、采购项目预算金额、采购结果、采购合同等采购项目信息,财政部门作出的投诉和监督检查等处理决定、对集中采购机构的考核结果、违法失信行为记录等监督处罚信息。(5)国有产权交易领域。除涉及商业秘密外,主要公开产权交易决策及批准信息、交易项目信息、转让价格、交易价格、相关中介机构审计结果等信息。(6)工程建设项目招标投标领域。主要公开依法必须招标项目的审批核准备案信息、市场主体信用等信息。除涉及国家秘密、商业秘密外,招标公告(包括招标条件、项目概况与招标范围、投标人资格要求、招标文件获取、投标文件递交等)、中标候选人(包括中标候选人排序、名称、投标报价、工期、评标情况、项目负责人、个人业绩、有关证书及编号、中标候选人在投标文件中填报的资格能力条件、提出异议的渠道和方式等)、中标结果、合同订立及履行等信息都应向社会公布。

3. 公开主体

按照"谁批准、谁公开;谁实施、谁公开;谁制作、谁公开"的原则,公共资源配置涉及行政审批的批准结果信息由审批部门负责公开;公共资源项目基本信息、配置(交易)过程信息、中标(成交)信息、合同履约信息由管理或实施公共资源配置的国家机关、企事业单位按照掌握信息的情况分别公开。探索建立公共资源配置"黑名单"制度，逐步把骗取公共资源等不良行为的信息纳入"黑名单"，相关信息由负责管理的部门分别公开。

4. 公开渠道

充分发挥政府网站作为第一平台的作用，及时发布公共资源配置领域的各类信息，畅通依申请公开渠道。积极利用政务微博微信、新闻媒体、政务客户端等拓宽信息公开渠道，开展在线服务，提升用户体验。构建以全国公共资源交易平台为枢纽的公共资源交易数据共享平台体系，推动实现公共资源配置全流程透明化，各类依法应当公开的公共资源交易公告、资格审查结果、交易过程信息、成交信息、履约信息以及有关变更信息等在指定媒介发布后，要与相应的公共资源交易平台实现信息共享，并实时交互至全国公共资源交易平台汇总发布。公共资源配置领域的信用信息要同时交互至全国信用信息共享平台，并依托"信用中国"网站及时予以公开。要把公共资源交易平台与其他政务信息系统进行整合共享，实现公共资源配置信息与其他政务信息资源共享衔接。

5. 公开时效

坚持以公开为常态、不公开为例外，公共资源配置过程中产生的政府信息，除涉及国家秘密、商业秘密等内容外，应依法及时予以公开。确定为主动公开的信息，除法律法规另有规定外，要严格按照《政府信息公开条例》的规定，自政府信息形成或变更之日起 20 个工作日内予以公开，行政许可、行政处罚事项应自作出行政决定之日起 7 个工作日内上网公开。对于政府信息公开申请，严格按照法定时限和理由予以答复。

为进一步推进住房和城乡建设领域基层政务公开标准化、规范化，提升基层政务公开和政务服务水平，2019 年 11 月，住房和城乡建设部办公厅编制了《保障性住房领域基层政务公开标准目录》《国有土地上房屋征收与补偿领域基层政务公开标准目录》《市政服务领域基层政务公开标准目录》《农村危房改造领域基层政务公开标准目录》。2019年7月，国家发展改革委办公厅印发了《公共资源交易领域基层政务公开标准目录》。2020年3月，财政部修订了2004年发布的《政府采购信息发布管理办法》，并印发了《政府采购公告和公示信息格式规范（2020年版）》。所有这些文件，均是为了提升公共资源配置领域信息公开的标准规范水平。

三、重大建设项目信息公开

（一）制度文件

这方面的专门制度文件主要有两个：一个是2017年12月国务院办公厅印发的《关于推进重大建设项目批准和实施领域政府信息公开的意见》（国办发〔2017〕94号）；另一个是2019年5月国家发展改革委办公厅印发的《〈重大建设项目领域基层政务公开标准指引〉的通知》（发改办投资〔2019〕621号）。

（二）具体要求

1. 重大建设项目的定义

重大建设项目是指按照有关规定由政府审批或核准的，对经济社会发展、民生改善有直接、广泛和重要影响的固定资产投资项目（不包括境外投资项目和对外援助项目）。各省（自治区、直辖市）政府、国务院有关部门应当根据区域、行业特点和工作侧重点，进一步明确本地区、本领域重大建设项目的范围。

2. 公开重点

在重大建设项目批准和实施过程中，重点公开批准服务信息、批准结果信息、招标投标信息、征收土地信息、重大设计变更信息、施工有关信息、质量安全监督信息、竣工有关信息等 8 类信息。主要内容如下：

（1）批准服务信息。包括申报要求、申报材料清单、批准流程、办理时限、受理机构联系方式、监督举报方式等。

（2）批准结果信息。包括项目建议书审批结果、可行性研究报告审批结果、初步设计文件审批结果、项目核准结果、节能审查意见、建设项目选址意见审批结果、建设项目用地（用海）预审结果、环境影响评价审批文件、建设用地规划许可审批结果、建设工程规划类许可审批结果、施工许可（开工报告）审批结果、招标事项审批核准结果、取水许可、水土保持方案、洪水影响评价等涉水事项审批结果等。

（3）招标投标信息。包括资格预审公告、招标公告、中标候选人公示、中标结果公示、合同订立及履行情况、招标投标违法处罚信息等。

（4）征收土地信息。包括征地告知书以及履行征地报批前程序的相关证明材料、建设项目用地呈报说明书、农用地转用方案、补充耕地方案、征收土地方案、供地方案、征地批后实施中征地公告、征地补偿安置方案公告等。

（5）重大设计变更信息。包括项目设计变更原因、主要变更内容、变更依据、批准单位、变更结果等。

（6）施工有关信息。包括项目法人单位及其主要负责人信息；设计、施工、监理单位及其主要负责人、项目负责人信息、资质情况；施工单位项目管理机构设置、工作职责、主要管理制度；施工期环境保护措施落实情况等。

（7）质量安全监督信息。包括质量安全监督机构及其联系方式、质量安全行政处罚情况等。

（8）竣工有关信息。包括竣工验收时间、工程质量验收结果；竣工验收备案时间、备案编号、备案部门、交付使用时间；竣工决算审计单位、审计结论、财务决算金额等。

3. 公开主体

批准服务信息、批准结果信息由批准重大建设项目和有关要件的各级政府和有关部门分别负责公开，招标投标信息由招标人或有关行政监督部门依法公开，征收土地信息由辖区政府和有关部门负责公开，重大设计变更信息由批准单位负责公开，施工有关信息、质量安全监督信息、竣工有关信息由制作或保存的部门按照职责分工分别负责公开。

4. 公开渠道

各级政府和有关部门要通过政府公报、政府网站、新媒体平台、新闻发布会等及时公开各类项目信息，并及时回应公众关切。充分利用全国投资项目在线审批监管平台、全国公共资源交易平台、"信用中国"网站等，推进重大建设项目批准和实施领域信息共享和公开。推动将重大建设项目批准和实施过程中产生的信用信息纳入全国信用信息共享平台，可向社会公开的，依法依规在各地区信用网站和"信用中国"网站公开。畅通依申请公开渠道，确保相关工作有序开展。项目法人单位可利用现场公示、网站公布等多种渠道对项目信息进行公开，方便公众查询和社会监督。

5. 公开时效

重大建设项目批准和实施过程中产生的政府信息，确定为主动公开的，应严格按照《政府信息公开条例》的规定，自政府信息形成或变更之日起 20 个工作日内予以公开；确定为依申请公开的，应严格按照法定时限答复申请人；除法律法规另有规定外，行政许可、行政处罚事项应自作出行政决定之日起 7 个工作日内上网公开。法律、法规、规章对项目法人单位公开项目信息作出明确规定的，各级政府和有关部门要监督项目法人单位依法按时公开项目信息；法律、法规、规章未作出明确规定的，鼓励项目法人单位及时公开项目信息。

另外，国家发展改革委员会办公厅结合基层政务公开化标准化试点的成果，编制了《重大建设项目领域基层政务公开标准目录》。标准目录是基层政务公开标准化规范化试点工作的成果应用，是深化并细化《国务院办公厅关于推进重大建设项目批准和实施领域政府信息公开的意见》的具体手段。标准目录将该意见中的公开事项和内容进一步清单化、目录化，使之便于基层行政审批部门对照标准目录进行操作，也易于社会公众通过查询标准目录进行监督。标准目录明确了重大建设项目领域所涉 8 大方面 26 类公开事项的公开内容、公开依据、公开时限、公开主体、公开渠道、公开对象和公开方式等，提供了开展重大项目领域政务公开工作的基本框架。

四、社会公益事业信息公开

(一) 制度文件

这方面的专门制度文件主要有两类：一类是 2018 年 2 月国务院办公厅印发的《关于推进社会公益事业建设领域政府信息公开的意见》（国办发〔2018〕10 号）；另一类是国家主管部门针对社会公益事业建设若干领域编制发布的政务公开标准目录。

(二) 具体要求

1. 社会公益事业的定义

社会公益事业主要包括脱贫攻坚、社会救助和社会福利、教育、基本医疗卫生、环境保护、灾害事故救援、公共文化体育等领域。

2. 公开重点

各部门需要分脱贫攻坚、社会救助和社会福利、教育、基本医疗卫生、环境保护、灾害事故救援、公共文化体育等领域,重点公开如下内容。

(1)脱贫攻坚领域。围绕"扶持谁、谁来扶、怎么扶、如何退",进一步做好精准扶贫、精准脱贫信息公开工作。及时向社会公开扶贫政策、扶贫规划、扶贫项目名称、资金来源、实施期限、预期目标、实施结果、实施单位及责任人、举报电话、检查验收结果等信息,向特定区域、特定群体公开贫困识别、贫困退出、扶贫资金分配和使用情况、帮扶责任人、扶贫成效等信息。注重运用技术手段实现公开的信息可检索、可核查、可利用,为社会各界参与脱贫攻坚事业提供服务,方便人民群众监督。

(2)社会救助和社会福利领域。重点围绕城乡低保、特困人员救助供养、受灾人员救助、医疗救助、教育救助、住房救助、就业救助、临时救助、老年人福利、残疾人福利、儿童福利、孤儿基本生活保障、计划生育特殊困难家庭扶助等事项,全面公开救助对象认定、救助标准,福利补贴申领及申请审批程序等相关政策,有针对性地公开救助款物的管理使用、福利补贴发放等情况。公开方式方法要因地制宜、因事制宜,既确保公开实效、维护底线公平,又保护好相关人员的个人隐私。

(3)教育领域。立足办好人民满意的教育,进一步加大教育信息公开的力度,重点做好义务教育、学前教育、特殊教育、职业教育、高等教育等方面的信息公开。紧扣利益关系直接、现实矛盾突出的事项,重点公开相关政策、发展规划、经费投入和使用、困难学生资助实施情况等信息。做好义务教育控辍保学、县域义务教育均衡发展等工作进展情况的公开。推动民办学校办学资质、办学质量、招生范围和收费等信息公开。

(4)基本医疗卫生领域。保障好人民群众对公共医疗卫生的知情权,重点公开重大疾病预防控制、国家免疫规划、突发公共卫生事件、传染病疫情及防控等信息。大力开展健康科普,针对妇女、未成年人、老年人等重点人群和农村、工矿企业等重点区域,开展专项健康科普,用现代医学知识为人民群众提供健康服务。进一步做好疾病应急救助、健康扶贫政策落实情况公开工作。探索利用信息公开手段加强卫生监督。深化食品安全信息公开,完善推广企业"黑名单"制度,让违法者寸步难行,让人民吃得放心。

(5)环境保护领域。进一步做好社会广泛关注的大气污染防治、水污染防治、土壤污染管控和修复等信息的公开工作。重点公开环境污染防治和生态保护政策措施、实施效果,污染源监测及减排,建设项目环境影响评价审批,重大环境污染和生态破坏事件调查处理,环境保护执法监管、投诉处理等信息。及时发布大范围重污染天气预警提示信息,统筹做好重污染天气期间的信息发布、舆情引导等工作。健全环保信息强制性披露制度。

(6)灾害事故救援领域。准确及时地发布自然灾害、重大事故灾难、公共卫生事件等突发事件的应急处置与救援、医疗救护与卫生防疫、次生灾害预警防范等工作情况及动态信息。及时发布灾害救助需求信息,推动做好救助款物和捐赠款物的数量、使用情况、救助对象及其接受救助款物数额、灾后恢复重建工作进展等信息的公开工作。

(7)公共文化体育领域。立足公共文化体育服务的公益性、均等性、便利性,大力推进公共文化体育的服务保障政策、服务体系建设、财政资金投入和使用、设施建设和使用、政府购买公共文化体育服务的目录、绩效评价结果等信息公开。公开文化遗产保护、公共文化体育设施名录、公益性文化服务活动、公益性体育赛事和活动、受捐款物管理使用等情况。

3. 公开渠道

要充分发挥政府网站、政务服务平台的优势，按照内容权威、格式规范、体例统一的要求，集中发布相关政府信息，归集展示公共企事业单位、社会组织发布的相关信息，便于公众查询利用。稳妥推进社会公益事业建设领域信息共享和数据开放，为部门间核对和社会开发利用提供条件。针对社会公益事业主要服务基层和特定群体的特点，灵活运用政务新媒体、新闻媒体、手机短信、公告栏、宣传手册、政务服务平台等多种载体和方式，定向发布，精准推送，提升信息覆盖面、到达率，确保人民群众看得到、看得懂。

4. 公开内容

（1）公开决策信息。加大社会公益事业建设领域重大决策公开力度，对群众利益影响直接、社会关注度高的重要改革方案、重大政策措施、重点建设项目等，要广泛征求意见并将各方面的合理意见体现到决策中，结合实际尽可能地把意见采纳情况予以公开。

（2）公开管理和服务信息。重点公开从事社会公益事业的公共企事业单位、社会组织名录，设立、变更、注销登记等审批信息，年检年报、评估检查、奖励处罚等管理信息。全面公开基本公共服务的项目清单、服务指南、服务标准、保障措施，及时准确地公开政府购买公共服务、政府和社会资本合作提供公共服务等信息。推动公开城乡社区公共服务设施建设，财政资金直接投入和购买社区公共服务，社区公共服务项目、对象、办理流程、责任部门、供给状况和绩效评估等信息。

（3）公开执行和结果信息。加大党中央、国务院有关决策部署贯彻落实情况的公开力度，主动公开社会公益事业建设领域的重要政策落实情况,尤其是国家面向困难群众的扶持、救助等政策落实情况和主要成效。深化社会公益事业建设资金分配和使用情况公开,准确记录资金的具体流向并向社会公开。加大彩票公益金使用规模、资助项目、执行情况和实际效果等信息的公开力度。鼓励开展社会公益事业建设评估,科学评价政策落实效果,及时公开评估结果。

另外,社会公益事业领域的国务院各部门分别发布了相关领域的政务公开标准目录。这些标准目录成为基层政府在具体公开相关领域的政府信息时的操作指引。

五、其他重点领域的信息公开

虽然国家特别强调前述四个重点领域的信息公开,但是这并不意味着重点领域信息公开就仅限于这四个领域。实践中,行政机关应当充分发挥主观能动性,对于《政府信息公开条例》没有明确提到的,但又属于本机关年度重点工作,同时涉及公众利益调整、需要公众广泛知晓或者需要公众参与决策的政府信息,也应作为重点领域信息公开的内容。可参考的其他重点领域信息公开的内容主要涉及如下三类。

第一类是基层政务公开标准化规范化试点期间所提出的 26 个试点领域。应该说,这 26 个试点领域都属于重点领域信息公开的内容,其中也涵盖国家文件要求的四个重点领域信息公开的内容。

第二类是各级政府门户网站开设的专题专栏中的内容。专题专栏结合各级党委和政府的年度中心工作而开设,对相关年度中心工作予以集中展示和系统推进。这些专题专栏中的信息公开也是重点领域信息公开的一种,并随着党和政府中心工作的调整而不断更新。

第三类是各级政府及部门年度政务公开工作要点中所涉及的重点领域信息公开的内容。这些内容一般要求在政府信息公开工作年度报告中予以阐述。以 2022 年为例,国家层面的政务公开工作要点就提出了重点围绕助力经济平稳健康发展和保持社会和谐稳定深化政务公开的要求。

第三节 重点领域信息公开示例

一、江苏省淮安市政务公开助力脱贫攻坚"一路阳光"[①]

该事例的主要做法有:一是严把入口关。将扶贫对象公开,确保"扶真贫";二是严把过程关。让资金运行公开,确保"真扶贫";三是严把出口关。让扶贫成效公开,确保"真脱贫"。在"阳光扶贫"系统的助力下,2018 年淮安市实现 12 万低收入人口如期脱贫,提前一年基本实现建档立卡低收入人口全部脱贫,切实做到帮扶工作务实、帮扶过程扎实、脱贫成效真实。

二、四川省凉山彝族自治州强化扶贫领域信息公开[②]

凉山彝族自治州位于四川省西南部,是全国最大的彝族聚居区。凉山彝族自治州坚持"公开为常态,不公开为例外",聚焦识别、帮扶、退出"三精准",主动拓展公开内容,丰富公开渠道,拓宽公开范围,创新公开方式,深入推进扶贫领域基层政务公开标准化规范化建设,有效地解决扶贫政策知晓率低、扶贫资金管理使用不够透明、扶贫项目建设监管难等问题。该事例的主

[①] 淮安市人民政府办公室:《江苏省淮安市政务公开助力脱贫攻坚"一路阳光"》,《政务公开工作交流》2019 年第 10 期,第 17-22 页。
[②] 凉山彝族自治州人民政府办公室:《凉山州强化扶贫领域信息公开》,《政务公开工作交流》2020 年第 10 期,第 17-24 页。

要做法有：一是强化贫困识别信息公开，确保扶贫对象更加精准；二是强化定点帮扶信息公开，确保结对帮扶更加精准；三是强化资金项目信息公开，确保资源分配更加精准；四是强化退出验收信息公开，确保脱贫成果更加精准。

三、重庆市深化政务公开，推动公共资源"阳光交易"[①]

重庆市以公开促进规范，以公开提升服务，以公开强化监督，大力推动公共资源交易全流程信息公开，着力打造公共资源"阳光交易"，公共资源交易市场环境不断优化，交易质量、效益和效率大幅提高。该事例的主要做法有：一是抓公开体系改革，推进公共资源交易阳光化运行；二是抓公开平台联动，推动全链条公共资源交易信息公开；三是抓公开数字化建设，提升公共资源交易整体效能。

四、齐齐哈尔市龙沙区以房屋征收补偿为抓手推动基层政务公开见实效[②]

黑龙江齐齐哈尔市龙沙区将政务公开标准化与深化"放管服"改革、推进"互联网＋政务服务"建设相结合，积极探索工作新思路、新方法，尤其在群众特别关心的房屋征收补偿工作上取得了成效。该事例的主要做法有：一是公开促便民，切实优化政务服务；二是公开促透明，切实保障群众利益；三是公开促提效，切实加强工作效率。

[①] 重庆市人民政府办公厅：《重庆市深化政务公开推动公共资源"阳光交易"》，《政务公开工作交流》2021年第1期，第3-11页。

[②] 齐齐哈尔市龙沙区人民政府办公室：《黑龙江省齐齐哈尔市龙沙区以房屋征收补偿为抓手推动基层政务公开见实效》，《政务公开工作交流》2019年第11期，第23-28页。

思考题

1. 名词解释

重点领域信息公开

2. 简答题

（1）简述重点领域信息公开在政务公开中的地位。

（2）简述重点领域信息公开包括哪些重点领域。

3. 论述题

如何做好重点领域信息公开工作？

第七章
政策解读

【**本章概要**】政策解读是指行政机关为了稳定预期、促进落实和避免误解误读，围绕涉及面广、社会关注度高、实施难度大、专业性强的政策性文件，以老百姓看得懂、愿意看的图表图解、音频视频和政策咨询问答等方式，及时诠释涉及的政策措施的背景依据、目标任务、主要内容、涉及范围、执行标准，以及注意事项、关键词诠释、惠民利民举措、新旧政策差异等实质性内容的一种主动公开制度。我国政策解读工作经历了从原则性要求到细化要求、再到全方位多维度要求的三个发展阶段。做好政策解读工作，需要从解读范围、解读主体、解读内容、解读方式、解读时间、解读渠道、解读效果、解读机制等多维度全面考虑。

【**学习目标**】了解政策解读的要求，熟悉做好政策解读工作所需考虑的各种要素，掌握政策解读的内涵和各地最佳实践。

第一节 政策解读概述

一、政策解读工作的发展历程

我国政策解读工作经历了若干发展阶段。第一个阶段是对政策解读工作提出原则性要求。该阶段从2009年到2012年。对政策解读提出要求的最早文件可以追溯到2009年印发的《国务院关于进一步促进中小企业发展的若干意见》(国发〔2009〕36号)。该文件提到:"完善中小企业信息服务网络,加快发展政策解读、技术推广、人才交流、业务培训和市场营销等重点信息服务。"随后其他文件跟进,不断提到政策解读的原则性要求,如2011年国务院办公厅印发的《关于进一步加强政府网站管理工作的通知》(国办函〔2011〕40号),该通知提出:"重要政策出台后,要及时通过政府网站做好政策解读工作。"

第二个阶段对政策解读工作提出了更为细化的要求,但未对政策解读的时效性等提出要求。这个阶段从2013年到2015年。2013年国务院办公厅印发的《关于进一步加强政府信息公开回应社会关切提升政府公信力的意见》(国办发〔2013〕100号)专门对专家解读提出了要求。该意见指出,建立专家解读机制,重要政策法规出台后,各地区各部门要及时组织专家通过多种方式做好科学解读,让公众更好地知晓、理解政府经济社会发展政策和改革举措。有关部门可根据工作需要,组建政策解读的专家队伍,提高政策解读的针对性、科学性、权威性和有效性,让群众"听得懂""信得过"。2014年国务院办公厅印发的《关于加强政府网站信息内容建设的意见》(国办发〔2014〕57号)要求加大政策解读力度。它具体提出:"政府研究制定重大政策时,要同步做好网络政策解读方案。涉及经济发展和社会民生等政策出台时,在政府网站同步推出由政策制定参与者、专业机构、专家学者撰写的解读评论文章或开展的访谈等,深入浅出、通俗易懂地解读政策。要提供相关背景、案例、数据等,还可通过数字化、图表图解、音频、视频等方式予以展现,增强网站的吸引力、亲和力。"

这个阶段的年度公开工作要点更多地侧重在政府信息公开领

域。2012年开始提到了解读工作，但关注的是信息解读。以2013年为例，《国务院办公厅关于印发当前政府信息公开重点工作安排的通知》（国办发〔2013〕73号）提到："加强信息解读工作，对一些涉及面广、社会关注度高或专业性比较强的政策性信息及相关重要信息，要加强事前舆情风险评估，制定信息发布、解读和回应的整体方案。公开前，要同步考虑相应解读事宜，准备解读预案及通俗易懂的解读材料；公开时，同步配发解读材料，及时组织专家进行科学解读、阐释，增进公众对政府工作的了解和理解。"

第三个阶段对政策解读工作提出了全方位、多维度的要求。这一阶段的政策解读工作开始与政务公开紧密结合起来，同时兼顾解读时效、解读方式和解读效果等诸多要素，要求全方位、多维度地推进政策解读工作。该阶段从2016年延续至今。以2016年年初中共中央办公厅和国务院办公厅联合印发的《关于全面推进政务公开工作的意见》为开端。2016年年底，国务院办公厅印发的《〈关于全面推进政务公开工作的意见〉实施细则》也对加强政策解读提出了具体要求。之后，上海等省市开始了对政策解读制度化建设方面的探索。通过出台专门制度对政策解读的目的、范围、内容、主体、方式、渠道进行明确规范。

二、政策解读的内涵

政策解读是指行政机关为了稳定预期、促进落实和避免误解误读，围绕涉及面广、社会关注度高、实施难度大、专业性强的政策性文件，以老百姓看得懂、愿意看的图表图解、音频视频和政策咨询问答等方式，及时诠释其中涉及的政策措施的背景依据、目标任务、主要内容、涉及范围、执行标准，以及注意事项、关键词诠释、惠民利民举措、新旧政策差异等实质性内容的一种主动公开制度。从公开方式来看，政策解读也是一种主动公开方式，它是一种在尊重政策性文件原意基础上的加工分析类主动公开。

围绕这一概念，政策解读工作应遵行"应解读、尽解读"和"谁起草、谁解读"的原则，主要涉及解读范围、解读主体、解读内容、解读方式、解读时间、解读渠道、解读效果、解读机制等内容。

三、政策解读的价值

政策解读作为政务公开工作的内在组成部分，越来越得到党和政府的高度重视和社会的广泛关注。政策解读工作有其特殊价值。

一是政策解读工作有助于稳定预期。对于该价值，《国务院办公厅关于印发 2017 年政务公开工作要点的通知》（国办发〔2017〕24 号）中的表述最为突出。该通知提出，为加强预期引导，需要围绕积极的财政政策、稳健的货币政策和更加积极的就业政策，国务院有关部门负责同志要通过参加国务院政策例行吹风会、新闻发布会等方式，深入解读政策背景、依据、目标任务、涉及范围，以及经济转型发展中的亮点等，及时准确地将政策意图传递给市场和企业，以政策解读的"透"赢得市场预期的"稳"。2022 年召开的全国政务公开领导小组会议也从解读效果上提出要以政策解读的"透"引导市场预期的"稳"，以市场预期的"稳"应对外部环境的"变"。

二是政策解读工作有助于促进基层落实。通过政策解读工作，打通政策落实的"最先一公里"，切实把政策"传达到、讲清楚"，让政策执行机关、执行人员及广大人民群众充分了解政策意图，避免政策执行出现偏差，防止层层加码。政策解读对打通政策落地的"最后一公里"具有十分重要的意义。

三是通过官方权威的政策解读工作可有效地避免社会公众的误解误读。首先，通过解读主体和解读内容的权威性避免社会公众的误解误读。对此，要按照"谁起草，谁解读"的要求，尊重起草部门的专业度和熟悉度，全力做好政策解读工作。其次，通过同步发布政策文件和解读文件的及时性，将权威信息第一时间传播出去，形成首因效应。当然，前提是行政机关要增强解读的权威性，避免自身误解误读。

第二节 政策解读的要求

一、国家层面的政策解读要求

不同于回应关切，国家层面并没有针对政策解读印发过专门文件。有关政策解读的要求散见于各种官方文件当中。2016年，中共中央办公厅和国务院办公厅联合印发的《关于全面推进政务公开工作的意见》（中办发〔2016〕8号）在"三、扩大政务开放参与"中用一段文字对加强政策解读提出了一些要求。文件重点针对解读主体、解读方式、解读内容、解读渠道提出了一些原则性要求。例如，在解读主体上，要求通过专家解读和主要负责人带头解读的方式加强政策解读，并且明确提出主要负责人是"第一新闻发言人"；在解读方式上，提出了要注重运用数字化、图表图解、音频视频等方式；在解读内容上，要求深入浅出地讲解政策背景、目标和要点；在解读渠道上，提出了要通过新闻发布、政策吹风、接受访谈、发表文章等方式做好解读。

围绕政策解读，国务院办公厅《〈关于全面推进政务公开工作的意见〉实施细则》（国办发〔2016〕80号）提出了更为细致的要求。该文件第二部分在做好国务院重大政策解读工作和加强各地区各部门政策解读工作这两个方面提出了要求。该文件对解读主体、解读方式、解读内容、解读渠道和解读时间提出了更具体的要求。针对解读主体，文件确立了"谁起草、谁解读"的原则，要求以部门名义印发的政策性文件，由制发部门负责做好解读工作；部门联合发文的，由牵头部门负责做好解读工作，其他联合发文部门配合；以政府名义印发的政策性文件，由起草部门做好解读工作。在解读时间上，要求做到同步组织、同步审签、同步部署。这就是通常简称的"三同步"要求。解读时间上还要求贯穿政策发布前、发布中和发布后全过程，文件发布前，要做好政策吹风解读和预期引导；文件发布时，相关解读材料应与文件同步在政府网站和媒体发布；文件执行过程中，要密切跟踪舆情，分段、多次、持续地开展解读，及时解疑释惑，不断增强主动性、针对性和时效性。在解读内容上，要求着重解读政策措施的背景依据、目标任务、主要内容、涉及范围、执行标准，以及注意事项、关键词诠释、惠民利民举措、新旧政策差异等。在解读目的和效果上，要求增强解读的权威性、主动性、针对性、时效性、影响力和覆盖面，实现积极引导国内舆论、影响国际舆论、管理社会预期、避免误解误读等目的。

随着政策解读工作的推进，政策解读出现了几个值得注意的新特征和新要求。这主要体现在国家层面年度政务公开工作要点对之的要求变化上。一是注重对基层一线政策执行人员开展政策解读和培训。解读受众包括政府内部工作人员。[①]《国务院办公厅关于印发2020年政务公开工作要点的通知》（国办发〔2020〕17号）从提高经济政策发布解读针对性和精准性上提出，提升经济政策发布的质量，注重对基层一线政策执行人员开展政策解读和培训，确保减税降费等各项经济政策在实际执行环节不遗

---

① 《国务院办公厅关于印发2020年政务公开工作要点的通知》（国办发〔2020〕17号）。

漏、不走样，全面及时地惠及市场主体。二是将政策解读工作和政民互动相结合，开始加强政策咨询服务方面的工作尝试。《国务院办公厅关于印发 2021 年政务公开工作要点的通知》（国办发〔2021〕12 号）提出，不断改进政策解读的工作方式。加强政策咨询服务，政策制定机关要积极解答政策执行机关和企业、群众的咨询，精准地传达政策意图，助力营商环境持续改善。政务公开工作机构要加强内部协调，畅通本机关政策咨询的渠道。有条件的地方可依托政务服务便民热线、实体服务大厅和政府网站，设立政策咨询综合服务窗口，为企业和群众提供"一号答""一站式"的政策咨询服务。创新政策解读形式，加快形成以国务院政策问答平台为龙头，各地区各部门协同联动、对接共享的政策问答体系，增强政策解读的效果。

当然，做好政策解读工作，行政机关还需要避免出现如下两个误区：一个是搞庸俗化解读。将"纸上写的"解读为"实际做的"，将需要经过努力才能实现的工作目标解读为群众已经实际享受的政策红利。[①] 二是为解读而解读。虽然有"应解读、尽解读"的要求，但是实践中如果对行政机关设定过高的解读率考核指标，易催生"为解读而解读"的形式主义问题。全面提升解读工作质量是根本。[②]

二、地方政府政策解读制度化的努力

相比较而言，地方政府在印发专门的政策解读文件方面走在了国家前面。较早发布政策解读文件的是上海市。上海市于

[①] 肖捷：《以人民为中心推进新时代政务公开》，《学习时报》2019 年 9 月 9 日，第 1 版。

[②] 《国务院办公厅关于印发 2021 年政务公开工作要点的通知》（国办发〔2021〕12 号）。

2016年制定发布了《上海市行政机关政策文件解读实施办法》（沪府办发〔2016〕9号）。随后，上海市各区和相关政府部门也发布了落实细则或办法。浙江、云南等全国其他省级政府也陆续发布了各自的政策解读文件。这些文件的陆续发布，对规范政策解读工作提供了依据，并且推进了各地政策解读实践的有序开展。

在中共中央办公厅、国务院办公厅联合印发的《关于全面推进政务公开工作的意见》（中办发〔2016〕8号）对政策解读提出了一些原则性要求后，上海市在当年3月份出台了《上海市行政机关政策文件解读实施办法》（沪府办发〔2016〕9号）以下简称《实施办法》。该办法共12条，对解读范围、解读内容、解读方式（形式）、解读渠道等进行了具体规定，形成了政策解读方面较为完整的制度框架。下面以上海市的《实施办法》为例简要介绍政策解读工作各方面的规定。

《实施办法》在解读目的上突出强调五个方面，为开展政策解读工作明确了方向。这五个方面是：（1）增进公众对政府经济社会发展政策和改革举措的了解和理解、认同协同；（2）提高信息公开的质量与实效；（3）增强政府公信力、执行力；（4）促进政府有效施政和社会和谐；（5）全面提升政府治理能力。这意味着政策解读具有很强的目的性，不能搞庸俗化解读，把"纸上写的"解读为"实际做的"，把需要经过努力才能实现的工作目标解读为群众已经实际享受的政策红利。①

《实施办法》在解读范围上进行了框定，可以避免不愿解读或解读过泛等问题。文件要求，符合下列情形之一的政策文件，应当进行解读：（1）市政府规章；（2）市政府或市政府办公厅制定的行政规范性文件；（3）市政府部门制定的行政规范性文件；

---

① 肖捷：《以人民为中心推进新时代政务公开》，《学习时报》2019年9月9日，第1版。

(4)市政府、市政府办公厅或市政府部门制定，涉及面广、与民生关系密切、社会关注度高或专业性强的重要政策文件；(5)其他需要进行解读的政策文件。2020年修订的《上海市政府信息公开规定》第49条还要求，有条件的行政机关可以通过图表图解、音频视频等形式，对政府信息公开工作年度报告进行解读，规定将政府信息公开年度工作报告纳入解读范围。

《实施办法》对"三同步"的要求更为清晰，要求做到政策文件与解读材料应当同步起草、同步审签、同步发布。同步起草要求部门在起草政策文件时，应当同步谋划、组织编撰解读方案和解读材料。同步审签要求没有解读方案和解读材料的，市政府办公厅不予收文，不予办理。同步发布要求经审定后的政策解读材料应与政策文件同步对外发布。

《实施办法》对解读内容、解读方式和解读渠道提出了一系列要求。在解读内容上，强调政策文件的解读内容应当全面、详尽、准确。通过解读政策文件的背景依据、目标任务、主要内容、涉及范围、执行口径、操作方法、注意事项、关键词诠释、惠民利民举措、新旧政策差异等内容，让群众听得懂、记得住、信得过、用得上。在解读方式上，强调不同解读主体通过评论文章、政策问答、在线访谈、媒体专访、答记者问、新闻发布会等形式，解读材料展现上多运用数字化、图表图解、音频视频等方式，使解读信息可视、可读、可感。在解读渠道上，要求统筹运用政府网站、政务微博微信、新闻发布会、市民服务热线、行政服务中心等发布政策文件解读信息，充分发挥广播电视、报纸杂志、新闻网站、新兴媒体的作用，扩大解读信息的受众面。

《实施办法》还对监督保障提出了明确要求。文件要求各部门应当做好政策文件解读工作的人员、经费保障和培训指导。同时，将政策文件解读工作纳入政务公开年度考核的范围。

第三节 政策解读的测评

做好政策解读工作需要较为细化的测评指标。各级政府部门可以围绕专门栏目、解读范围、解读主体、解读内容、解读方式、解读持续性、解读渠道、解读效果、解读机制、创新情况等十大方面设计测评指标体系,同时,侧重评估被测评单位的解读内容、解读方式及效果情况。

一是专门栏目,包括政策解读专栏、解读时效性、与政策性文件的关联阅读。二是解读范围,涉及群众切身利益的重大政策和服务信息方面解读情况。三是解读主体,包括负责人解读、负责人解读次数、起草部门解读、专家和媒体解读。四是解读内容,涉及解读针对性和百姓视角。五是解读方式,涉及喜闻乐见的方式和政策咨询问答。六是解读持续性,包括事前、事中和事后解读和二次解读情况。七是解读渠道,包括官方渠道、其他渠道。八是解读效果,包括联动情况、其他效果。九是解读机制,涉及机制建立。十是创新情况,涉及从"人找政策"到"政策找人"的转变等。

表 7-1 政策解读测评指标体系

一级指标	二级指标	评 分 标 准
专门栏目	政策解读专栏	网站有专栏的
	解读时效性	查阅解读文件的发布日期和政策的发布日期,达到同步发布的
	与政策性文件的关联阅读	查阅网站解读材料底部,有链接政策文件这类关联的

第七章 政策解读

(续表)

一级指标	二级指标	评分标准
解读范围	涉及群众切身利益的重大政策和服务信息方面解读情况	针对涉及群众切身利益的重大政策、重大会议精神和服务信息及本年度中心任务、重点工作推进、重大项目实施等情况有解读的
解读主体	负责人解读	有发表讲话、撰写文章、接受访谈、参加发布会等多种方式进行政策解读的
解读主体	负责人解读次数	一年内解读次数在1次以上的
解读主体	起草部门解读	根据"谁起草,谁解读"的原则,有起草部门解读的
解读主体	专家和媒体解读	有邀请熟悉相关领域情况的专家学者、评论员和新闻媒体等第三方解读的
解读内容	解读针对性和百姓视角	开展一问一答方式,站在老百姓作为客户的服务角度,着重解读政策措施的背景依据、目标任务、主要内容、涉及范围、执行标准,以及注意事项、关键词诠释、惠民利民举措、新旧政策差异等的
解读方式	喜闻乐见的方式	有数字化、图表图解、音视频、访谈交流等喜闻乐见方式的
解读方式	政策咨询问答	提供政策咨询问答,建立政策问答库等个性化解读的
解读持续性	事前、事中和事后解读情况	事前、事中和事后均有解读的,如对政策文件代拟稿进行解读的、加强对重要政策文件及解读材料信息公开后相关社会舆情的分析研判,做好舆论引导工作的
解读持续性	二次解读或跟踪解读的	根据情况提供二次解读或跟踪解读的
解读渠道	官方渠道	有构建起多元化信息发布平台,统筹运用政府网站、政务微博微信、新闻发布会、市民服务热线、行政服务中心、政务公开专区等发布政策解读信息的
解读渠道	其他渠道	开展政策进社区进企业、发现被商业网站以及都市类、专业类媒体、网络大V转发的,体现了分众化对象化传播的

(续表)

一级指标	二级指标	评分标准
解读效果	联动情况	有与"五公开"、信息公开或热点回应等政务公开工作衔接紧密的解读的,如解读时征求公众意见、申请指引、常见错误指引等
	其他效果	根据可用性、实用性、易用性等反映群众获得感情况评分,如阅读量和搜索结果精准情况、有没有出现与上级部门解读口径出入的情况、政策解读评价结果
解读机制	机制建立	建立了解读机制的,如落实了政策文件和解读材料同步起草、同步审批、同步发布等"三同步"要求的;界定业务部门、法制部门、公开部门、网站管理部门和新闻部门等各方职责,充分发挥部门协同作用的
创新情况	精准推送	实现从"人找政策"到"政策找人"转变的等其他创新举措

第四节 政策解读示例

一、江苏省打造"政策简明问答"品牌

政策解读不仅要让老百姓看得懂、愿意看,还要传播得广。以"长图＋问答"形式制作主题式、集成性、系统化的政策问答与指引的"政策简明问答"是江苏省的首创。"政策简明问答"于2018年3月正式推出。江苏省的"政策简明问答",以赢得高访问量著称。据中国江苏网百家号报道,在微博平台上,"政策简明问答"中人气前三名依次是:《群众办事开具户籍等"身份证明"政策问答》《大学生新生入学相关政策指引》和《江苏省异地就医直接结算办理指引》。仅在@微博江苏,它们就分别收获409万次、356万次、211万次的阅读量。如此超过百万次的阅读量离不开一个好的选题。解读的政策都是与百姓生活密切相

关的，切中社会热点、痛点，关注度本身就很高。选题时需要考虑到：这项政策是涉及经济社会发展的重大举措吗？是企业群众迫切需要了解的吗？是高频政务服务事项吗？① 除此之外，高阅读量也离不开新媒体平台，通过集束式传播，瞬间吸引大量关注并持续保持一定的热度。省级层面的"政策简明问答"的新媒体平台已贯通省级官方新闻微博、微信公众号，省内主流新闻媒体微博、微信公众号，省级机关官方微博、微信公众号，以及"今日头条"等影响力大的新媒体。

江苏省的"政策简明问答"离不开各部门的合力打磨。省政务公开办联合省级机关部门对省政府出台的重大政策进行权威解读。政策制定部门最了解政策精髓，不仅把百姓最关注的信息从文件中提炼出来，以一问一答的简洁明了、疏朗清晰的长图形式呈现，同时还通过换位思考，研究百姓最关注、最需要的内容。政务公开部门则发挥牵头作用，在题材选择、问题设计、口径表达上把关，甚至还将预公开思维融入政策解读工作，在解读定稿之前专门去社区征求百姓意见。

省级层面的"政策简明问答"栏目推出并取得良好效应后，苏州、南通、淮安和连云港等设区市以及如皋、沭阳等县（市、区）也先后复制省级政府的做法，加入"政策简明问答"的行列。超过百万的阅读量延续到其他层级政府。高流量也提升了公开工作人员的热情，形成了各家比拼的良性循环。江苏省的该项工作也赢得了国家层面的政务公开主管部门的肯定。②

---

① 微博江苏：《为江苏政务公开点赞！政策简明问答，连续收获百万阅读量》，https://mp.weixin.qq.com/s/VAqIuwi374mwUug9mxu-9A?scene=25#wechat_redirect，最后访问日期：2020年11月9日。
② 徐冠英：《从"网红款"公共服务产品看政务公开创新 政策简明问答连获百万阅读量》，https://baijiahao.baidu.com/s?id=1620233701764405032&wfr=spider&for=pc，最后访问日期：2020年11月9日。

二、云南省探索政策解读新路径提升公开实效①

云南省紧扣宏观政策落地见效深化政务公开,通过创新探索政策解读新路径,综合运用图文图表、视频动漫等新媒体形式,运用多渠道一体化权威解读政策,不断提升公开实效。云南省在政策解读新路径探索方面的主要做法有:一是理顺机制,以制度保障政策解读的力度;二是多维解读,增强政策解读的深度和广度;三是分类解读,突显政策解读的特点和亮点;四是趣味解读,丰富政策解读的形式和产品。

三、政策咨询问答

政策解读不应是单向的,还应强调政府与企业、市民间的充分互动。各地对此进行了有益的探索。最为简单的互动是政府基于公众视角,以漫画或一问一答的文字方式与企业、市民开展互动,将文件的关键内容清晰明了地展示。《国务院办公厅关于印发 2021 年政务公开工作要点的通知》明确提出加强政策咨询服务。该通知要求,通过设立政策咨询综合服务窗口,为企业和群众提供"一号答""一站式"的政策咨询服务,不断改进政策解读工作方式。

安徽省黄山市政府依托 12345 政务服务便民热线,在黄山市政府网站上线了"问政黄山"政策咨询综合服务功能,为企业和群众提供政策咨询服务。江苏省设立"一企来"政策咨询服务平台,以 12345 热线为总入口,联动全省 4 093 名政策专员,实时解答企业、群众的政策咨询。通过"一企来"平台主动送政策上门,联动政策部门确定政策适用对象,精准推送给企业,让企业

---

① 摘自云南省人民政府办公厅:《云南探索政策解读新路径提升公开实效》,《政务公开工作交流》2021 年第 9 期,第 3-14 页。

从"我找政策"到"政策找我",提升政策服务的精准化、精细化水平。①

湖南省长沙市打造"政策百度",实现政策咨询服务"一站式""一号答""一键查",让"高大上"的政策"接地气",让群众"看得见""问得到""办得了"。② 融入了互动交流方式的政策解读最终可以有助于形成以国务院政策问答平台为龙头,各地区各部门协同联动、对接共享的政策问答体系,充分提升了政策解读的效果。

四、精准推送:实现从"人找政策"到"政策找人"的转变

(一)苏州市政府上线"政策计算器"③

苏州市于 2020 年 7 月 28 日上线"政策计算器",通过对归集的海量惠企政策进行拆解、分类,形成惠企政策申报条件数据库,并运用大数据算法和人工智能技术将惠企政策的申报条件与企业信息进行匹配,就能快速为企业"计算"出可以享受哪些优惠政策。此案例的主要做法有:一是全面归集惠企政策;二是有效处理政策信息;三是创新开展数据应用;四是精准推送政策信息。

(二)上海市税务局通过精准推送助推税惠直达快享④

2021 年以来,上海市税务部门结合党史学习教育和"我为群众办实事"实践活动,聚焦市场主体和群众关切,进一步加大

---

① 摘自江苏省人民政府办公厅:《江苏省创新优化政策发布解读,推动政务公开》,《政务公开工作交流》2021 年第 5 期,第 7 页。
② 摘自长沙市人民政府办公室:《湖南省长沙市打造"政策百度"提升政策咨询服务水平》,《政务公开工作交流》2022 年第 3 期,第 3 页。
③ 摘自苏州市人民政府办公室:《江苏省苏州市运用"政策计算器"助推惠企政策落地》,《政务公开工作交流》2021 年第 5 期,第 13-22 页。
④ 董春丽:《上海:348 个"标签"助税费优惠直达快享》,《中国税务报》2021 年 12 月 15 日,第 A2 版。

税费政策推送的精准度,依托上海市政府"一网通办"的优势,搭建包括基础征管、风险管理、纳税服务、政策支持4大类348个标签的管理平台,实现税费政策精准推送,助税费优惠直达快享。上海市税务局事例的主要做法有:一是政策有标签,精准找企业;二是服务精细化,"靶向"应需求;三是政务巧融合,"通办"无缝接。

 思考题

1. 名词解释

政策解读

2. 简答题

简述政策解读的价值。

3. 论述题

如何做好政策解读工作?

第八章
回应关切

【**本章概要**】回应关切是行政机关在发现影响或者可能影响社会稳定、扰乱社会和经济管理秩序的虚假或者不完整信息时,应当及时发布准确的政府信息予以澄清的公开制度。回应关切在我国《政府信息公开条例》第 6 条中予以集中体现,是我国主动公开型信息公开立法的重要特征之一。自 21 世纪以来,随着新媒体的不断推陈出新和普及,政务舆情不时发生。这就需要准确了解回应重点、回应主体、回应时效、回应实效、回应平台和回应机制等内容,科学合理地应对政务舆情。需要强调的是,化解舆情关键在于"预",不在于事后被动地应对。

【**学习目标**】了解回应关切和政策解读的关系,掌握回应关切的内涵及要素,熟悉做好回应关切工作的要点。

第一节 回应关切的缘起

一、《政府信息公开条例》第 6 条之特殊性

(一) 对《政府信息公开条例》第 6 条的介绍

我国 2007 年的《政府信息公开条例》第 6 条规定:"行政机关应当及时、准确地公开政府信息。行政机关发现影响或者可能影响社会稳定、扰乱社会管理秩序的虚假或者不完整信息的,应

当在其职责范围内发布准确的政府信息予以澄清。"经过11年的实施，2019年修订的《政府信息公开条例》第6条有了一些修改，但保留了这条。修改后的第6条为："行政机关应当及时、准确地公开政府信息。行政机关发现影响或者可能影响社会稳定、扰乱社会和经济管理秩序的虚假或者不完整信息的，应当发布准确的政府信息予以澄清。"

新的规定删除了"在其职责范围内"，不刻意强调职责；增加了"和经济"，丰富了扰乱的内容。但是，无论是2007年还是2019年的规定，均强调公开政府信息时的"及时、准确"。另外，第6条还对公开方式提出了要求，使用的术语是"发布"，体现回应关切这种要求。这也是我国主动公开型信息公开立法的重要体现。

（二）对《政府信息公开条例》第6条的特殊性的分析

《政府信息公开条例》第6条的规定具有特殊性。体现如下：一是仅有我国的信息公开立法有如此条款。无论是信息公开法律通过较早的国家，还是新近通过信息公开法律的国家，包括国际上各种信息公开法律范本，都找寻不到类似规定。我国规定该条款的背后原因值得分析。二是该条款规定在《政府信息公开条例》总则中，其应视为条例的基础性条款，对分则条款的规定具有指导作用。条例的其他条款均不得与总则的规定相抵触。三是该规定本身是作为一种应当公开的理由予以规定。2007年的《政府信息公开条例》第8条和2019年的《政府信息公开条例》第14条所规定的"三安全一稳定"这种不予公开理由看似矛盾，实则不矛盾。放在总则里面说明公开优先导向，与第14条不予公开的理由形成对应，在不公开的同时考虑一定条件下公开的可能性，并且是主动公开，这符合2019年的《政府信息公开条例》中"公开为常态，不公开为例外"原则的精神。反倒是 2007 年的《政府信息公开条例》并没有明确这一关系,同置于总则中,不区分层次,致使实践中适用上的困难。① 第 6 条规定同时还意味着在决定公开时需要进行损害衡量,因为使用了"影响或者可能影响"这样的表述。当然,这种损害的程度只需达到一般损害程度,损害的可能性只需达到一般可能性就可,对各国信息公开法中普遍存在的损害机制予以了一定程度的吸纳。

二、《政府信息公开条例》第 6 条与回应关切的关系

如上分析后,遗留的一个问题是:为什么我国《政府信息公开条例》会有第 6 条的规定?这就涉及该条与回应关切之间的关系问题。回应关切,实现的是政府与公众间信息流通的顺畅。该种方式的公开是为了适应我国公众间的信息流通条件和水平的变化而不得不考虑。② 我们可从如下两个角度进行解释:

一方面,自 21 世纪初以来,受益于新媒体在我国的不断普及,公众相互间的信息沟通水平得以大幅度提升。普通公众通过新媒体共享危机信息,有能力成为一个个独立的信息源。他们不仅是信息的接收者,而且还是信息的生产者,在一定程度上掌握了议题设置的权力。泛中心化的议题设置权的出现对我国传统的保密和被动的信息管理方式提出了挑战。在普通市民也能向其他公众提供可靠危机信息的信息环境里,政府官员会为瞒报行为付出惨重代价。政府在处理危机时不得不变得更为公开和主动。新媒体带来共享危机信息的便利的同时,也不可避免地带来一些负面影响,例如,谣言会在更广的范围内以更快的

---

① 刘平:《政府信息公开原则探析》,《中国法律评论》2016 年第 4 期,第 33 页。
② 肖卫兵:《中国信息公开改革新解:从信息流通角度》,上海社会科学院出版社 2013 年版,第 45 页。

速度在公众当中传播。① "当真理没有穿上裤子的时候，谣言已经走遍了半个地球。"② 加之新媒体兼具人际传播和大众传播的双重特性。因此，事后或被动的危机信息管理只会给谣言的快速传播带来便利，并且受首因效应的影响，得以使谣言轻易主导公众舆论。谣言对社会稳定威胁的提升也迫使我国政府不得不放弃原先的保密和被动的信息管理方式。现如今，政府深刻意识到谣言止于公开，而不是相反。

另一方面，在被动改变的同时，我国政府和公众分享危机信息的愿望也得以提升。我国政府已经逐渐认识到引导公众舆论的重要性。引导公众舆论已被认为是提升党的执政能力的重要举措。③ 如果政府在改变后的信息环境中还一味地坚持旧有保密和被动的信息管理方式，就不可能做到有效地引导社会舆论。④ 原国务院信息化办公室副主任、《政府信息公开条例》起草者欧阳武说："现在手机短信、博客盛行，你要是不公开就会谣言满天飞。比如'非典'，还有'吉化事件'，我们公开信息有澄清谣言、引导社会的功能。人家想利用这个功能，政府为什么不好好利用。"⑤ 只有主动公开的信息管理方式才有助于我国政府适应变化了的信息环境。我国的信息公开改革变得更为顺畅。周汉华说道："如果中央高级领导人没有明白信息公开有利于稳定和发

---

① 李盛：《〈中华人民共和国政府信息公开条例〉的制定背景、主要内容及目录编制》，《电子政务》2008年第5期，第22页。
② 中央电视台新闻会客厅：《王国庆：新闻发言人刚及格》，中央电视台2007年7月13日，http://news.cctv.com/china/20070713/109210.shtml，最后浏览日期：2010年6月18日。
③ 《中共中央关于加强党的执政能力建设的决定》（中办发〔2004〕18号）。
④ 中央电视台新闻会客厅：《王国庆：新闻发言人刚及格》，中央电视台2007年7月13日，http://news.cctv.com/china/20070713/109210.shtml，最后浏览日期：2010年6月18日。
⑤ 肖卫兵：《中国信息公开改革新解：从信息流通角度》，上海社会科学院出版社2013年版，第49页。

展，有利于信息化以及提高政府管理效率，如果高级领导人把这个条例看成是添乱子的事情，今天的这些结果就会相应地打折扣了。"① 我国领导人认识到了信息公开和社会稳定之间不是相互排斥，而是相互促进的关系。2007 年通过的《政府信息公开条例》第 6 条是该认识转变的具体反映。结合 2007 年《政府信息公开条例》将新闻发布会和 2019 年的《政府信息公开条例》将政务新媒体作为政府主动公开途径之一予以规定，更是说明了我国政府向主动公开的信息管理方式转变的迫切意愿和现实需要。

三、回应关切的内涵

回应关切是指行政机关在发现影响或者可能影响社会稳定、扰乱社会和经济管理秩序的虚假或者不完整信息时，应当及时发布准确的政府信息予以澄清的公开制度。回应关切包括互动交流和舆情回应等内容。基于公开方式分类，它属于一种主动公开方式，其特殊性在于它是事后被动式的响应。

回应关切遵行"属地管理、分级负责、谁主管谁负责"的原则，强调回应重点内容、回应主体、回应时效、回应平台、回应效果等要求。

回应关切与政策解读的关系较为特殊。一是两者同属政务公开的工作内容，有自身的特殊性和工作规律，应当区分不同要求予以有序推进。二是两者在内容上可互为包含。当对发布的政策文件出现误解误读时，政策解读可以是回应关切的一部分，需要依托二次解读、跟踪解读予以有效回应。三是两者可以互为方式，改进政策解读或回应关切工作。为了提升针对性和精准性，以政策咨询问答方式开展政策解读工作时，回应关切就可以作为

---

① 肖卫兵：《中国信息公开改革新解：从信息流通角度》，上海社会科学院出版社 2013 年版，第 49 页。

政策解读的一种方式得以有效地落实政策解读工作。

第二节　回应关切的要求

一、回应重点

针对回应关切而言，党和政府颁布的有关文件对此提出的要求很多，但是最为集中和全面的当属两个文件：一个是2013年国务院办公厅印发的《关于进一步加强政府信息公开回应社会关切提升政府公信力的意见》（国办发〔2013〕100号）；另一个是2016年国务院办公厅印发的《关于在政务公开工作中进一步做好政务舆情回应的通知》（国办发〔2016〕61号）。这两个文件强调回应关切这件事，可见国家层面对回应关切这一政务公开的重要一环的重视程度。两个文件各有侧重，第二个文件是在第一个文件颁布实施后发现具体问题后的进一步细化要求。第二个文件回应了各级政府在具体落实过程中所遇到的具体问题，更注重操作的可行性，其中的一个体现是回应重点问题。基层单位在落实过程中，遇到的一个现实问题是针对何种热点需要回应缺乏判断标准，不免会出现只要有热点就回应这种疲于回应的状态，或者无法确定是否回应干脆以不回应应付的鸵鸟心态。乱发声或不发声的情况如何解决，就需要有明确的回应关切的判断标准，即使是原则性的，有总比没有好。第二个文件很好地解决了这一问题。该文件指出需重点回应的政务舆情是：（1）对政府及其部门重大政策措施存在误解误读的；（2）涉及公众切身利益且产生较大影响的；（3）涉及民生领域严重冲击社会道德底线的；（4）涉及突发事件处置和自然灾害应对的；（5）上级政府要求下级政府主动回应的政务舆情。再结合国务院办公厅《〈关于全面推进政务公开工作的意见〉实施细则》（国办发〔2016〕80号）中关于政务舆情收集重点方面的要求,还有两大标准:引发媒体和公众关切、可能影响政府形象和公信力的舆情信息;严重危害社会秩序和国家利益的不实信息。以上规定使得各级政府在回应关切上有了相对明确的判断标准。

二、回应主体

回应责任主体简称回应主体。明确责任主体可减少越位、缺位等情况发生。总的原则是"属地管理、分级负责、谁主管谁负责"。《关于在政务公开工作中进一步做好政务舆情回应的通知》要求:(1)对涉及国务院重大政策、重要决策部署的政务舆情,国务院相关部门是第一责任主体;(2)对涉及地方的政务舆情,按照"属地管理、分级负责、谁主管谁负责"的原则进行回应,涉事责任部门是第一责任主体,本级政府办公厅(室)会同宣传部门做好组织协调工作;(3)涉事责任部门实行垂直管理的,上级部门办公厅(室)会同宣传部门做好组织协调工作;(4)对涉及多个地方的政务舆情,上级政府主管部门是舆情回应的第一责任主体,相关地方按照属地管理原则进行回应;(5)对涉及多个部门的政务舆情,相关部门按照职责分工做好回应工作,部门之间应加强沟通协商,确保回应的信息准确一致,本级政府办公厅(室)会同宣传部门做好组织协调、督促指导工作,必要时可确定牵头部门。

三、回应时效

针对一些地方和部门出现的政府信息公开不主动、不及时的问题,《关于在政务公开工作中进一步做好政务舆情回应的通知》要求,提高政务舆情的回应时效。对涉及特别重大、重大突发事件的政务舆情,要快速反应、及时发声,最迟应在24小时内举行新闻发布会,对其他政务舆情应在48小时内予以回应,并根据工作进展情况,持续发布权威信息。对监测发现的政务舆情,各地区各部门要加强研判,区别不同情况,进行分类处理,并通过发布权威信息、召开新闻发布会或吹风会、接受媒体采访等方式进行回应。

这一规定从回应的及时性提出了具体要求。它至少包括四个层面。第一是快速反应,及时发声。国办发〔2016〕61 号文对何为快速和及时并没有作出明确规定。针对这一问题,国务院办公厅《〈关于全面推进政务公开工作的意见〉实施细则》(国办发〔2016〕80 号)首次明确重大突发事件回应 5 小时的时限要求。该文件规定,对涉及特别重大、重大突发事件的政务舆情,要快速反应,最迟要在 5 小时内发布权威信息。一些地方对此还提出了更短的时限要求。这一规定方便了各地区各部门的具体操作。第二是对于召开新闻发布会的要求。针对涉及特别重大、重大突发事件的政务舆情,需要最迟在 24 小时内举行新闻发布会。第三是对其他政务舆情应在 48 小时内予以回应。第四是需要持续发布权威信息,非一次完结。按照国办发〔2016〕61 号文的要求,根据工作进展情况,要持续地发布权威信息。

四、回应实效

国办发〔2016〕61 号文针对回应实效的要求是:回应内容应围绕舆论关注的焦点、热点和关键问题,实事求是、言之有据、有的放矢,避免自说自话,力求表达准确、亲切、自然。通过召开新闻发布会或吹风会进行回应的,相关部门负责人或新闻发言人应当出席。对出面回应的政府工作人员,要给予一定的自主空间,宽容失误。回应内容强调了四个方面的要求:一是围绕舆论关注的焦点、热点和关键问题;二是实事求是、言之有据、有的放矢;三是避免自说自话,力求表达准确、亲切、自然;四是给予容错空间。

回应实效还离不开回应主体的选择。这主要体现在两方面。

一是专家解读。国办发〔2013〕100号文要求建立专家解读机制。重要政策法规出台后,各地区各部门要及时组织专家通过多种方式做好科学解读,让公众更好地知晓、理解政府经济社会发展政策和改革举措。有关部门可根据工作需要,组建政策解读的专家队伍,提高政策解读的针对性、科学性、权威性和有效性,让群众"听得懂""信得过"。

二是负责人回应。国办发〔2013〕100号文要求与宏观经济和民生关系密切以及社会关注事项较多的相关职能部门的主要负责人原则上应每年出席一次国务院新闻办公室组织的新闻发布会,新闻发言人或相关负责人至少每季度出席一次。国办发〔2016〕61号文要求通过召开新闻发布会或吹风会进行回应的,相关部门负责人或新闻发言人应当出席。通过负责人的权威性、负责任的回应,赢得老百姓的信任。

五、回应平台

回应平台包括新闻发布会、政府网站、政务新媒体等。国办发〔2013〕100号文着重对回应平台进行了重点强调。该文件要求统筹运用新闻发言人、政府网站、政务微博微信等发布信息,充分发挥广播电视、报刊、新闻网站、商业网站等媒体的作用,扩大发布信息的受众面,增强影响力。

针对新闻发言人这一平台,国办发〔2013〕100号文要求进一步加强新闻发言人制度建设。要以主动做好重要政策法规解读、妥善回应公众质疑、及时澄清不实传言、权威发布重大突发事件信息为重点,切实加强政府新闻发言人制度建设,提升新闻发言人的履职能力,完善新闻发言人工作的各项流程,建立重要政府信息及热点问题定期有序发布机制，让政府信息发布成为制度性安排。

针对政府网站这一平台，国办发〔2013〕100号文要求充分发挥政府网站在信息公开中的平台作用。各地区各部门要进一步加强政府网站建设和管理，通过更加符合传播规律的信息发布方式，将政府网站打造成更加及时、准确、公开透明的政府信息发布平台，在网络领域传播主流声音。

针对政务新媒体这一平台，国办发〔2013〕100号文要求着力建设基于新媒体的政务信息发布和与公众互动交流的新渠道。各地区各部门应积极探索利用政务微博、微信等新媒体，及时发布各类权威政务信息，尤其是涉及公众重大关切的公共事件和政策法规方面的信息，并充分利用新媒体的互动功能，以及时、便捷的方式与公众进行互动交流。国办发〔2016〕61号文对政务新媒体这一平台予以了特别强调，要求各地区各部门要适应传播对象化、分众化的趋势，进一步提高政务微博、微信和客户端的开通率，充分利用新兴媒体平等交流、互动传播的特点和政府网站的互动功能，提升回应信息的到达率。国务院办公厅还于2018年印发了《关于推进政务新媒体健康有序发展的意见》（国办发〔2018〕123号），系统地解决政务新媒体功能定位不清晰、信息发布不严谨、建设运营不规范、监督管理不到位等突出问题，推动政务新媒体健康有序地发展。

六、回应机制

好的回应离不开机制建设。国办发〔2013〕100号文和国办发〔2016〕61号文都提出了相关要求，具体来说，就是建立政务舆情收集、会商、研判、回应、督办、评估工作机制。

一是健全舆情收集和回应机制。国办发〔2013〕100号文要求各地区各部门建立健全舆情收集、研判和回应机制，密切关注重要政务的相关舆情，及时敏锐地捕捉外界对政府工作的疑虑、误解，甚至歪曲，加强分析研判，通过网上发布消息、组织专家解读、召开新闻发布会、接受媒体专访等形式及时地予以回应，解疑释惑，澄清事实，消除谣言。回应公众关切要以事实说话，避免空洞说教，真正起到正面引导作用。有关主管部门要进一步加大网络舆情监测工作力度，重要舆情形成监测报告，及时转请相关地方和部门予以关注、回应。

二是建立沟通协调机制。国办发〔2013〕100号文要求各地区各部门加强与新闻宣传部门、互联网信息内容主管部门以及有关新闻媒体的沟通联系，建立重大政务舆情会商联席会议制度，建立政务信息发布和舆情处置联动机制，妥善制定重大政务信息公开发布和传播方案，共同做好政府信息发布和舆论引导工作。

三是建立政务舆情回应激励约束机制。国办发〔2016〕61号文要求各地区各部门要将政务舆情回应情况作为政务公开的重要内容纳入考核体系。各级政府办公厅（室）要定期对政务舆情回应的经验做法进行梳理汇总，对先进典型以适当的方式进行推广交流，发挥好示范引导作用；对工作落实好的单位和个人，按照有关规定进行表彰。要建立政务舆情回应通报批评和约谈制度，定期对舆情回应工作情况进行通报，对工作消极、不作为且整改不到位的单位和个人进行约谈；对不按照规定公开政务，侵犯群众知情权且情节较重的，会同监察机关依法依规追究责任。

第三节　回应关切的测评

做好回应关切需要较为细化的测评指标。各级政府部门可以基于回应内容、回应权威、回应及时、回应平台、回应效果、其他亮点等六个方面设计测评指标体系,侧重评估被测评单位在舆论回应全面、及时、权威及效果方面的情况。

一是回应内容,包括案例性质和案例层级,围绕舆论关注的焦点、热点,解决关键、实际问题,实事求是、言之有据、有的放矢,有解决问题的实质性具体举措,避免自说自话,力求表达准确、亲切、自然。二是回应权威,包括主要负责人带头发声、专家解读。三是回应及时,包括对涉及特别重大、重大突发事件的政务舆情,要快速反应,最迟要在5小时内发布权威信息;涉及特别重大、重大突发事件的政务舆情,需要最迟在24小时内举行新闻发布会;其他政务舆情在48小时内予以回应,持续发布权威信息,直至事件得到实质性解决;同时认真核查已作出的承诺的落实及公开情况。四是回应平台,包括政府网站、"两微一端"、新闻发言人等;充分发挥广播电视、报刊、新闻网站、商业网站等媒体的作用,扩大发布信息的受众面,增强影响力。五是回应效果,包括有效缓解公众恐慌,杜绝网络不实信息传播;无次生舆情。六是其他亮点,涉及体现回应效果等方面。

表8-1 回应关切测评指标体系

一级指标	二级指标	评分标准
回应内容	案例性质	回应案例涉及疫情防控、房地产金融、工资拖欠、环境污染和生态破坏、食品和药品安全、教育、医疗和养老、安全生产、困难群众生活等方面的,及时作出回应,取得良好的社会效果
	案例层级	分省级、市级、县(区)级案例加分
	围绕舆论关注的焦点、热点,解决关键、实际问题	达到

(续表)

一级指标	二级指标	评分标准
回应内容	实事求是、言之有据、有的放矢，有解决问题的实质性具体举措	达到
	避免自说自话，力求表达准确、亲切、自然	符合要求
回应权威	主要负责人带头发声	有
	专家解读	有
回应及时	对涉及特别重大、重大突发事件的政务舆情，要快速反应，最迟要在5小时内发布权威信息	在规定的期限内及时回应
	涉及特别重大、重大突发事件的政务舆情，需要最迟在24小时内举行新闻发布会	在规定的期限内及时举行
	其他政务舆情在48小时内予以回应	在规定的期限内及时回应
	持续发布权威信息，直至事件得到实质性解决，非一次完结；认真核查已作出的承诺的落实及公开情况	持续发布信息、落实作出承诺
回应平台	政府网站、"两微一端"、新闻发言人等	充分利用各种回应平台，实现联动效果
	充分发挥广播电视、报刊、新闻网站、商业网站等媒体的作用，扩大发布信息的受众面，增强影响力	充分发挥各种民间媒体，实现官方和民间媒体的有效互动
回应效果	有效缓解公众恐慌，杜绝网络不实信息传播	实现
	无次生舆情	未发生次生舆情
其他亮点	体现回应效果等方面	根据所提供的印证材料予以不同程度的加分

133

第四节 回应关切示例

一、履职不当类舆情模板式回应[①]

实践中,有一种较为典型的舆情是履职不当类舆情。对于这类舆情,各级政府要本着不护短、不拖延、实事求是、坚决处理的原则进行处理。如下例子可供各级政府在回应履职不当类舆情时参考。

情 况 通 报

近日,网传济宁泗水一村发生用洒水车驱赶商贩事件。发现相关舆情后,杨柳镇纪委高度重视,立即会同有关方面组成联合调查组开展调查。

经核查,杨柳镇杨柳村新集市近期建成投入使用,但部分商贩因担心客流影响,不愿搬迁进入新址,仍在旧址摆摊经营。12月23日上午10点30分左右,杨柳村支部书记、村委会主任孔某某,对集市旧址路边商贩进行引导劝离,在劝离过程中孔某某用正在附近作业的洒水车,向摊位喷水,造成严重不良社会影响。

调查组认为,这一做法简单粗暴,反映出孔某某群众观念淡薄,决定依规依纪给予其撤销党内职务处分,责令其辞去村委会主任职务。杨柳镇将深刻吸取教训,强化以人民为中心的理念,进一步加强村干部作风建设,严格杜绝此类事件再次发生。

杨柳镇联合调查组
2021年12月20日

[①] 摘自老朱舆情微信公众号,https://mp.weixin.qq.com/s/rTeQ2UVEAQcVSsRinHKKnQ,最后访问日期:2022年4月7日。

【简介】近日,网传济宁泗水一村发生用洒水车驱赶商贩的事件。

【重视并成立调查组】发现相关舆情后,杨柳镇纪委高度重视,立即会同有关方面组成联合调查组开展调查。

【初步调查情况】经核查,杨柳镇杨柳村……摊位喷水,造成严重不良的社会影响。

【公开处理结果】调查组认为,这一做法简单粗暴,反映出孔某某群众观念淡薄,决定依规依纪给予其撤销党内职务处分,责令其辞去村委会主任职务。别人有没有责任,没有扩大化处理,以调查结论为准。

【亡羊补牢措施】杨柳镇将深刻吸取教训,强化以人民为中心的理念,进一步加强村干部作风建设,杜绝此类事件再次发生。

【补充建议】加一句,感谢网民监督,这是我们加强群众工作……

二、深圳市坪山区积极回应社会关切,着力打造政民互动新模式①

为进一步加强政府信息公开,回应社会关切、提升政府公信力,深圳市坪山区积极探索政民互动新模式,建立了区级民生诉求分拨系统,提高了政府公共管理和公共服务的响应速度。该事例的主要做法有:一是整合诉求受理渠道,集成一个系统办诉求;二是优化全流程规范,压缩诉求办结时限;三是高位推进抓统筹,多举措攻破历史难题;四是善用数据分析,为政务公开提供智力支撑。

---

① 摘自坪山区人民政府办公室:《深圳市坪山区积极回应社会关切 着力打造政民互动新模式》,《政务公开工作交流》2019年第10期,第4-14页。

思考题

1. 名词解释

回应关切

2. 简答题

（1）简述回应关切与政策解读的关系。

（2）简述回应关切的时效要求。

3. 论述题

如何做好回应关切工作？

第九章
政府数据开放

【**本章概要**】政府数据开放是指行政机关在公共数据范围内，向社会提供具备原始性、可机器读取、可供社会化再利用的数据集的公共服务。我国经历了从政府信息资源开发利用到政府信息公开再到政府数据开放这一发展历程。理解政府数据开放需要从开放原则、开放主体、开放属性、开放清单、开放平台、数据利用等方面入手。相比政府信息公开而言，政府数据开放虽然负有更多使命，但是其仍旧离不开公众知情权保障这个核心，只不过它能更为全面、主动和精准地保障公众知情权。各级政府只有实现政府信息公开和政府数据开放两者的协同发展，才能更为有效地提升政务公开的质量。

【**学习目标**】了解政府数据开放的概念，熟悉政府数据开放的要求，掌握政府数据开放的意义和价值。

第一节 政府数据开放概述

一、政府数据开放的缘起

政府数据开放并非凭空提出。为了顺应信息化水平的不断发展，我国从政府信息资源开发利用发展到政府信息公开，再发展到政府数据开放。总的来说，政府信息公开是政府数据开放的前提和基础，政府数据开放是政府信息公开的一种自然延伸。

（一）政府信息资源开发利用阶段

在信息社会发展的初期，政府信息资源开放利用在电子政务发展的早期最先被提出。党的十六大明确提出"以信息化带动工业化、以工业化促进信息化"的新型工业化道路的重要举措。为落实该举措，国家信息化领导小组在2002年7月发布了《电子政务建设纲要》。8月，中共中央办公厅、国务院办公厅发布了《关于转发〈国家信息化领导小组关于我国电子政务建设指导意见〉的通知》（中办发〔2002〕17号）。考虑到信息资源开发利用滞后等问题，该指导意见要求规划和开发重要政务信息资源。为了满足社会对政务信息资源的迫切需求，国家需要组织编制政务信息资源建设专项规划，设计电子政务信息资源目录体系与交换体系；启动人口基础信息库、法人单位基础信息库、自然资源和空间地理基础信息库、宏观经济数据库的建设。

2004年12月，中共中央办公厅、国务院办公厅联合印发了《关于加强信息资源开发利用工作的若干意见》（中办发〔2004〕34号）。该文件为充分发挥信息资源开发利用在信息化建设中的重要作用，推进经济结构调整和经济增长方式转变，实现经济社会全面协调可持续发展，就加强信息资源开发利用工作提出了系列意见。

2006年，中共中央办公厅、国务院办公厅联合印发了《2006—2020年国家信息化发展战略》，该文件将加强信息资源的开发利用作为我国信息化发展的战略重点之一予以推进。

（二）政府信息公开阶段

政府信息公开的推进与政府信息资源开发利用密不可分。政府信息公开是政府信息开发利用的重要举措，是我国信息化发展不可或缺的内容。国务院办公厅印发的《关于做好国务院2006

年立法工作的意见和国务院 2006 年立法工作计划的通知》明确表明，制定《政府信息公开条例》的目的之一就是"促进政府信息的开发利用"。专家估计，我国可开发利用的信息总量中，80%由政府拥有和掌握，但这些信息基本上处于封存或只被少数人利用的状态，严重地制约了我国的经济发展。

随着 2007 年《政府信息公开条例》的通过，政府信息公开作为促进政府信息的开发利用，进而发挥对经济发展的积极作用的一项举措得以确认。该条例所规定的立法目的之一就是，充分发挥政府信息对人民群众生产、生活和经济社会活动的服务作用。为最大化发挥政府信息的价值，该条例还规定按成本收费的模式，禁止行政机关通过其他组织、个人以有偿服务的方式提供政府信息（第 27 条），并对违反这一规定的行政机关明确了相应的法律责任（第 35 条）。

政府信息公开无疑有利于政府信息开发利用的达成。在推进政府信息公开工作中，如果政府秉持"公开的就是可利用的"的理念，同时破除"所有政府信息均受版权保护"的限制，就更有助于鼓励各类主体对已公开的政府信息进行开发利用。在我国，行政许可和行政处罚等企业信息的披露有利于信用监管和提升营商环境。随着新公共管理运动的来临和信息化技术水平的提高，为减少依申请公开的冲突和处理成本，政府信息公开中的主动公开方式被日益强调。我国 2007 年通过的《政府信息公开条例》规范了主动公开的内容、渠道、时限、平台等要求。① 这改变了国际上过往政府信息公开立法过于强调依申请公开这种被动公开的做法，也为随后而来的政府数据开放奠定了基础。

---

① 肖卫兵：《论我国有局限的推出型信息公开法》，《行政法学研究》2010 年第 3 期，第 128-129 页。

(三) 政府数据开放阶段

虽然政府信息的开发利用是促使我国《政府信息公开条例》出台的一个重要因素，但是正式实施后的条例对我国政府信息的开发利用并未起到充分的推动作用。其背后有诸多原因。除了大数据时代的姗姗来迟外，也有《政府信息公开条例》本身的缺陷和配套法律法规体系的缺失原因。① 随着互联网的宽带和大数据应用技术的发展和普及，社会面的数据处理能力得以大幅提升，开放更侧重于便于利用的特殊的主动公开方式，政府信息公开阶段由此发展到政府数据开放阶段。基于信息化发展的规律，从政府信息公开到政府数据开放是历史的必然。窄带互联网环境推动了政府信息公开，宽带互联网环境催生了政府数据开放。② 同时，数据开放化趋势也是新公共管理运动深入推进的成果之一。进入 20 世纪 90 年代，政府管理改革离不开信息化需求，电子政府建设因此被纳入议事日程。从电子政府再到现如今的智慧政府、数字政府，信息公开改革开始了数据开放化的趋势。

从国际范围来看，政府数据开放首次在美国于 2009 年 1 月由时任美国总统奥巴马签署的《开放透明政府备忘录》中提出。英国于同年同步跟进。2011 年，巴西、印度尼西亚、墨西哥、挪威、南非、菲律宾、英国和美国签署了《开放数据声明》，"开放政府合作伙伴"（Open Government Partnership）宣告诞生。至此，政府数据开放成为开放政府的一部分得以推广到全球。在我国，上海率全国之先开始探索公共数据资源开放工作，2012 年上线了全国第一个数据服务网。2015 年后，政府数据开放或

---

① 肖卫兵：《政府数据开放机制的建立和完善：结合〈政府信息公开条例〉谈起》，《理论探讨》2015 年第 4 期，第 54-55 页。

② 胡小明：《从政府信息公开到政府数据开放》，《电子政务》2015 年第 1 期，第 67 页。

公共数据开放这一术语开始频繁地出现在国家各类文件当中。2015年6月，国务院办公厅印发了《关于运用大数据加强对市场主体服务和监管的若干意见》（国办发〔2015〕51号）。该意见要求，进一步加大政府信息公开和数据开放力度。除法律法规另有规定外，应将行政许可、行政处罚等信息自作出行政决定之日起7个工作日内上网公开，提高行政管理的透明度和政府公信力。提高政府数据开放意识，有序开放政府数据，方便全社会开发利用。

最为突出的是国务院2015年8月印发的《促进大数据发展行动纲要》（国发〔2015〕50号）。该纲要提出修订《政府信息公开条例》，积极研究数据开放、保护等方面的制度。《政府信息公开条例》修订工作最终于2019年4月完成。修订后的条例保留了最初的"充分发挥政府信息对人民群众生产、生活和经济社会活动的服务作用"这一立法目的。不同于英国的修改信息公开法模式，也不同于美国的修订与专门法相结合的立法模式，我国政府数据开放方面的立法更多地需要通过专门立法，在深化政务公开的进路中予以有序推进。①

我国的政府数据开放方面的专门立法按照地方先行先试的自下而上的立法路径予以推进。2016年工业和信息化部印发的《大数据产业发展规划（2016—2020年）》明确提出，推动大数据相关立法进程，支持地方先行先试，研究制订地方性大数据相关法规。2017年12月8日，中共中央政治局就实施国家大数据战略进行第二次集体学习，习近平总书记强调，要制定数据资源确权、开放、流通、交易相关制度。2018年，中央网信办、国家发展改革委、工业和信息化部联合印发了《公共信息资源开放

---

① 肖卫兵：《论我国政府数据开放的立法模式》，《当代法学》2017年第3期，第42页。

试点工作方案》，确定在北京、上海、浙江、福建、贵州开展公共信息资源开放试点，要求试点地区制定公共信息资源开放管理办法，并在建立统一开放平台、明确开放范围、提高数据质量、促进数据利用、加强安全保障等方面开展试点。2020年，国务院办公厅印发了《公共数据资源开发利用试点方案》的通知。

随后，各试点省份开始了地方立法的尝试。北京市于2021年通过了《北京市公共数据管理办法》。上海市于2018年发布了《上海市公共数据和一网通办管理办法》，进行了初步的立法尝试，对公共数据开放进行了原则性规定。2019年通过的《上海市公共数据开放暂行办法》对公共数据开放进行了细化规定。上海市还于2021年以地方性法规形式通过了《上海市数据条例》，该条例成为上海市数据领域的基础性、综合性法律。浙江省于2020年通过了《浙江省公共数据开放与安全管理暂行办法》，于2022年以地方性法规的形式通过了《浙江省公共数据条例》。贵州省以地方性法规的形式于2020年通过了《贵州省政府数据共享开放条例》。

二、政府数据开放的内涵

政府数据是指行政机关在依法履职过程中采集和产生的各类数据资源。这里的政府数据，有政务数据、政务信息资源、公共信息资源等不同提法，如今被所涉责任主体范围更广的具有公共属性的公共数据取代。公共数据一般被界定为国家机关、法律法规授权组织和公共企事业单位在履行公共管理和服务职责过程中收集和产生的数据。

政府数据开放是指行政机关在公共数据范围内，向社会提供的具备原始性、可机器读取、可供社会化再利用的数据集的公共服务。政府数据开放涉及数据开放主体、数据利用主体、平台建设运营主体和其他利益相关方等多方主体。

这里的开放主体除了行政机关,还包括履行公共管理和服务职能的公共企事业单位。这里的开放范围或对象指向的更多是电子数据资源,包括个人与网络交互生成的数据、人工采集或二次加工生成的数据、信息系统产生的数据、物联网和传感器自动采集的数据等。这些电子数据资源的价值属性包括原始性、可机器读取、可供社会化再利用,其呈现形式是数据集,服务对象是社会大众,它不包括服务于政府内部的数据,服务于政府内部的数据是政府数据共享。

开放不是目的,开放利用才是目的。2022 年 3 月 25 日印发的《中共中央 国务院关于加快建设全国统一大市场的意见》明确提出:"加快培育数据要素市场,建立健全数据安全、权利保护、跨境传输管理、交易流通、开放共享、安全认证等基础制度和标准规范,深入开展数据资源调查,推动数据资源开发利用。"因此,从公开方式来看,开放可以理解成一种便于利用的特殊的主动公开方式。

三、政府数据开放的重要性

政府数据开放的重要性主要有如下三个方面。

一是政府数据开放是促进数字经济发展、保障社会民生的重要推动力。2020 年,我国迎来了"数据要素"的元年。该年中共中央、国务院联合印发了《关于构建更加完善的要素市场化配置体制机制的意见》。该意见提出加快培育数据要素市场,并从推进政府数据开放共享、提升社会数据资源价值、加强数据资源整合和安全保护等方面作出安排。将数据作为一种新型生产要素,有助于充分发挥数据对其他要素效率的倍增作用。要培育发展数据要素市场,使大数据成为推动经济高质量发展的新动能。

政府数据开放可以有力地推动开展众创、众包、众扶、众筹工作，为大众创业、万众创新提供条件。企业、社会组织和公众直接对政府开放的原始数据进行开发利用，推动创新，其效率与效益会超出原始数据仅由政府机关掌控模式下的效率和效益，避免"信息数据'深藏闺中'"的极大浪费情况发生。

二是政府数据开放是提升政府管理理念、实现政府治理能力现代化的内在要求。党的十九届四中全会通过了《中共中央关于坚持和完善中国特色社会主义制度、推进国家治理体系和治理能力现代化若干重大问题的决定》，该决定首次将数据作为与土地、劳动力、资本、技术并列的五大生产要素之一参与分配。这被认为是一个重大的理论创新。之前，国外有例子印证了政府数据开放可以实现协同治理。美国纽约市政府数据开放平台曾经开放了全市消防栓停车罚款数据。有数据分析师对这些开放的数据进行统计分析，得出罚款额居前十位的消防栓，居首位的消防栓年度罚款额高达 33 118 美元。该数据分析师经实地考察后，发现很多车因路面未划出禁止停车标识而被罚。他随后向警察局反映了该问题并提出相关整改建议。警察局最终采纳了他的建议。①

三是与政府信息公开一样，政府数据开放也是打造阳光政府的有力举措。相比政府信息公开，大量政府数据开放更会使"幕后交易""暗箱操作"等违法违规行为难以藏身，从而可以有效地预防腐败。政府数据开放也更有助于社会各界，尤其赋能专业机构更有效地监督行政机关的工作，督促其提高工作效率、减少浪费与不作为现象，践行人民至上理念，提高政府公信力。

---

① Ben Wellington, "Meet the Fire Hydrant that Unfairly Nets NYC $ 25,000 a Year", https://iquantny.tumblr.com/post/83696310037/meet-the-fire-hydrant-that-unfairly-nets-nyc-25-000-a, last visited, April 24, 2014.

第二节 政府数据开放的要求

一、开放原则

2013年，由美国、英国、法国、德国、日本、意大利、加拿大和俄罗斯组成的八国集团（G8）首脑签署的《开放数据宪章》中明确了五大开放原则：默认发布开放数据、注重数据的质量和数量、所有人可用、为改善治理发布数据、为激励创新发布数据。前面三个原则应是我国开展数据开放立法可资借鉴的法律原则。默认开放原则提倡的是最大程度的开放，和我们经常提到的"开放是常态，不开放是例外"同义。

基于此，我国2021年通过的《数据安全法》在第41条确立了政府数据开放的原则。该条规定："国家机关应当遵循公正、公平、便民的原则，按照规定及时、准确地公开政务数据。依法不予公开的除外。"在地方立法中，《浙江省公共数据条例》第27条提出了依法、规范、公平、优质、便民五大原则。便民原则是众多立法中经常提到的。该原则要求从满足市场主体实际需要、提升使用主体获得感的角度出发，编制发布政府数据开放目录和政府数据元数据，提供最小化注册和机器可读格式等使用方面的便利。该原则有助于政府部门树立"开放的就是可利用的"的开放思维。

二、开放属性

开放属性也称开放类型，是指基于个人、组织和客体等维度所进行的政府数据的分级分类的开放要求。政府数据一般可分为无条件开放、有条件开放和非开放公共数据三类。对涉及商业秘密、个人隐私或者法律法规规定不得开放的公共数据，列入非开放类；对数据安全和处理能力要求较高、时效性较强或者需要持续获取的公共数据，列入有条件开放类；对于开放风险较低，可以通过开放平台直接获取的其他公共数据列入无条件开放类。非开放类公共数据依法进行脱密、脱敏处理，或者相关权利人同意开放的，可以列入无条件开放类或者有条件开放类。

需要注意的是，国际上一般将数据开放仅限定在无条件开放这一类，进而将数据开放定义为任何人基于任何目的均能够自由获取、分享和使用的可机器读取的数据。数据开放引入我国后，各地立法对之进行了重新定义，将之扩展到有条件开放数据这一类。对于有条件开放这类开放属性的公共数据，实践中一般按照开放请求的提出接收、开展开放前的评估工作和作出是否开放数据的决定这三个流程依序进行。

三、开放内容及数据质量

重点开放内容一般通过年度开放重点工作予以有序推进。数据开放主管部门根据经济社会发展的需要，确定年度公共数据开放重点。与民生紧密相关、社会迫切需要、行业增值潜力显著和产业战略意义重大的公共数据，优先纳入公共数据开放的重点。主管部门在确定公共数据开放重点时，还会听取相关行业主管部门和社会公众的意见。数据利用主体可以通过开放平台对公共数据的开放范围提出建议。

对于无条件开放类数据，数据开放主体应当按照年度开放重点和公共数据分级分类规则，制定公共数据开放清单，列明可以向社会开放的公共数据。开放清单应当标注数据领域、数据摘要、数据项和数据格式等信息，明确数据的开放类型、开放条件和更新频率等。经审查后，开放清单应当通过开放平台予以公布。数据开放主体应当建立开放清单动态调整机制，对尚未开放的公共数据进行定期评估，及时更新开放清单，不断扩大公共数据的开放范围。

对于列入无条件开放类的公共数据，数据利用主体可以通过开放平台以数据下载或者接口调用的方式直接获取。理论上，应该采取开放许可模式，无需授权，允许各类利用主体对所开放的数据进行开发利用。开放格式强调电子形式，以文件下载、应用接口等机器可读取的方式进行开放。对于采用应用接口方式开放的，数据开放主体还需提供一个可供数据利用方直接下载并定期更新的普遍开放样本，确保不同需求者的需求得到保障。

对于列入有条件开放类的公共数据，数据开放主体应当通过开放平台公布利用数据的技术能力和安全保障措施等条件，向符合条件的数据利用主体开放。数据开放主体还应当与符合条件的数据利用主体签订数据利用协议，明确数据利用的条件和具体要求，并按照协议约定通过数据下载、接口访问、数据沙箱等方式开放公共数据。

数据开放主体应当按照相关技术标准和要求，对列入开放清单的公共数据进行整理、清洗、脱敏、格式转换等处理，并根据开放清单明确的更新频率，及时更新数据。数据质量主要考虑规范性、完整性、一致性、准确性。为确保数据质量，数据开放主体可能需要通过授权特定机构开放数据，从而弥补政府力量的不足，形成政府数据一级市场。

四、权益保护

自然人、法人和非法人组织认为开放数据侵犯其商业秘密、个人隐私等合法权益的，可以通过开放平台告知数据开放主体，并提交相关证据材料。数据开放主体收到相关证据材料后，认为必要的，应当立即中止开放，同时进行核实。根据核实结果，数据开放主体分别采取撤回数据、恢复开放或者处理后再开放等措施，并及时反馈。

自然人、法人和非法人组织认为开放数据存在错误、遗漏等情形，可以通过开放平台向数据开放主体提出异议。数据开放主体经基本确认后，应当立即进行异议标注，并由数据开放主体和大数据部门在各自职责范围内及时处理并反馈。

五、开放平台

政府数据开放平台是汇聚公共部门可开放的政府数据，向社会提供可机器读取、可下载等数据服务的基础设施，它涉及平台建设、平台功能、平台规范、行为记录等方面。

一是平台建设。依据《数据安全法》第 42 条的规定，国家制定政务数据开放目录，构建统一规范、互联互通、安全可控的政务数据开放平台，推动政务数据开放利用。《上海市公共数据开放暂行办法》要求，数据开放主体应当通过开放平台开放公共数据，原则上不再新建独立的开放渠道。已经建成的开放渠道，应当按照有关规定进行整合、归并，将其纳入开放平台。

二是平台功能。开放平台应当为数据开放主体提供数据预处理、安全加密、日志记录等数据管理功能。另外，开放平台应当为获取、使用和传播公共数据的数据利用主体提供数据搜索、分类导航、数据内容预览、数据集评价和数据请求等功能。

三是平台规范。平台建设运营单位应当制定并公布开放平台管理制度，明确数据开放主体和数据利用主体在开放平台上的行为规范和安全责任，对开放平台上开放数据的存储、传输、利用等环节建立透明化、可审计、可追溯的全过程管理机制。

四是行为记录。平台建设运营单位应当依托开放平台，形成数据开放和利用行为的全程记录，为数据开放和利用的日常监管提供支撑。数据开放主体应当对数据处理和数据开放情况进行记录；数据利用主体应当对有条件开放类公共数据的访问、调用和利用等情况进行记录。

六、收费

对于收费问题，立法应当确立免费和收费并存原则，而不是以不收费为原则，以收费为例外。依据《浙江省公共数据开放与安全管理暂行办法》的规定，除法律、法规、规章另有规定外，公共数据开放主体应当免费开放下列公共数据：无条件开放的数据，获取本人、本单位的受限开放类数据，第三方经他人、其他单位授权获取其受限开放类数据，国家和省规定应当免费开放的数据。

对于对数据质量、数据时效、数据规模等有特别要求的开放，公共数据开放主体应当遵循"谁利用、谁付费"或"谁受益、谁付费"的原则，向特定受益人收取费用。

七、数据利用

一是立法应当采取措施鼓励并规范数据利用。鼓励数据利用主体利用公共数据开展科学研究、咨询服务、产品开发、数据加工等活动。依托开放平台，对社会价值或者市场价值显著的公共数据利用案例进行示范展示。数据利用主体应当遵循合法、正当的原则利用公共数据，不得损害国家利益、社会公共利益和第三方合法权益。

二是数据利用反馈与来源披露。对有条件开放类公共数据，数据利用主体应当按照数据利用协议的约定，向数据开放主体反馈数据利用情况。数据利用主体利用公共数据形成数据产品、研究报告、学术论文等成果的，应当在成果中注明数据来源。

三是数据利用安全保障。数据利用主体应当按照开放平台管理制度的要求和数据利用协议的约定，在利用公共数据的过程中，采取必要的安全保障措施，并接受有关部门的监督检查。

四是数据利用监管。数据开放主体应当建立有效的监管制度，对有条件开放类公共数据的利用情况进行跟踪，判断数据利用行为是否合法正当。任何单位和个人可以对违法违规利用公共数据的行为向数据开放主体及有关部门举报。

第三节　政府数据开放的测评

2017年5月27日，复旦大学与提升政府治理能力大数据应用技术国家工程实验室在贵阳数博会上联合发布了由复旦大学数字与移动治理实验室撰写的《2017中国地方政府数据开放平台报告》。这是我国首个地方政府数据开放报告。"中国开放数林指数"和《中国地方政府数据开放报告》是专注于评估我国政府数据开放水平的专业指数和报告，由复旦大学数字与移动治理实验室制作出品。"中国开放数林指数"自2017年5月首次发布以来，每半年发布一次，定期对我国地方政府数据开放水平进行综合评价，助推我国政府数据开放生态体系的建设与发展。2018年，"中国开放数林指数"开始为国家互联网信息办公室信息化发展局监测我国公共信息资源开放情况提供数据支撑。

自2021年起，指数制作方将原来的"省级"指数调整为"省域"指数，从而将省作为一个区域，而不仅仅是一个层级来进行评测，并发布《中国地方政府数据开放报告——指标体系与省域标杆》。同时，将原来的"副省级/地级"指数调整为"城市"指数，将直辖市、副省级城市和地级城市都作为一个空间和聚落，而不仅仅是一个层级来进行评测，并发布《中国地方政府数据开放报告——指标体系与城市标杆》。

"中国开放数林指数"从准备度、平台层、数据层、利用层四个一级维度及下属多级指标，配以不同权重，对地方政府的数据开放水平进行综合评价。一是准备度。准备度是"数根"，是数据开放的基础，一般包括法规政策的效力与内容、组织与实施、标准规范制定等方面。二是平台层。平台层是"数干"，是数据开放的枢纽，一般包括数据发现、数据获取、成果提交展示、互动反馈、用户体验等方面。三是数据层。数据层是"数叶"，是数据开放的核心，一般包括数据数量、数据质量、数据规范、开放范围等四个一级指标。四是利用层。利用层是"数果"，是数据开放的成效，一般包括利用促进、有效成果数量、成果质量、利用多样性等四个一级指标。下属多级指标每年会根据实际情况进行相应地调整。①

第四节　政府数据开放示例

一、开放平台案例：深圳市的有条件开放数据申请结果公开

深圳市政府数据开放平台对外公开了用户申请有条件开放数据的结果。通过结果页面可以查看申请主体、申请时间、申请理由、申请状态、平台回复等内容。② 潜在用户可以先通过浏览该页面知晓申请成功的相关数据名称。见图9-1。

---

① 详细指标可见"中国开放树林指数"网站：http://ifopendata.cn/，最后访问日期：2022年4月6日。
② 详见案例链接 https://opendata.sz.gov.cn/interaction/dataApply/toGrantApplyPublic，最后访问日期：2022年4月6日。

数据申请公开

序号	资源名称	申请者	申请时间	申请理由	申请状态	操作
1	国企民生保障	1**	2020-06-10 09:58	数据Fenix	申请成功	详情
2	市属国企资产情况	李**	2020-06-11 09:31	我们是济南市国资...	申请成功	详情
3	直管企业信用数据	j**	2021-01-14 17:55	用于市场调研查看	申请成功	详情
4	直管企业信用数据	p**	2021-01-22 16:18	信息公开	申请成功	详情
5	直管企业信用数据	1**	2021-02-24 09:37	想看深圳有哪些国...	申请成功	详情
6	直管企业信用数据	-	2021-03-12 09:28	仅供个人分析参考。	申请成功	详情
7	直管企业信用数据	y**	2021-03-27 00:45	服务	申请成功	详情
8	直管企业信用数据	d**	2021-04-08 16:07	查询国企名单	申请成功	详情
9	直管企业信用数据	m**	2021-05-18 09:50	国有银行工作人员...	申请成功	详情
10	直管企业信用数据	有**	2021-05-20 15:18	了解直管企业的信...	申请成功	详情

显示第 1 到第 10 条记录，总共 74 条记录 每页显示 10 条记录　‹ 1 2 3 4 5 ... 8 ›

图 9－1　深圳市政府数据开放平台数据申请公开截图

二、数据开放案例：浙江省和广东省东莞市数据开放平台①

数据容量能反映一个地方数据开放的总量，单个数据集平均容量能反映一个地方开放数据集的平均水平。浙江省数据开放平台所开放的无条件开放数据的数据容量在全国处于领先地位。浙江省数据开放平台提供的省级无条件开放的数据容量将近 3.2 亿条，省级单个数据集平均容量约 30 万条；浙江全省域无条件开放的数据容量近 6.7 亿条，省域单个数据集平均容量约 6.5 万条。广东省东莞市数据开放平台开放的无条件开放数据的数据容量和单个数据集平均容量均在全国领先。该平台开放的无条件开放数据的数据容量将近 4 亿条，单个数据集平均容量超过 88 万条。

四、数据利用案例："餐饮脸谱"上网，食安信息直达消费者②

上海市政务服务"一网通办"平台不仅方便企业和市民高效

① 参见中国开放树林指数网站：http://4cool.ifopendata.cn/case，最后访问日期：2022 年 4 月 6 日。

② 张懿：《"餐饮脸谱"上网，食安信息直达消费者》，《文汇报》2021 年 10 月 28 日，第 2 版。

办事，而且能发挥数据优势，赋能行业治理促进经济的发展。上海市率先将数万家餐饮企业的食品安全监督数据与美团网和大众点评网两大外卖平台对接，从而在国内首创了一个特别的数字化治理场景。用户动动手指，就能在线查到餐饮企业的食品安全评级状况。屏幕上显示的"笑脸"和"哭脸"，不仅有助于消费者明智下单，更基于政府数据开放工作，构建了一个社会化的食品安全监督体系。"餐饮脸谱"直达外卖平台，事实上是政务数据从"直通"到"直达"的一次转变。此前，"餐饮脸谱"背后的监管信息仅限于在政府网站上公开，尚未嵌入消费场景，市民无法在点餐时直接了解。借助"一网通办"，政务平台与电商应用之间的"隔膜"被打破，数据通过流通与共享，其价值得到充分发挥，由此也带动政府监督向社会监督延伸，从而构筑起一个更多元、更数字化的治理生态。

 思考题

1. 名词解释

政府数据开放　政府数据

2. 简答题

简述政府数据开放的属性。

3. 论述题

如何做好政府数据开放工作？

第十章
政令传递

【本章概要】 政令传递是一种在政府系统内部从上至下传达政令的制度安排。政令传递的历史悠久，自古有之。政令传递作为政务公开内容具有其必要性。它是通过公开促落实，提升基层政府执行力的关键举措。政令传递的要求涉及传递范围、主体、内容、方式、时间、渠道、效果和机制等方面。

【学习目标】 了解政令传递的价值和意义，熟悉政令传递的概念，掌握政令传递的要求。

第一节 政令传递的重要性

一、政令传递的历史

政令传递是一种在政府系统内部从上至下传达政令的制度安排。在我国，政令传递的历史悠久，自古有之。秦朝时期，当时的政府就通过设置专门机构和人员负责政令传递，并修建驿道等渠道，使得政务信息能够以当时最快的速度在中央和地方之间相互传递。[①] 古代社会的政令传递一般遵循从中央传递到基层政

[①] 后向东：《论国家治理视野下的政务公开：国家制度的发布、提供与管理》，《中国行政管理》2020年第8期，第8页。

府,并经由基层政府向民众宣讲传达这一先后秩序。这一先后秩序确保了基层执行机关能够先于民众知晓相关政令。随着信息技术的发展,这一先后秩序被打破。如何适应互联网时代下的政策发布执行值得研究。应该说,将政令传递作为一种内部共享的信息流,与政策发布、政策解读一起,纳入新时代政务公开体系当中进行规范十分必要。

二、政令传递作为政务公开内容的重要性

(一)新时代需要政令传递和政策发布并跑格局

信息社会来临之前的政令传递,并不需要与政策发布保持同步。因为政令在政府内部传递的速度不会出现远远滞后于政策发布后让公众知晓的速度。政令一般遵循从中央传递到基层政府,并经由基层政府向民众宣讲传达这一严格的先后秩序。在信息化高速发展的当下,作为政策制定层的中央政府将国家政策越来越多地同步通过网络予以发布。政策发布和政策解读的速度几乎打破了空间界限。政策一旦通过互联网渠道得以发布,就能第一时间传达到千家万户,从而跳过了过往的需经由基层执行机关向民众公开宣讲这一关。

时至今日,政令传递还是采取逐级传达这一方式进行,而这往往落后于政策经互联网发布后社会公众的广泛知晓速度,形成了明显的"倒挂"现象。[①] 虽然偶尔有特事特办的情况,但也只是在特殊时间发生过。例如,在 2003 年"非典"期间,有报道提到,北京市政府一改传统的部署工作靠会议、传递信息靠文件的传统模式,代之以音视频形式和电子政务的方式,原来逐级传

---

① 后向东:《政策发布数字化转型:机遇、挑战与现实路径》,《中国行政管理》2022 年第 1 期,第 55 页。

达的决定、通知也改为在媒体上公布。①

"倒挂"的影响是社会公众对政府的政策执行速度和力度不免产生不理解。基层执行机关也很为难,因为它们无法将网上发布的政策作为工作依据予以迅速执行到位。上级机关的督查督办、追责问责也会挫伤基层执行机关的积极性。新时代需要政令传递与政策发布同步进行。

(二)政令传递是提升政府执行力的需要

提升政府执行力是政务公开的目的之一。政务公开是国家制度得以有效执行的保障和监督。"五公开"中的执行公开直接服务于该目的。除此之外,还应有政令传递。只有政令能够及时准确地传达到侧重制度执行的基层,才能最终有助于政令得到贯彻执行。政令传递与政策发布一起,充分发挥人民群众的监督作用,让好的政策能够执行到位。政令传递是公开促政策落实的关键举措。

(三)及时准确的政令传递是提升政府公信力的需要

政令传递有及时准确的要求。政令传递除了需要上下畅通外,还需要基层执行各机关对政令的精准理解。如果基层执行机关在理解政策上与政策制定机关存在偏差,则会存在执行不到位和走样的问题,最终影响到人民群众对政令的预期。长久以往,不免会影响到政府的公信力。因此,《国务院办公厅关于印发2020政务公开工作要点的通知》要求,提升经济政策发布质量,注重对基层一线政策执行人员开展政策解读和培训,确保减税降费等各项经济政策在实际执行环节不遗漏、不走样,全面及时地

---

① 王树成、徐仁杰:《政令如山 政务公开 官方媒体评非典后政风十转变》,https://www.baidu.com/link?url = McCsabtFsgWzMuWyW-NMwOzdM7VkMh_hvX8wh8jGpgBpcdKbq_ IXX6Q8-zMW2EW9KJR1M9nLeF3niHw0hcoV8RgKraMPtxki3ras18KiUL _ &wd = &eqid = e45e5c0100001ee400000003623d6de3,最后访问日期:2022年4月6日。

惠及市场主体。两年后的《国务院办公厅关于印发2022政务公开工作要点的通知》提出，要加大减负、稳岗、扩就业政策的解读和政策培训工作力度，重点对基层执行机关开展政策培训，使各项政策能够落得快、落得准、落得实，最大限度地利企惠民。

第二节　政令传递的要求

一、传递范围

传递范围限于政府系统内部，遵从自上而下的政令传达秩序。

二、传递主体

传递主体是有国家政策制定权力的制定者、发布者。接收主体是基层执行机关。

三、传递内容

传递内容包括各类政令，涉及行政法规、规章、规范性文件、规定、政策、命令等。

四、传递方式

传递方式包括一对多的内部主动传递和一对一的精准推送，以前者为主。政令传递以层层传递方式开展，做到不越级。

五、传递时间

传递时间强调及时有序。作为政令传递主渠道的政府公报，受制于按月或按季的出版时间限制，难以做到及时。

六、传递渠道

政府公报是一种较为常见的政令传递权威渠道。不同于政府网站和政务新媒体上发布的政策，政府公报有效地解决了政策的权威性问题。它是政府发布制度的权威渠道和方式，是国家政令传递的基本依托。①

2000 年通过，2015 年修订的《立法法》和 2001 年制定，2017 年修订的《规章制定程序条例》赋予政府公报传达政令的职能，明确了政府公报上发布的行政法规和规章文本作为标准文本的法律效力，奠定了政府公报作为政府发布行政法规和规章主渠道的地位。

2018 年 4 月，国务院办公厅印发的《关于做好政府公报工作的通知》（国办发〔2018〕22 号）明确了政府公报的办刊宗旨，包括传达政令、宣传政策、指导工作、服务社会。传达政令就是其中的一项重要宗旨。

当然，在政令传递领域，除了权威性外，及时性也不可或缺。需要注意的是，虽然过往以定期出版物形式出现的政府公报解决了权威性的问题，但是却存在政策发布不及时的问题，远远跟不上政府网站发布的政策文件，急需以电子化技术手段改革政府公报的运行体制。这就要求通过建立数字化公报，兼顾政令传递上的时效和权威。近年来，全国各地推行的政府公报电子版实现了与纸质版内容和格式一致，并使得电子版内容得以优先于纸质版内容发布，在一定程度上适应了互联网发展的趋势。

除了数字公报之外，还有必要建设国家制度体系信息平台，如上海市城市法规全书这一信息平台以及各级政府门户网站"政府信息公开"专栏。不过，目前以这种形式公开的规章尚不属于

---

① 后向东：《论国家治理视野下的政务公开：国家制度的发布、提供与管理》，《中国行政管理》2020 年第 8 期，第 9 页。

具有法律效力的正式版本。①

另外,行政机关应避免以新闻报道、新闻播报的方式代替政府网站的权威政令发布,尤其对标注了主动公开属性的政令。

七、传递效果

在传递效果上,需要实现基层执行机关准确理解政策制定机关的制度本意。这主要体现在两个方面:一方面,确保基层执行机关在执行的时候能够不走样;另一方面,确保基层执行机关在向公众解读时不存在误解、误读的情况,避免"加码"情形发生。为了提升传递效果,需要通过对基层执行机关开展政策培训,确保各项政策能够落得快、落得准、落得实,最大限度地利企惠民。

八、传递机制

在传递机制建设方面,未来可以考虑通过出台国家政策发布、管理、提供的专门立法,也需要改革现行的公文运转、办理等一系列政务运转流程,还需要相应的技术规范、国家标准等的支撑。②

第三节 政令传递示例

一、"制度+科技"提升行政规范性文件法治化水平③

近年来,在国务院办公厅和司法部的指导下,上海市积极贯

---

① 后向东:《国家制度体系信息平台建设:历史审视、国际经验与现实路径》,《电子政务》2021年第12期,第41页。
② 后向东:《国家制度体系信息平台建设:历史审视、国际经验与现实路径》,《电子政务》2021年第12期,第44页。
③ 本项目入选由中国政法大学法治政府研究院主办、中国法学会行政法学研究会提供学术指导的第六届"法治政府奖",信息来源于中国政法大学法治政府研究院微信公众号。

彻落实党中央、国务院的决策部署,通过"制度+科技"不断提升规范性文件法治化水平。其中,制度建设方面的亮点是在全国率先建立行政机关、法院、检察院三方共同参与的规范性文件审查衔接工作机制。2018年1月,上海市法治政府建设工作领导小组办公室、上海市高级人民法院、上海市人民检察院联合出台的《关于本市建立行政规范性文件审查衔接工作机制的指导意见》建立了意见征询、会商通报、涉诉规范性文件材料共享、协同配合、数据平台对接、业务培训交流等六项工作机制。

在创新工作制度的同时,上海市注重科技赋能,以信息化技术助力规范性文件管理的数字化转型。2018年上半年,上海市政府办公厅开发建立了全市统一的规范性文件管理系统和规范性文件数据库。2021年下半年,又在随申办App、微信、支付宝小程序等移动端开通查询功能,进一步发挥政府数据服务社会生产、生活需要的作用。项目实施以来取得明显成效,具体体现为"四个显著":一是行政机关的规范性文件的质量显著提高,制度供给不断优化;二是司法机关的办案效率显著提升,相对人合法权益得以有效保障;三是运用成果服务社会的功能显著增强,社会公众的法治获得感不断增加;四是项目的溢出效应显著产生,为规范性文件法治化工作提供示范借鉴。

二、上海城市法规全书2.0版上线[①]

2021年1月20日,上海城市法规全书应用系统上线,通过分类索引和智能查询,实现了上海现行有效的法规规章"一键可查",方便了市民、企业主、法律从业人员以及在上海居住的境外人士找法、用法。一年来系统访问量达280余万人次,成为人

---

① 素材来源于上海市司法局微信公众号。

民群众手边权威可信的"法律百宝书"。

目前，上海城市法规全书2.0版已经全新上线，进一步拓展了系统功能，优化了使用体验，主要体现在：一是索引更便利。完善智慧搜索功能，通过语义联想、模糊查询、结果内搜索等多种模式，让法规规章索引更加便利、精准；二是内容更全面。新增浦东新区法规和上海市现行有效的行政处罚裁量基准、轻微违法行为免罚清单，同时链接国家法律法规库，方便扩展查询；三是语种更多样。除原有英语版外，已针对部分常用地方性法规新增日语版，并逐步开发德语版等其他语种版本；四是体验更友好。增加"长者"功能，并制作视频演示指导使用，开发语音搜索功能和语音播报功能，方便特殊群体使用。

 思考题

1. 名词解释

政令传递

2. 简答题

（1）简述政令传递的方式。

（2）简述政令传递与主动公开的关系。

3. 论述题

如何做好政令传递工作？

第三篇
政务公开平台

本篇讲述政务公开平台。政务公开平台是指承载政务公开功能并对政务信息进行权威发布、有效传播的各类传统和新兴、线上和线下、有形和无形渠道或载体。本篇着重介绍政府公报、政府网站、政务新媒体、政务公开专区、政府开放日，共五章。

第十一章
政府公报

【本章概要】政府公报是指政府机关出版发行的以登载法令、方针、政策、宣言、声明、人事任免等各类政府文件为主要内容的连续出版物。它是刊登行政法规和规章标准文本的法定载体，是政府机关发布政令的权威渠道。做好政府公报工作，需要基于现有文件要求和各地实践，从线下获取、公报数字化、公报内容、时效性、规范化建设、其他亮点等方面推进。

【学习目标】了解政府公报的定位，熟悉政府公报的建设要求，掌握政府公报的定义。

第一节 政府公报概述

一、制度依据

（一）《立法法》和《规章制定程序条例》的规定

政府公报是刊登行政法规和规章标准文本的法定载体，是政府机关发布政令的权威渠道。有关政府公报的法律地位可见《中华人民共和国立法法》（以下简称《立法法》）。该法于 2000 年首次通过，2015 年修订。《立法法》第 71 条规定："行政法规签署公布后，及时在国务院公报和中国政府法制信息网以及在全国范围内发行的报纸上刊载。在国务院公报上刊登的行政法规文本为标准文本。"第 86 条规定："部门规章签署公布后,及时在国务院公报或者部门公报和中国政府法制信息网以及在全国范围内发行的报纸上刊载。地方政府规章签署公布后,及时在本级人民政府公报和中国政府法制信息网以及在本行政区域范围内发行的报纸上刊载。在国务院公报或者部门公报和地方人民政府公报上刊登的规章文本为标准文本。"

2001 年制定,2017 年修订的《规章制定程序条例》第 31 条第 2 款规定："地方政府规章签署公布后,及时在本级人民政府公报和中国政府法制信息网以及在本行政区域范围内发行的报纸上刊载。在国务院公报或者部门公报和地方人民政府公报上刊登的规章文本为标准文本。"

(二)《政府信息公开条例》的规定

政府公报作为发布主动公开信息的一个渠道在《政府信息公开条例》中得以确认。2019 年修订版条例第 23 条规定："行政机关应当建立健全政府信息发布机制,将主动公开的政府信息通过政府公报、政府网站或者其他互联网政务媒体、新闻发布会以及报刊、广播、电视等途径予以公开。"

(三)《国务院办公厅关于做好政府公报工作的通知》的要求

2018 年 4 月,国务院办公厅印发了《关于做好政府公报工作的通知》(国办发〔2018〕22 号)。该通知明确了着力将政府公报打造成权威、规范、便民的政务公开平台这一定位,提出了分级权威发布、完善工作机制、办好政府公报电子版、建设政府公报数据库、提升服务效果、加强组织领导等方面的要求。

1. 分级权威发布

建立以中央、省、市三级为主的政府公报体系,坚持传达政令、宣传政策、指导工作、服务社会的办刊宗旨,形成行政法规、规章和规范性文件的权威发布平台。国务院公报应及时刊登行政法规和国务院文件，逐步实现统一刊登国务院部门的规章和规范性文件。省级人民政府和设区的市、自治州人民政府要办好本级政府公报，统一刊登本级政府规章和规范性文件以及所属部门规范性文件，逐步做到施行前刊登。其他市、县级人民政府可结合实际积极探索创办政府公报，地方政府所属部门以及乡镇政府、街道办事处不办政府公报。政府公报原则上不刊登上级政府及上级政府所属部门文件，不得刊登商业性广告。要加强对公报刊登内容的校对审核，杜绝责任差错，确保公报准确性；参照《党政机关公文格式》国家标准，统一公报编排格式，增强公报的规范性；缩短出刊周期，优化出刊方式，提高公报的时效性。

2. 完善工作机制

各地区、各部门要建立健全规范性文件公开审查机制和督促约束机制，建立完善部门文件报送制度、联络员制度和报送刊登情况通报制度。发文机关应做好公开属性审查，将主动公开文件转送政府公报编辑部门在政府公报上刊登。国务院各部门要及时将部门规章和规范性文件送国务院办公厅，供国务院公报刊登；地方人民政府所属部门制发的规范性文件应及时送本级人民政府办公厅（室），供本级政府公报刊登。要完善政府公报编校审发等办刊工作规范和制度体系，优化流程，健全机制，严格管理，严把质量关口，实现政府公报工作科学化、规范化、制度化。

3. 办好政府公报电子版

要充分发挥互联网覆盖面广、传播迅速、便于查询的优势，着力办好政府公报电子版，进一步扩大公报受众面。在政府网站首页设立政府公报专栏，重点展示政府公报电子版，并提供目录导航和内容检索等服务。优化电子版的阅读界面，实现与纸质版内容格式一致。电子版应与纸质版同步发行，有条件的地方可在政府公报清样定稿后优先发布电子版。要充分利用电子签名、电子水印等防护手段，确保电子版安全可信、不被篡改。要适应移动互联网的发展趋势，推出适合移动平台展示的电子版，提升用户体验，满足手机用户的需求。

4. 建设政府公报数据库

要建立政府公报数据库并向公众开放，提供文件检索功能，方便公众查阅和开发利用。完善数据库建设标准规范，做好数据采集和维护工作，推动数据交换整合，实现各级政府公报数据互联互通和资源共享。加强政府公报数据库安全管理，确保数据完整、准确。推进政府公报数字化工作，实现创刊以来刊登内容全部入库管理。鼓励依托政府公报数据库创新数字化产品，向社会公众提供多样化服务。政府公报数据库要与政府网站资源统筹开发利用，避免重复建设。

5. 提升服务效果

要强化政府公报服务公众的功能，以赠阅为主要发行方式，赠阅范围应覆盖本地区国家档案馆、公共图书馆、政务（行政）服务大厅等政府信息公开查阅场所和公共服务场所，以及乡镇政府、街道办事处、社区、村（居）委会等基层单位和法院、检察院等司法机关。要适时了解受赠单位政府公报的使用情况，优化调整赠阅范围和数量，不断提升政府公报的使用效果。在确保行政法规、规章和规范性文件应登尽登的基础上，政府公报还可刊登发文机关配套的解读材料等。可通过编印赠阅政策读本、文件汇编等方式，进一步提升政府公报工作的服务水平。要充分利用政府网站、报刊、电视台、电台以及微博、微信、移动客户端等媒体，加大宣传力度，扩大政府公报的知晓度和影响力。

6. 加强组织领导

地方人民政府办公厅（室）是本地区政府公报工作的主管部门，要加强组织领导，明确责任分工，加强协调配合，把政府公报工作纳入政务公开工作，统一部署、统一推进、统一考核。要指定专门机构和人员负责政府公报工作，加强业务培训、交流研讨和调查研究，不断创新工作方式，强化能力建设，打造一支政策水平高、责任意识强、文字编辑能力过硬、勇于开拓创新的政府公报工作队伍。要将政府公报工作所需经费列入财政预算，不得自筹或向企业、社会摊派。上级政府公报主管部门要加强督促检查和业务指导，推动政府公报工作规范有序地开展。

（四）国务院办公厅《关于向地方各级人民政府发送国务院公报及有关事项的通知》

2001年12月，国务院办公厅印发了《关于向地方各级人民政府发送国务院公报及有关事项的通知》（国办函〔2001〕71号）。该通知要求，自2002年1月开始，国务院办公厅向地方各级人民政府及城市街道办事处免费发送《国务院公报》。同时，继续向各省、自治区、直辖市县以上党委、人大、政协（新增加）、法院、检察院及各民主党派中央赠送《国务院公报》。

二、政府公报的定义

政府公报是指政府机关出版发行的以登载法令、方针、政策、宣言、声明、人事任免等各类政府文件为主要内容的连续出版物。

政府公报坚持传达政令、宣传政策、指导工作、服务社会的办刊宗旨，形成行政法规、规章和规范性文件的权威发布平台。政府公报可刊登发文机关的配套解读材料。政府公报原则上不刊登上级政府及上级政府所属部门的文件。政府公报不得刊登商业性广告。

政府公报分为中央政府公报和地方各级政府、各机关公报，形成以中央、省、市三级为主的政府公报体系。地方政府所属部门以及乡镇政府、街道办事处不办政府公报。

政府公报的发行以赠阅为主，覆盖本地区的国家档案馆、公共图书馆、政务（行政）服务大厅等政府信息公开查阅场所和公共服务场所，以及乡（镇）人民政府、街道办事处、社区、村（居）委会等基层单位和法院、检察院等司法机关。

政府公报分纸质版和电子版。通过政府网站和政务新媒体平台推出的电子版政府公报应与纸质版的内容格式一致并同步发布，在条件允许的情况下，可在清样定稿后优先发布电子版政府公报。电子版政府公报应充分利用电子签名、电子水印等防护手段，确保刊载内容安全可信、不被篡改。

我国古代有类似的政府公报，称为邸报、邸钞、朝报等。晚清政府于1907年由政治编查馆主编发行了《政治官报》，1911年清朝责任内阁成立后，将之改称《内阁官报》。《中华民国国民政府公报》于1927年开始发行，至1948年5月止，共发行3137号。

三、政府公报的重要性

政府公报的重要性体现在以下三个方面。

一是政府公报是一个权威、规范、便民的政务公开平台。它在政令传递、政策发布和解读、公众参与等政务公开环节上具有重要作用。政府公报是刊登行政法规和规章标准文本的法定载体，是政府机关发布政令的权威渠道，在推进国家治理体系和治理能力现代化上具有不可或缺的地位。国务院办公厅自2012年以来每年发布的政务公开工作要点几乎都要求充分发挥政府公报等渠道的作用，方便社会公众获取政府信息。2017年的要点提出了适应互联网发展要求，积极推进政府公报同步上网，加快历史公报数字化工作。2018年的要点对政府公报工作的规范有序开展提出了要求。要求在办好政府公报纸质版的基础上，加快政府公报电子化进程，推进政府公报数据库建设，有序开放政府公报数据，完善国务院部门为国务院公报提供的文件工作机制，推行政府及其所属部门文件由本级政府公报统一发布的制度。2019年的要点对政府公报提出了创新发展要求。办好政府公报电子版，实现电子版与纸质版同步发行，逐步推行政府公报移动端展示。建设政府公报网上数据库，加快推进历史公报入库管理，向社会有序开放。进一步完善和强化国务院部门向国务院公报编辑部门报送部门规章和规范性文件的工作机制。建立健全地方政府部门规范性文件向政府公报编辑部门报送的制度，由政府公报统一刊登本级政府规章和规范性文件以及所属部门规范性文件。2021年的要点要求稳步推动设区的市、自治州开设政府公报，完善政府公报数据库，推进数字化利用，通过政务新媒体等渠道加强政府公报内容的传播。

二是政府公报在促进依法行政和建设法治政府上具有重要作用。办好政府公报，是全面推进依法行政的重要内容，对畅通政令传达、促进依法行政、建设法治政府和服务型政府具有重要意义。当基层政府不熟悉甚至不了解国家的方针政策时，单凭主观臆断或经验办事定会带来行政行为的低效或无效。如果基层政府能够及时、全面、系统地了解国家的法律法规和政策，辅之以政策解读等内容，就能有效地减少这种现象，促进政府工作更加规范化、制度化和程序化。同时，提升政府公报工作水平可以全面、准确和及时地将党和政府的方针政策提供给公众，有助于妥善协调和正确处理人民群众的利益诉求，有助于鼓励公众有序参与。

三是政府公报是研究国家或地方不可或缺的珍贵档案史料。研究人员通过对特定时期的政府公报当中所刊载的法令、方针、政策、宣言、声明、人事任免等各类政府文件进行系统而细致地梳理，有助于分析其所具有的不容忽视的史料价值。研究者可以从新闻的角度进一步了解各时期各级政府在革新政治、经济、社会方面的举措以及推行过程和实践效果。

第二节 政府公报的测评

做好政府公报工作需要较为细化的测评指标。各级政府部门可以基于线下获取、公报数字化、公报内容、时效性、规范化建设、其他亮点等六个方面设计测评指标体系，侧重评估被测评单位向图书馆、档案馆、政务公开专区等线下场所移交和赠阅情况、时效性情况、出版形式的标准化、规范化、公报数字化展示应用等情况。

一是线下获取，包括向图书馆、档案馆、政务公开专区赠送情况，向本级法院、检察院赠阅情况，向乡镇、街道办事处赠阅情况。二是公报数字化，包括电子公报网页设置及展示效果、公报内容检索情况、其他数字化应用情况。三是公报内容，包括数据库建设情况，刊登政府及政府办的批复、通告、电报等，刊登政府部门规范性文件。四是时效性，涉及按出版日期及时出版。五是规范化建设，涉及出版形式的标准化、规范化。六是其他亮点。

表 11-1 政府公报测评指标体系

一级指标	二 级 指 标	评 分 标 准
线下获取	向图书馆、档案馆、政务公开专区赠送情况	向所在地档案馆、图书馆、政务公开专区赠送政府公报，信息全面、完整
	向本级法院、检察院赠阅情况	及时地向所在地检察院、法院赠阅政府公报
	向乡镇、街道办事处赠阅情况	及时地向所辖区乡镇、街道办事处赠送公报

(续表)

一级指标	二级指标	评分标准
公报数字化	电子公报网页设置及展示效果	政府门户网站和政务公开专栏下设置了"政府公报"栏目,并且页面设计有特色
	公报内容检索情况	搜索公文标题即可在首页找到公报链接
	其他数字化应用情况	通过政务新媒体或开发公报小程序等应用,传播政府公报内容,打造"掌上公报"
公报内容	数据库建设情况	自创刊以来的公报均在政府网站上展示
	刊登政府及政府办的批复、通告、电报等	内容全面
	刊登政府部门的规范性文件	内容全面
时效性	按出版日期及时出版	及时出版
规范化建设	出版形式的标准化、规范化	标准规范,按出版形式要求,有出版日期、刊期、联系电话等
其他亮点		根据所提供的印证材料予以不同程度的加分

第三节　政府公报示例

一、北京市政府公报推送到群众"指尖"上[①]

《北京市人民政府公报》是由北京市人民政府主管,北京市人民政府办公厅主办编辑出版并公开发行的政府出版物。随着互联网的发展和智能手机的普及,为了让群众能及时方便地获取政

---

① 摘自北京市人民政府办公厅:《北京市政府公报推送到群众"指尖"上》,《政务公开工作交流》2017年第3期,第5-10页。

策信息，适应大众的移动阅读需求，北京市对政务门户网站"首都之窗"上的政府公报页面进行了全新改版，采取了以下措施：(1)一网登载，全程共享；(2)一键检索，提升服务；(3)一码扫描，手机适配；(4)借助"两微一端"，提供主动服务等新做法，开始了数字公报的积极探索。

二、上海市人民政府公报

《上海市人民政府公报》由上海市人民政府办公厅编辑出版，是上海市人民政府向社会公开政府规章、政策规定的重要载体之一，也是市政府信息公开的主渠道之一。它有如下两个主要特征。

一是政府公报一直以来作为一个法定公开渠道在各版本的《上海市政府信息公开规定》（以下简称《规定》）中得到专门规定。2004年最初版本的《规定》第24条涉及市政府公报的发放和查阅。2008年版的《规定》第18条对政府公报进行了专门规定，分三款规定建立健全市区两级政府公报制度、政府公报登载规范性文件时限和政府公报的免费发放要求。2020年版的《规定》第22条是政府公报条款，该条将政府公报的最新要求予以有效融入，共有四款。第1款要求市和区人民政府应当健全政府公报制度。第2款要求市人民政府规章、市和区人民政府制定的行政规范性文件，应当及时地在本级人民政府公报上全文登载。市和区人民政府部门制定的行政规范性文件，可以在本级人民政府公报上全文登载。涉及面广、与民生关系密切、社会关注度高或者专业性强的政府规章或者重要政策文件，可以刊登配套解读材料。第3款规定政府公报免费向公众发放，并在国家档案馆、公共图书馆免费供公众查阅。第4款要求市和区人民政府应当适应移动互联网发展的趋势，推出适合移动平台展示的电子版政府公报，方便公众查询、利用。

二是上海市近年来着力推广电子公报移动端展示工作。2019年11月，上海市人民政府上线了《上海市人民政府公报》小程序，旨在让大众更加方便地了解政府规章、政府文件等法规。小程序主要有三个功能：所有公报、最新公报以及公报查询。小程序方便了公众从掌端随时查看政府的红头文件，随时随地了解上海市最新的政府规章，出台了哪些重大政策，更好地搭起官民之间的桥梁。

 思考题

1. 名词解释
政府公报
2. 简答题
简述政府公报作为政府机关发布政令的权威渠道的制度依据。
3. 论述题
论述政府公报所遇的挑战和未来的改革。

第十二章
政府网站

【本章概要】政府网站是指各级人民政府及其部门、派出机构和承担行政职能的事业单位在互联网上开办的，具备信息发布、解读回应、办事服务、互动交流等功能的网站。政府网站分为政府门户网站和部门网站。政府网站是政府信息公开的第一平台。做好政府网站工作，需要基于网站栏目、网站信息、统计数据、政府数据开放、互动交流、政务服务、网站体验、其他亮点等方面推进。

【学习目标】了解政府网站作为政府信息公开第一平台的定位，熟悉政府网站考核评估的要求，掌握政府网站政务公开专栏建设的要求。

第一节 政府网站概述

一、政府网站的由来

在我国，政府网站建设最早可以追溯到1999年。为顺应知识经济和网络时代的要求，提高政府的管理水平，实现政府办公电子化，加强政府与社会的沟通，带动信息产业的发展等，1999年1月22日，在北京市举行了"政府上网工程启动大会"。这标志着我国"政府上网工程"正式启动。随后，大多数政府部门建立了自身的政府网站。

2006年1月1日,中央政府门户网站正式开通。这标志着我国由中央政府门户网站、国务院部门网站、地方各级人民政府及其部门网站组成的政府网站体系基本形成。2007年,我国被冠以gov.cn域名的数量增加到28 575个,差不多是1999年的20倍。①

2006年12月,国务院办公厅印发了《关于加强政府网站建设和管理工作的意见》(国办发〔2006〕104号)。该意见将政府网站定位为各级人民政府及其部门在互联网上发布政务信息、提供在线服务、与公众互动交流的重要平台。该意见指出,办好政府网站有利于促进各级人民政府及其部门依法行政,提高社会管理和公共服务水平,保障公众知情权、参与权和监督权,加强政府自身建设和推进行政管理体制改革。

2007年年初通过的《政府信息公开条例》将政府网站作为主动公开渠道之一予以规定。在2008年5月1日《政府信息公开条例》正式实施之前,国务院办公厅于2007年8月印发了《关于做好施行〈中华人民共和国政府信息公开条例〉准备工作的通知》(国办发〔2007〕54号)。该通知提到,充分发挥政府网站公开政府信息的平台作用。各级政府网站要成为政府信息公开的第一平台。各级政府和政府各部门(单位)网站都要开设政府信息公开专栏,并建立和畅通链接。要充分利用国家档案馆、公共图书馆等场所的网络设施,设置政府网站公共检索点,发挥好政府网站的辐射作用。大力推进电子政务建设,强化政府网站的支撑保障体系。政府网站应开设政府信息公开意见箱,及时听取公众对政府信息公开工作的意见和建议,以利改进工作。政府

---

① 中国互联网络信息中心:《第19次中国互联网络发展状况统计报告》,http://www.cnnic.net.cn/download/2007/cnnic19threport.pdf。

网站作为我国政府信息公开的第一平台的提法得以确立。

2011年4月,国务院办公厅印发了《关于进一步加强政府网站管理工作的通知》(国办函〔2011〕40号)。为解决一些地方政府和部门政府网站存在的发布信息和页面更新不及时甚至链接错误等问题,通知要求按照"谁主管谁负责、谁运行谁负责"的原则,强化管理和责任,确保网站管理工作落实到人,做到不办则已,办则有人管、能管好。

2014年11月,国务院办公厅印发了《关于加强政府网站信息内容建设的意见》(国办发〔2014〕57号)。该意见从加强内容建设的角度,要求从强化信息发布更新、加大政策解读力度、做好社会热点回应、加强互动交流四个方面强化政府网站信息发布工作。该意见重申"各地区、各部门要将政府网站作为政府信息公开的第一平台"的要求。该意见还提出了要完善专业机构、媒体、公众相结合的社会评价机制,对政府网站开展社会评价和监督,同时要求评价过程和结果向社会公开。

为落实国办发〔2014〕57号文件的要求,2015年3月,国务院办公厅印发了《关于开展第一次全国政府网站普查的通知》(国办发〔2015〕15号)。该通知提供了全国政府网站普查评分表、政府网站基本信息表和政府网站栏目(系统)基本信息表等附件。2015年12月,国务院办公厅印发了《关于第一次全国政府网站普查情况的通报》(国办函〔2015〕144号)。之后还按季度印发了全国政府网站抽查情况的通报。所有这些探索为完善我国政府网站考评奠定了基础。

二、制度依据

(一)国务院办公厅《关于印发政府网站发展指引的通知》

有关政府网站的最新制度依据是2017年5月国务院办公厅

印发的《关于印发政府网站发展指引的通知》（国办发〔2017〕47号）。该通知对政府网站提出了明确的发展目标要求，计划到2020年，将政府网站打造成更加全面的政务公开平台、更加权威的政策发布解读和舆论引导平台、更加及时的回应关切和便民服务平台，以中国政府网为龙头、部门和地方各级政府网站为支撑，建设整体联动、高效惠民的网上政府。该通知从总体要求、职责分工、开设与整合、网站功能、集约共享、创新发展、安全防护和机制保障等八个方面提出了要求，并附上网页设计规范。本节主要对网站功能版块进行阐述。

政府网站的功能主要包括信息发布、解读回应、互动交流，政府门户网站和具有对外服务职能的部门网站还要提供办事服务功能。

1. 信息发布

这方面的要求如下：各地区、各部门要建立完善政府网站信息发布机制，及时准确地发布政府重要会议、重要活动、重大决策的信息。国务院文件在中国政府网公开发布后，各地区、各部门要及时在本地区、本部门网站转载，加大宣传力度，抓好国务院文件的贯彻落实。

政府网站要对发布的信息和数据进行科学分类、及时更新，确保准确权威，便于公众使用。对信息数据无力持续更新或维护的栏目，要进行优化调整。已发布的静态信息发生变化或调整时，要及时更新替换。政府网站使用地图时，要采用测绘地理信息部门发布的标准地图或依法取得审图号的地图。

（1）概况信息。发布经济、社会、历史、地理、人文、行政区划等介绍性信息。

（2）机构职能。发布机构设置、主要职责和联系方式等信息。在同一网站发布多个机构职能信息时，要集中规范发布，统

179

一展现形式。

(3) 负责人信息。发布本地区、本部门、本机构的负责人信息，可包括姓名、照片、简历、主管或分管工作等，以及重要讲话文稿。

(4) 文件资料。发布本地区、本部门出台的法规、规章、应主动公开的政府文件以及相关法律法规等，应提供准确的分类和搜索功能。如相关文件资料发生修改、废止、失效等情况，应及时公开，并在已发布的原文件上作出明确标注。

(5) 政务动态。发布本地区、本部门的政务要闻、通知公告、工作动态等需要社会公众广泛知晓的信息，转载上级政府网站、本级政府门户网站发布的重要信息。发布或转载信息时，应注明来源，确保内容准确无误。对于重要信息，有条件的要配发相关图片视频。

(6) 信息公开指南、目录和年报。发布政府信息公开指南和政府信息公开目录，并及时更新。信息公开目录要与网站文件资料库、有关栏目内容关联融合，可通过目录检索到具体信息，方便公众查找。按要求发布政府信息公开工作年度报告。

(7) 数据发布。发布人口、自然资源、经济、农业、工业、服务业、财政金融、民生保障等社会关注度高的本地区本行业统计数据。加强与业务部门相关系统的对接，通过数据接口等方式，动态更新相关数据，并做好与本级政府门户网站、中国政府网等网站的数据对接和前端整合。要按照主题、地区、部门等维度对数据进行科学合理地分类，并通过图表图解、地图等可视化方式展现和解读。提供便捷的数据查询功能，可按数据项、时间周期等进行检索，动态生成数据图表，并提供下载功能。

(8) 数据开放。在依法做好安全保障和隐私保护的前提下，以机器可读的数据格式，通过政府网站集中规范地向社会开放政府数据集,并持续更新,提供数据接口,方便公众开发新的应用。数据开放前要进行保密审查和脱敏处理,对过期失效的数据应及时清理更新或标注过期失效标识。政府网站要公开已在网站开放的数据目录,并注明各数据集浏览量、下载量和接口调用等情况。国家政府数据统一开放平台与中国政府网要做好数据对接和前端整合,形成统一的数据开放入口。

2. 解读回应

这方面的要求有:(1)政府网站发布本地区、本部门的重要政策文件时,应发布由文件制发部门、牵头或起草部门提供的解读材料。通过发布各种形式的解读、评论、专访,详细介绍政策的背景依据、目标任务、主要内容和解决的问题等。国务院文件公开发布时,应在中国政府网同步发布文件新闻通稿和配套政策解读材料。

(2)政府网站应根据拟发布的政策文件和解读材料,会同业务部门制作便于公众理解和互联网传播的解读产品,从公众的生产、生活实际需求出发,对政策文件及解读材料进行梳理、分类、提炼、精简,重新归纳组织,通过数字化、图表图解、音频、视频、动漫等形式予以展现。网站解读产品须与文件内容相符,于文件上网后及时发布。

(3)政府网站应做好政策文件与解读材料的相互关联,在政策文件页面提供解读材料页面入口,在解读材料页面关联政策文件有关内容。及时转载对政策文件精神解读到位的媒体评论文章,形成传播合力,增强政策的传播力、影响力。

(4)对涉及本地区、本部门的重大突发事件,要在宣传部门的指导下,按程序及时发布由相关回应主体提供的回应信息,公布客观事实,并根据事件发展和工作进展发布动态信息,表明政府的态度。对社会公众关注的热点问题,要邀请相关业务部门作出权威、正面的回应，阐明政策，解疑释惑。对涉及本地区、本部门的网络谣言，要及时发布相关部门的辟谣信息。回应信息要主动向各类传统媒体和新媒体平台推送，扩大传播范围，增强互动效果。

3. 办事服务

这方面的要求有：（1）各省（自治区、直辖市）人民政府、国务院有关部门要依托政府门户网站，整合本地区、本部门政务服务资源与数据，加快构建权威、便捷的一体化互联网政务服务平台。中国政府网是全国政务服务的总门户，各地区、各部门网上政务服务平台要主动做好对接。政府网站要设置统一的办事服务入口，发布本地区、本部门的政务服务事项目录，集中提供在线服务。要编制网站在线服务资源清单，按主题、对象等维度，对服务事项进行科学分类、统一命名、合理展现。应标明每一服务事项的网上可办理程度，能全程在线办理的要集中突出展现。对非政务服务事项要严格审核，谨慎提供，确保安全。

（2）办事服务功能要有机关联文件资料库、互动交流平台、答问知识库中的信息资源，在事项列表页或办事指南页提供相关法律法规、政策文件、常见问题、咨询投诉和监督举报入口等，实现一体化服务。省级政府、国务院部门网站建设的文件资料库、答问知识库等信息服务资源应主动与中国政府网对接，形成互联互通的政务信息资源库。

（3）整合业务部门办事服务系统前端功能，利用电子证照库和统一身份认证，综合提供在线预约、在线申报、在线咨询、在线查询以及电子监察、公众评价等功能，实现网站统一受理、统一记录、统一反馈。

（4）细化规范办事指南，列明依据条件、流程时限、收费标准、注意事项、办理机构、联系方式等；明确需提交材料的名称、依据、格式、份数、签名签章等要求,并提供规范表格、填写说明和示范文本,确保内容准确,并与线下保持一致。

(5) 全程记录企业、群众在线办事过程,对查阅、预约、咨询、申请、受理、反馈等关键数据进行汇总分析,为业务部门简化优化服务流程、便捷企业群众办事提供参考。

4. 互动交流

这方面的要求如下:(1) 政府门户网站要搭建统一的互动交流平台,根据工作需要,实现留言评论、在线访谈、征集调查、咨询投诉和即时通讯等功能,为听取民意、了解民愿、汇聚民智、回应民声提供平台支撑。部门网站开设互动交流栏目尽量使用政府门户网站统一的互动交流平台。互动交流栏目应标明开设宗旨、目的和使用方式等。

(2) 信息发布、解读回应和办事服务类栏目要通过统一的互动交流平台提供留言评论等功能,实现数据汇聚、统一处理。

(3) 政府网站开设互动交流栏目,要加强审核把关和组织保障,确保网民有序参与,提高业务部门互动频率、增强互动效果。建立网民意见建议的审看、处理和反馈等机制,做到件件有落实、事事有回音,更好听民意、汇民智。地方和部门网站对中国政府网转办的网民意见建议,要认真研究办理、及时反馈。

(4) 对收集到的意见建议要认真研判,起草的舆情信息要客观真实地反映群众心声和关切重点,有参考价值的政策建议要按程序转送业务部门研究办理,提出答复意见。有关单位提供的回复内容出现敷衍推诿、答非所问等情况的,要予以退回并积极沟通,督促相关单位重新回复。

(5) 做好意见建议受理反馈情况的公开工作,列清受理日期、答复日期、答复部门、答复内容以及有关统计数据等。开展专项意见建议征集活动的,要在网站上公布采用情况。以电子邮箱的形式接受网民意见建议的,要每日查看邮箱信件,及时办理并公开信件办理情况。

(6)定期整理网民咨询及答复内容,按照主题、关注度等进行分类汇总和结构化处理,编制形成知识库,实行动态更新。在网民提出类似咨询时,推送可供参考的答复口径。

(二)国务院办公厅秘书局《关于印发政府网站与政务新媒体检查指标、监管工作年度考核指标的通知》

2019年4月,国务院办公厅秘书局印发了《政府网站与政务新媒体检查指标、监管工作年度考核指标的通知》,其中包括《政府网站与政务新媒体检查指标》和《政府网站与政务新媒体监管工作年度考核指标》。《政府网站与政务新媒体检查指标》分为三部分:第一部分为单项否决指标,适用于所有政府网站、政府系统的政务新媒体;第二部分为扣分指标;第三部分为加分指标,适用于政府门户网站。扣分指标的分值为100分,加分指标的分值为30分。

对政府网站检查时,如网站出现单项否决指标中的任意一种情形,即判定为不合格网站,不再对其他指标进行评分。如网站不存在单项否决问题,则对扣分指标进行评分,如评分结果低于60分,则判定为不合格网站;高于80分,则进入加分指标评分环节,最后得分为第二、三部分得分之和。其中,采用扣分方式评分的,单项指标扣分之和不超过本项指标总分值。对于没有对外服务职能的国务院部门,不检查其门户网站涉及办事服务的指标,对扣分指标评分时以75分为满分,结果乘以0.75为第二部分得分。对政务新媒体检查时,如政务新媒体出现单项否决指标中的任意一种情形,则判定为不合格。

《政府网站与政务新媒体监管工作年度考核指标》包括三部分,为单项否决指标、扣分指标和加分指标。扣分指标的分值为

100 分，加分指标的分值为 20 分。本指标考核对象为各省（自治区、直辖市）人民政府办公厅及国务院有关部门办公厅（室）。具体评分方式为：如监管工作出现单项否决指标中的任意一种情形，判定为不合格，不再对其他指标进行评分。如不存在单项否决指标所描述的问题，则对扣分指标进行评分，如结果低于 60 分，则判定为不合格；高于 80 分，则进入加分指标评分环节，最后得分为扣分、加分指标得分之和。其中，采用扣分方式评分的，单项指标扣分之和不超过本项指标的总分值。

三、政府网站的定义

依据国办发〔2017〕47 号文，政府网站是指各级人民政府及其部门、派出机构和承担行政职能的事业单位在互联网上开办的，具备信息发布、解读回应、办事服务、互动交流等功能的网站。

政府网站分为政府门户网站和部门网站。县级以上各级人民政府及其部门原则上一个单位最多开设一个网站。乡镇、街道原则上不开设政府门户网站，通过上级政府门户网站开展政务公开，提供政务服务。已有的乡镇、街道网站要将内容整合至上级政府门户网站。确有特殊需求的乡镇、街道，参照政府门户网站开设流程提出申请获批后，可保留或开设网站。

省级、地市级政府部门，以及实行全系统垂直管理部门设在地方的县处级以上机构可根据需要开设本单位网站。县级政府部门原则上不开设政府网站，通过县级政府门户网站开展政务公开，提供政务服务。已有的县级政府部门网站要将内容整合至县级政府门户网站。确有特殊需求的县级政府部门，参照部门网站开设流程提出申请获批后，可保留或开设网站。

政府网站被定位成我国政府信息公开的第一平台。对之的理解需要注意三点：一是权威性。它的权威性意味着政府网站适合公开法律、政策文件等所有公文类信息，以体现公文的权威性和规范性，侧重于全面性和准确性要求。在政府网站上发布的政府文件文本可视为标准文本，与纸质版文件具有同等法律效力。权威性还体现在，如果在政府网站等权威公开平台上查找不到相关内容的可公开的政令政策，则相关政令政策无效。二是同步性。选择在政务新媒体、政府公报和新闻发布会等公开平台上首发的政府文件，应在政府网站同步发布。三是不建议以新闻播报、新闻宣传等方式代替政府网站等公开平台开展政令政策权威发布。

第二节　政府网站的测评

做好政府网站工作需要较为细化的测评指标。各级政府部门可以基于网站栏目、网站信息、统计数据、政府数据开放、互动交流、政务服务、网站体验、其他亮点等八个方面设计测评指标体系，侧重评估被测评单位政府网站栏目设置的完整情况、政府信息发布情况、统计数据发布情况、政府数据开放情况、互动交流情况、政务服务及网页页面设计、检索情况。

一是网站栏目。包括概况信息栏目、机构职能栏目、领导信息栏目、动态要闻栏目、政策文件栏目、政策解读栏目、政府信息公开专栏、重大决策预公开栏目。

二是网站信息。包括内容页面标签、专题专栏、解读比例、解读关联、政府信息公开工作年度报告、网站工作年度报表。

三是统计数据。包括统计数据发布专栏建设、社会关注度高的本地区统计数据发布情况、合理分类、可视化情况、数据查询功能提供情况。

四是政府数据开放。包括开放平台、开放目录、开放利用、更新维护、数据使用、有效性清理。

五是互动交流。包括统一平台、咨询建言、留言公开、在线访谈、调查征集、智能问答、交流有效性、"我为政府网站找错"。

六是政务服务。包括办事服务、分类展示、一体化服务、办事指南、表格样表、升级服务、办事统计、"好差评"服务评价。

七是网站体验。包括浏览器兼容、网站国际化、无障碍浏览、页面设计、智能检索、移动端访问。

八是其他亮点。

表 12-1 政府网站测评指标体系

一级指标	二级指标	三级指标	评分标准
网站栏目	栏目设置	概况信息栏目	开设
		机构职能栏目	开设
		领导信息栏目	开设
		动态要闻栏目	开设了并动态更新信息
		政策文件栏目	开设
		政策解读栏目	开设
		政府信息公开专栏	网站首页位置开设了政府信息公开专栏
			政府信息公开专栏按照国家参考方案优化调整,包含政府信息公开指南、政府信息公开制度、法定主动公开内容、政府信息公开工作年度报告等内容
		重大决策预公开栏目	开设
网站信息	信息发布	内容页面标签	随机抽查 5 个内容页面和 5 个栏目页面,均按办要求在内容发布页面添加标题、发布时间、信息来源等页面标签

(续表)

一级指标	二级指标	三级指标	评分标准
网站信息	信息发布	专题专栏	地方政府在网站汇总开设，政府部门根据情况在网站选择开设了专题专栏，包括"十四五"规划及历史规划、法治政府建设、"放管服"改革、优化营商环境等，集中展示重点领域信息公开
		解读比例	发现一个政策文件提供文字、图文两种以上解读形式的例子
		解读关联	解读稿和政策文件相互关联
		政府信息公开工作年度报告	政府部门于1月31日，地方政府于3月31日之前发布年报 按照《关于政府信息公开工作年度报告有关事项的通知》（国办公开办函〔2019〕60号）要求的统一格式编制发布本单位年度报告，具备"1. 总体情况；2. 主动公开政府信息情况；3. 收到和处理政府信息公开申请情况；4. 政府信息公开行政复议、行政诉讼情况；5. 存在的主要问题及改进情况；6. 其他需要报告的事项"六个栏目
		网站工作年度报表	于1月31日前在本网站首页发布
			网站工作年度报表内容符合国家规定，无缺漏项
统计数据	数据发布	统计数据发布专栏建设	设立了统计数据发布专栏并及时更新维护
		社会关注度高的本地区统计数据发布情况	发布了人口、自然资源、经济、农业、工业、服务业、财政金融、民生保障等社会关注度高的本地区统计数据
		合理分类	按照主题、地区、部门等维度对数据进行科学合理地分类

(续表)

一级指标	二级指标	三级指标	评 分 标 准
统计数据	数据发布	可视化情况	通过图表图解、地图等可视化方式展现和解读
		数据查询功能提供情况	可按数据项、时间周期等进行检索，动态生成数据图表，并提供下载功能
政府数据开放	开放平台	是否建设	建成并在政府网站发布政府数据的统一开放平台
	开放目录	公开数据开放目录情况	编制并公开了目录
	开放利用	数据机器可读情况	实现了机器可读
	更新维护	数据更新维护情况	本年度有更新，更新维护及时
	数据使用	注明各数据集浏览量、下载量和接口调用等情况	注明
	有效性清理	对过期失效的数据应及时清理更新或标注过期失效标识	及时清理更新并标注
互动交流	统一平台	开通了统一的互动交流平台并将网站各类互动交流渠道融合统一展现	完成建设形成统一的平台，并对本地互动交流内容进行分类展示
	咨询建言	是否提供网上咨询建言渠道	提供
	留言公开	是否对所有网民公开	无须注册，对所有人公开
		公开网民留言的比重	公开留言占所有留言比例超过50%
		是否公开留言受理反馈情况的统计数据	公开

(续表)

一级指标	二级指标	三级指标	评分标准
互动交流	在线访谈	是否提供在线访谈渠道	提供
		地方政府2021年开展活动是否超过（含）6次，政府部门是否超过（含）3次	达到
		是否通过文字、图片或音视频等多种形式发布访谈内容	多形式发布内容
	调查征集	是否提供在线调查征集渠道	提供
		2021年开展的活动是否公开统计分析或反馈结果	公开
	智能问答	是否提供智能问答服务	提供实时互动的智能问答服务
		是否提供政务问答知识库	提供
	交流有效性	是否实现统一注册登录和信息提交功能	实现
		能否有效提问	建立了统一的政策咨询平台或入口，渠道畅通，服务高效
	"我为政府网站找错"	是否在首页底部功能区规范添加"我为政府网站找错"入口	添加
		是否曝光情况及找错留言办理情况	曝光相关情况，且全年政府网站找错留言全部在3个工作日内按期办结，未出现逾期或驳回情况

(续表)

一级指标	二级指标	三级指标	评 分 标 准
政务服务	办事服务	是否提供在线办事统一入口	提供
	分类展示	是否对办事服务事项进行分类展示	编制网站在线服务资源清单，按主题、对象、部门等维度，对服务事项进行科学分类、统一命名、合理展现，有分类展示
	一体化服务	一体化服务提供情况	在事项列表页或办事指南页提供相关法律法规、政策文件、常见问题、咨询投诉和监督举报入口等内容，实现一体化服务
	办事指南	办事指南要素完整性	办事指南重点要素类别完整，包括事项名称、设定依据、申请条件、办理材料、办理地点、办理机构、收费标准、办理时间、联系电话、办理流程
		办事指南要求清晰度	办事指南中明确需提交材料的名称、依据、格式、份数、签名签章等要求
	表格样表	规范表格、填写说明和示范文本提供情况	提供规范表格、填写说明和示范文本
		所需的办事表格、文件附件等资料能否正常下载	能够正常下载
	升级服务	全生命周期办事事项集中展示	分个人和企业，按照全生命周期进行办事事项的细致分类并予以集中展示
		聚合服务	针对重点服务事项，整合相关资源，细化办理对象、条件、流程等，提供专题或集成服务
	办事统计	办事统计数据公开	公开了办事统计数据
	"好差评"服务评价	"好差评"服务评价功能提供和服务评价结果公开情况	提供了"好差评"服务评价功能并公开了评价率、好评率和差评率等评价结果

(续表)

一级指标	二级指标	三级指标	评分标准
网站体验	浏览器兼容	采用多种浏览器，网站是否能够正常访问、显示、页面功能是否实时可用	达到
	网站国际化	开通外文版政府网站情况	开通
		内容更新及时、翻译准确情况	更新及时、翻译准确
	无障碍浏览	是否针对视觉、听觉、肢体障碍以及老年人等弱势群体提供了无障碍浏览功能及功能操作说明	全部提供
	页面设计	是否美观大方	网页保持整齐不变形，未出现文字错行、表格错位、功能和控件不可用的情况
	智能检索	是否提供关键词模糊搜索功能	提供
		是否根据搜索关键词提供聚合相关信息和服务功能	有根据搜索关键词提供聚合相关信息和服务功能，实现"搜索即服务"
		随机检索情况	随机选取该地区、该部门上、下级网站上的两条信息或服务的标题，通过该地区、该部门政府门户网站进行搜索测试，能够在搜索结果第一页找到该内容
	移动端访问	体验情况	体验友好
其他亮点			根据所提供的印证材料予以不同程度的加分

第三节 政府网站示例

一、浙江省发挥政府网站集约化优势主动回应群众关切[1]

浙江省紧扣"十四五"开好局、起好步、深化政务公开，充分发挥政府网站集约化平台的优势，依托浙江省人民政府网站，第一时间主动集中公开"十四五"规划，上线疫苗接种专题，率先推出政府网站"老年模式"，紧扣社会热点，以实际举措回应群众关切。浙江省主要采取了如下三个做法：一是三个"集中"，主动公开"十四五"规划。主要有：（1）集中征集意见，直送职能部门；（2）集中公开规划，直面人民群众；（3）集中发布，多点开花。二是一"服"一"图"，推进全民接种疫苗。主要有：（1）加强科普力度，回应群众关切；（2）教程清单同步提供，建档预约一步完成。三是专版专区推行适老化，全方位服务老年人。主要有：（1）政府网站设置"老年模式"，定向老年人信息公开；（2）移动端设置"长者关怀专区"，便利老年办事。

二、上海市以 IPv6 改造为契机统筹推进政府网站集约化建设[2]

上海市将 IPv6 升级改造工作纳入政府网站集约化平台建设统筹规划，连续两年将该项工作写入"政务公开年度工作要点"，协调组织 16 个区、43 家政府部门网站同步实现 IPv6 访问改造，

---

[1] 摘自浙江省人民政府办公厅：《浙江省发挥政府网站集约化优势主动回应群众关切》，《政务公开工作交流》2021 年第 7 期，第 3-14 页。

[2] 摘自上海市人民政府办公厅：《上海市以 IPv6 改造为契机统筹推进政府网站集约化建设》，《政务公开工作交流》2022 年第 2 期，第 3-12 页。

同时建立督促检查机制,确保全市政府网站运行平稳有序。上海市主要采取了如下三个做法:一是统筹规划,统一部署;二是集约建设,同步推进;三是督促检查,确保成效。未来设想包括如下两点:一是加快建立绩效评价体系,保证IPv6的转换质量;二是加强IPv6日常访问监测。力争实现全市政府网站一、二级界面IPv6支持率达到100%。

思考题

1. 名词解释

政府网站

2. 简答题

简述政府网站的测评。

3. 论述题

论述政府网站作为政府信息公开第一平台的定位。

第十三章
政务新媒体

【本章概要】政务新媒体是指各级行政机关、承担行政职能的事业单位及其内设机构在微博、微信等第三方平台上开设的政务账号或应用,以及自行开发建设的移动客户端等新媒体。包括政务新媒体在内的平台建设是政务公开工作的当然内容。做好政务新媒体工作,需要基于现有文件要求和各地实践,从认证标识、关注用户、政务公开、政民互动、掌上服务、协同联动、机制建设、其他亮点等方面推进。

【学习目标】了解政务新媒体的发展,熟悉运用政务新媒体做好政务公开工作,掌握政务新媒体的类型。

第一节 政务新媒体概述

一、政务新媒体的要求

(一)《政府信息公开条例》

从 2016 年开始,国家层面对政务新媒体工作越来越重视。2007 年制定出台的《政府信息公开条例》并没有对新媒体平台建设提出要求。此时的《政府信息公开条例》第 15 条规定,行政机关应当将主动公开的政府信息,通过政府公报、政府网站、新闻发布会以及报刊、广播、电视等便于公众知晓的方式公开。

2017年对外发布的《政府信息公开条例》(修订草案征求意见稿)意识到最新变化趋势，将政务新媒体作为其中的一个政务公开平台予以明确提到。2019年修订的《政府信息公开条例》吸纳了这一修改，第23条要求行政机关将主动公开的政府信息通过政府公报、政府网站或者其他互联网政务媒体、新闻发布会以及报刊、广播、电视等途径予以公开。

(二)其他文件

2016年年底，国务院办公厅印发的《〈关于全面推进政务公开工作的意见〉实施细则》提到："对涉及公众利益、需要社会广泛知晓的电视电话会议，行政机关应积极采取广播电视、网络和新媒体直播等形式向社会公开"；"积极安排中央和地方主流媒体及其新媒体负责人列席有关会议，进一步扩大政务公开的覆盖面和影响力"；"积极探索公众参与新模式，不断拓展政府网站的民意征集、网民留言办理等互动功能，积极利用新媒体搭建公众参与新平台"。"新媒体"多次出现在该实施细则当中。为此，《国务院办公厅关于印发2017年政务公开工作要点的通知》明确提出："要用好管好政务新媒体，明确开办主体责任，健全内容发布审核机制，强化互动和服务功能，切实解决更新慢、'雷人雷语'、无序发声、敷衍了事等问题。"随后，国务院办公厅政府信息与政务公开办公室印发了《关于进一步做好政务新媒体工作的通知》，当中对加强平台建设、做好内容发布、强化引导回应、加强审核管理、建立协同机制、加强考核监督、加强培训交流等方面进行了规定。

2018年12月，国务院办公厅印发了《关于推进政务新媒体健康有序发展的意见》。该意见对政务公开新媒体工作提出了总体要求，明确了工作职责，加强了功能建设，规范了运行维护管理，强化了保障措施。该意见是指导我国政务新媒体健康有序发展的纲领性文件。

2019年4月,国务院办公厅秘书局发布了《政府网站与政务新媒体检查指标》,增加了对政务新媒体的检查。若发现安全、泄密事故等严重问题、内容不更新和互动回应差(如购买"粉丝"、强制要求群众点赞等弄虚作假行为)等单项否决指标中的任意一种情形,则直接判定为考核不合格。

二、政务新媒体的定义

政务新媒体是指各级行政机关、承担行政职能的事业单位及其内设机构在微博、微信等第三方平台上开设的政务账号或应用,以及自行开发建设的移动客户端等新媒体,即俗称的"两微一端"。

国务院办公厅是全国政务新媒体工作的主管单位,地方各级人民政府办公厅(室)是本地区政务新媒体工作的主管单位,国务院各部门办公厅(室)或指定的专门司局是本部门政务新媒体工作的主管单位,实行全系统垂直管理的国务院部门办公厅(室)或指定的专门司(局)是本系统政务新媒体工作的主管单位。主管单位负责推进、指导、协调、监督政务新媒体工作。

行业主管部门负责加强对本行业承担公共服务职能的企事业单位新媒体工作的指导和监督。

政务新媒体主办单位按照"谁开设、谁主办"的原则确定,履行政务新媒体的规划建设、组织保障、健康发展、安全管理等职责。可通过购买服务等方式委托相关机构具体承担政务新媒体的日常运行维护工作。县级以上地方人民政府应开设政务新媒体,其他单位可根据工作需要规范开设。一个单位原则上在同一平台只开设一个政务新媒体账号。

各级政务新媒体按照主管主办和属地管理原则,接受宣传、网信部门的有关业务统筹指导和宏观管理。

政务新媒体应具备信息发布、解读回应、政民互动等功能，具有对外服务职能的部门开设的政务新媒体还应提供办事服务功能。

三、政务新媒体的重要性

政务新媒体的重要性主要有如下四个方面。

第一，政务新媒体是移动互联网时代党和政府联系群众、服务群众、凝聚群众的重要渠道。政务新媒体是畅通互动渠道，听民意、聚民智、解民忧、凝民心的重要平台和载体，是连接政府与群众之间的"桥梁"，对于走好网上群众路线具有不可或缺的地位。

第二，政务新媒体是加快转变政府职能、建设服务型政府的重要手段。政务新媒体具有明显的政务属性。政务新媒体是建设"指尖上的网上政府"的重要平台。依托政务新媒体，政府可以提高响应速度，及时公布真相；还可以做到群众诉求限时办结、及时反馈；也有利于实现更多民生事项"掌上办"。

第三，政务新媒体是引导网上舆论、构建清朗网络空间的重要阵地。政务新媒体也缺少不了媒体属性。在"人人是麦克风、人人是记者"的新媒体时代，政务新媒体使得政府部门能够及时地回应重大突发事件，第一时间正确引导网络舆论。当然，政务新媒体不同于一般的新媒体，更有别于社会自媒体。政务新媒体不应一味地追求流量网红至上，政务新媒体的引导力、影响力和公信力不容忽视。

第四，政务新媒体是探索社会治理新模式、提高社会治理能力的重要途径。政务新媒体是推进政务公开、优化政务服务、凝聚社会共识、创新社会治理的新载体。化解矛盾和风险是政务新媒体加强社会治理能力建设的直接目标。"准确、权威的信息不及时传播,虚假、歪曲的信息就会搞乱人心。"① 新媒体便利了谣言的广泛传播,具有了比传统媒体更高的接收率、浏览率②和参与率。③ 利用好政务新媒体,可以优化政府的风险防控能力,促进政府由被动回应向主动治理转变。

第二节 政务新媒体的测评

做好政务新媒体需要较为细化的测评指标。各级政府部门可以基于认证标识、关注用户、政务公开、政民互动、掌上服务、协同联动、机制建设、其他亮点等八个方面设计测评指标体系,侧重评估被测评单位政务新媒体名称的规范性、关注用户量、信息发布、公众互动、政务服务、与网站等多平台协同联动及机制建设等情况。(见表13-1)

一是认证标识,包括主办单位名称规范、公开;二是关注用户,包括关注的用户总数量、用户活跃度、用户忠诚度;三是政务公开,包括政策发布和解读、监管许可补贴等信息查询、所发布信息和政府职能关联情况、内容更新情况;四是政民互动,包括公众留言反馈、互动方式创新;五是掌上服务,包括政务服务、民生服务;六是协同联动,包括与门户网站协同联动、政务新媒体矩阵、与融媒体中心和大众传媒协同联动;七是机制建设,涵盖管理、运营、发布等方面;八是其他特色亮点。

---

① 习近平:《加快推动媒体融合发展 构建全媒体传播格局》,《求是》2019年第6期,第7页。
② 张英惠:《手机短信传播中的控制缺失与对策》,《新闻窗》2008年第1期,第105页。
③ 乔木:《手机短信的传播效果与政治影响》,《当代传播》2008年第4期,第77页。

表13-1 政务新媒体测评指标体系

一级指标	二级指标	评 分 标 准
认证标识	主办单位名称规范、公开	公开的认证信息中标明主办单位名称并且名称规范,有变化及时向社会公告
关注用户	关注的用户总数量	总数量在同类别政务新媒体当中排名前10%
	用户活跃度(主要适用于微信公众号)	参与转发、评论的粉丝占总粉丝的比例在同类别政务新媒体当中排名前10%
	用户忠诚度(主要适用于微信公众号)	测评年度内阅读总数/发文总数在同类别政务新媒体当中排名前10%
		测评年度内转发总数/发文总数在被测评单位中排名前10%
		测评年度内点赞总数/发文总数在被测评单位中排名前10%
政务公开	政策发布和解读	与网站发布同步在政务新媒体发布政策文件及解读信息
	监管许可补贴等信息查询	掌上能够直接查询相关信息
	所发布的信息和政府职能关联情况	所发布的内容与政府职能高度相关
	内容更新情况	做到两周内及时更新
政民互动	公众留言反馈	开通留言、评论功能
		回复留言依法依规、态度诚恳、严谨周到,无答非所问、空洞说教、生硬冷漠情况
		公众留言反馈及时
	互动方式创新	有采用微联动、微直播、随手拍等多种形式,引导公众依法有序地参与公共管理、公共服务,共创社会治理新模式的典型案例

(续表)

一级指标	二级指标	评 分 标 准
掌上服务	政务服务	提供了政务服务查询，包括政务服务项目、办事指南、咨询电话、找到我们、政务服务网站等其他办事指引类服务公开信息
	民生服务	提供了掌上办高效便捷的办事服务功能
		提供了其他民生服务信息查询或办事功能链接
协同联动	与门户网站协同联动	政府网站首页显著位置提供了有效的政务新媒体链接
		政府门户网站的公开、办事、互动等功能与政务新媒体平台对接，提供内容、延伸发布取得较好的效果
	政务新媒体矩阵	做到同一平台同一单位开设一个政务新媒体账号，主办单位在不同平台上开设的政务新媒体名称保持一致，集中力量做优做强主账号，构建起整体联动、集体发声的政务新媒体矩阵
	与融媒体中心和大众传媒协同联动	做到
机制建设	涵盖管理、运营、发布等方面	建立并落实了政务发布新媒体的管理、运营、发布审核机制建设
其他特色亮点		根据所提供的印证材料予以不同程度的加分

第三节 政务新媒体示例

一、税务总局运用新媒体平台推动减税降费政策落地[①]

税务总局按照党中央、国务院关于全面推进政务公开和"互联网＋政务服务"的决策部署，紧紧围绕减税降费等中心工作，加强

---

① 摘自国家税务总局办公厅：《税务总局运用新媒体平台推动减税降费政策落地》，《政务公开工作交流》2021年第2期，第3-12页。

和规范税务网站新媒体建设管理，及时发布税费政策，开展多种形式的解读宣传，强化互动交流，优化税费服务，推进减税降费政策落地生根。税务总局主要采取了五个做法：一是通过规范化管理打造网站新媒体政策宣传解读平台；二是通过多元化发布及时送达税费优惠政策；三是通过全景式解读精准开展政策辅导；四是通过交互式沟通畅通公众交流渠道；五是通过一体化整合优化"非接触式"服务。

二、四川省成都市运用新媒体平台加强疫情防控信息公开①

成都市始终坚持以人民为中心的发展思想，积极发挥政府网站和政务新媒体信息公开平台的作用，在新冠肺炎疫情常态化防控中，紧密结合疫情防控工作部署做好信息发布，深化交流互动，回应群众关切。成都市主要采取了四个做法：一是完善工作机制，提高信息发布的引导力和公信力；二是强化沟通互动，积极构建网上网下同心圆；三是扩大主流传播，凝聚同心战"疫"合力；四是用好大数据手段，提升服务管理能力。

思考题

1. 名词解释

政务新媒体

2. 简答题

简述政务新媒体的测评要求。

3. 论述题

论述如何做好政务新媒体上的政务公开工作。

---

① 摘自成都市人民政府办公厅：《四川省成都市运用新媒体平台加强疫情防控信息公开》，《政务公开工作交流》2021年第12期，第3-14页。

第十四章
政务公开专区

【本章概要】政务公开专区是指各级人民政府为全面推进决策、执行、管理、服务、结果公开,设立在政务服务大厅、便民服务中心等场所,提供政府信息查询、信息公开申请、办事咨询答复等服务的专用区域。建设政务公开专区有一定的必要性,但也应当务实。建设功能齐备、活动丰富的政务公开专区,需要基于专区建设标准化情况、人员情况、服务内容、线上线下融合、常态化运营、特色工作等方面进行综合考虑。

【学习目标】了解政务公开专区的定位,熟悉政务公开专区的建设要求,掌握政务公开专区的定义。

第一节　政务公开专区概述

一、设立依据

涉及政务公开专区建设的第一个依据是《政府信息公开条例》。2019年修订的《政府信息公开条例》第25条第1款规定:"各级人民政府应当在国家档案馆、公共图书馆、政务服务场所设置政府信息查阅场所,并配备相应的设施、设备,为公民、法人和其他组织获取政府信息提供便利。"这次修订的条例增加了政务服务场所,这几年各地建立的政务公开专区就属于这种。

第二个依据是国务院办公厅 2020 年年初印发的《关于全面推进基层政务公开标准化规范化工作的指导意见》（国办发〔2019〕54 号）。该文件从强调政务公开专区标准化规范化建设的角度提出了要求，在"（七）推进基层政务公开平台规范化"中提到："政务服务大厅、便民服务中心等场所要设立标识清楚、方便实用的政务公开专区，提供政府信息查询、信息公开申请、办事咨询答复等服务。"

二、政务公开专区的定义

政务公开专区，也称为政务公开体验区。有的将之界定为在政务服务大厅、便民服务中心、不动产登记中心、档案馆、图书馆等场所设立的，提供政府信息查询、信息公开申请、办事咨询答复等相关服务的专门区域。① 这种界定涵盖的区域更广。

狭义上的政务公开专区特指在政务服务场所设立的专区。基于此，政务公开专区可界定为各级人民政府为全面推进决策、执行、管理、服务、结果公开，设立在政务服务大厅、便民服务中心等场所，提供政府信息查询、信息公开申请、办事咨询答复、政策解读等服务的专用区域。②

三、政务公开专区建设的必要性

在推进政务公开专区建设的过程中，基层单位的疑惑是全国都在推政务服务网上办，政务公开为何还要推线下。应该来说，建设政务公开专区具有一定的必要性，理由如下：

---

① 参见《山东省人民政府办公厅关于全面推进基层政务公开标准化规范化工作的实施意见》（鲁政办发〔2020〕11 号）。

② 上海市普陀区 2021 年 9 月 3 日发布的区级标准化指导性技术文件，即《政务公开专区建设和服务规范》（DB31107/Z001-2021）中对此有定义。

一是政务公开专区建设有利于体现公平,照顾到一些上网不便或不上网的特殊群体的需要。二是政务公开专区可以实现有温度的政务公开,尤其是在有丰富的体验内容的情况下。政务公开工作也需要通过人群集中的线下场所提升公众对该项工作的知晓度和配合度。三是政务公开专区可以作为公共图书馆、国家档案馆的有益补充,增加一个更为专业、运营更为常态化、服务更为便捷的线下渠道。四是政务公开专区主要设在政务服务场所,是政务公开的重要实体平台。政务公开专区可以与政务服务紧密结合,便于民众增进了解政府的同时,提供参与、回应、解读等更为个性化和"一站式"的政务公开服务,有效地拓展政务公开的服务功能。五是政务公开专区也是推进基层政务公开平台规范化的重要途径。专区通过整合各类政务公开要素,打造政务公开"实体店",有利于改变以往公开要素、资源分散等不利于统一管理的情况,有助于加强政府信息资源的标准化、信息化管理。

当然,政务公开专区建设也需结合各地实际务实推进,并不是各地按照一个模式,刻意强调多大空间、多"高大上"等形式要素。各级政府有必要在强化政务公开专区物理空间打造的基础上,通过区分各层级情况,特别注重专区功能发挥到位,实现平台即信息,强调内容是王道。

第二节 政务公开专区的测评

建设功能齐备、活动丰富的政务公开专区,各级政府部门需要基于专区建设标准化情况、人员情况、服务内容、线上线下融合、常态化运营、特色工作等六个方面进行综合考虑。表 14-3 展示的是完整的测评指标体系,共计 23 个指标,侧重评估专区场所配置及配套服务设施情况、工作人员服务情况、专区开展实质工作内容、专区建设制度化等情况。

一是专区建设标准化情况，涉及标识醒目准确、资料摆放及更新、硬件配置、相关知识上墙、引导措施；二是人员情况，涉及专兼职人员、人员专业性；三是服务内容，涉及政府信息查询、信息公开申请接收、政策解读、政民互动、政务服务、政策咨询问答；四是线上线下融合，涉及线上线下申请递交、线上线下政策咨询问答服务；五是常态化运营，涉及专区建设制度化情况；六是特色工作，涉及特色化、差异化情况开展、政务公开知晓率提升计划、其他特色。

表14-1 政务公开专区测评指标体系

一级指标	二级指标	评 分 标 准
专区建设标准化情况	标识醒目准确	统一为"政务公开专区"
	资料摆放及更新	摆放政府信息公开条例、政务公开知多少、政府公报、政府工作报告、惠民惠企政策汇编等需群众广泛知晓的政策文件及解读材料、办事指南、便民服务手册等
		以1个月为周期，定期向公众补充投放资料
	硬件配置	有电脑、打印机、复印机
		提供自助查询办理终端
	相关知识上墙	张贴政府信息公开指南，依申请公开办理流程图，公布政府信息公开信息处理费收费项目、标准及依据，政府各部门依申请公开的联系电话及受理地址
		张贴工作流程图、审批服务事项二维码矩阵图、街道及部门微信微博二维码矩阵图、海报及与群众密切相关的重要工作和公示公告
	引导措施	专区位置引导措施清楚、到位

第十四章 政务公开专区

（续表）

一级指标	二级指标	评 分 标 准
人员情况	专兼职人员	专区配备1—2名专兼职工作人员
	人员专业性	专区提供办事咨询答复、当场受理申请等常规服务，并为初次体验政务公开的群众提供针对性帮助
服务内容	政府信息查询	提供上网功能，可指引到门户网站查询政府信息
	信息公开申请接收	提供申请表格和填写模板，群众可现场填写申请表，做到能当场接收或指引申请人通过网络、挂号信或EMS寄送到相关单位
	政策解读	年度在专区开展过1次重要政策现场集中解读
	政民互动	在专区设置政务公开意见箱或提供政务公开意见建议网络提交渠道
		年内在专区举办过1次居民议事的公众参与主题活动、会议开放和政府开放日等报名活动
	政务服务	提供群众办事痛点、堵点问题收集服务，做好政务服务咨询引导
	政策咨询问答	线下开展政策咨询问答并做好记录
线上线下融合	线上线下申请递交	通过线上申请二维码指示牌，打通线下线上申请递交
	线上线下政策咨询问答服务	利用线下政策咨询丰富线上知识问答库，在政府网站建立政策咨询在线咨询渠道等
常态化运营	专区建设制度化情况	建章立制，确保专区运营常态化
特色工作	特色化、差异化情况开展	结合本地区的特色思考专区标准化前提下的差异化、精准化建设
	政务公开知晓率提升计划	年内开展过1次"学《政府信息公开条例》"等信息公开知识问答或典型案例展示
	其他特色	实地检查后，根据情况给予不同程度的加分

第三节　政务公开专区示例

一、以标准化指导性技术文件推进上海市普陀区政务公开专区建设[①]

为持续发挥好标准的引领提升作用，推进基层政务公开标准化规范化工作向基层和社区延伸，上海市普陀区自2021年开始起草制定区标准化指导性技术文件，并于2021年9月发布了《政务公开专区建设和服务规范》。该规范适用于普陀区区级及下辖街道（镇）、村（居）三级政务公开专区的建设、服务和管理。规范包含八个方面：政务公开专区的建设布局（规划选址、建筑面积、建筑风格、功能布局）、设施设备（场地通用设施设备、功能服务型设施设备）、服务规范（服务事项、服务要求）、人员管理（人员配置、行为规范、培训与考核）、运行维护（日常秩序维护、环境卫生管理、设施设备管理、档案管理、安全管理与应急处置）。值得一提的是，普陀区在政务公开专区功能布局上进行了优化扩充，分九大区域：自助查询区、信息公开申请受理区、政策解读发布区、政府信息查询区、政（居）民互动区、"老法师"咨询区、便民服务区、等候休息区、其他区域。规范要求在提供相关功能的同时建立相应的服务规范。

该规范还有六个附录，包括各级专区功能布局要求、各级专区功能服务型设施设备配置要求、各级专区服务事项提供要求、政府信息公开申请表样表、普陀区政府信息公开申请集中接收回执样张、工作人员行为规范。"普陀模式"的政务公开专区建设模式为全国各地专区建设提供了详细、具体的参考。

---

① 摘自上海市普陀区人民政府办公室：《上海市普陀区以公开推动政务服务线上线下融合》，《政务公开工作交流》2020年第12期，第19页。

二、山东省青岛西海岸新区打造各具特色的三级政务公开体验区[①]

根据国家、省、市的部署,青岛西海岸新区深入开展基层政务公开标准化规范化工作,全域覆盖,三级管理,创新打造区—镇(街道)—村(社区)三级政务公开体验区。区级打造政务公开会客厅,镇(街道)级打造23个政务公开体验区,村(居)级打造政务公开专区。

各级政务公开体验区因地制宜,各具特色,成为基层政务公开的有益探索和尝试。对于区级,区行政服务大厅设置政务公开会客厅,具备信息公开查询、政府公报阅览、服务指南查阅、查询一站办理、依申请公开等功能。辛安街道政务公开体验区创新推出"易+e+1"服务品牌,以线上和线下结合的方式,实现了政府信息查找、信息公开申请、办事咨询答复等实时查询;在便民服务大厅放置"码上知晓"二维码展牌,将各服务事项分解成二维码,方便办事群众和企业获取服务事项信息。胶南街道便民服务大厅内配置"互联网+网上体验"电脑,设置政务公开自主查阅区,通过线上线下全面准确地公开政务服务事项、办事指南、办事流程,政策文件、办事指南装订成册,放在政务公开体验区内供群众阅览;在公开栏公开办事进度查询方式,最大限度地利企利民。琅琊镇在便民服务大厅设置政务公开体验区,开设政策查询专栏,配备查询电脑,提供政府信息咨询、依申请代办、法律咨询等服务,利用体验区大屏,循环播放政府信息公开条例和热点政策,让企业和群众直观地了解最新的相关政策。

[①] 摘自信息公开微信公众号推文。

三、安徽省六安市裕安区西市街道"4+X"政务公开专区[①]

安徽省六安市裕安区西市街道先行先试,高标准建设"问得清、看得明、查得到、办得了"政务公开专区,形成了乡镇街道专区建设的样本。一是打造"裕安·西市"特色风格。契合裕安区的人文特色,以"书香水墨"为基调设计整体墙面风格和特色品牌LOGO,使得白墙青瓦的徽派水墨背景墙面与大厅整体的简约清雅风格相得益彰。二是谋划"4+X"功能区。按照国家、省、市关于推进政务公开专区建设工作的有关要求,在原有便民服务中心的基础上因地制宜地设立四个基础功能区,即政府信息查询区、政务自助办理区、信息公开申请办理区、人工咨询服务区,创新谋划政策资料阅读区、政策文件解读区、"一生事"服务事项展示区。三是落实服务"五个一":做准人工服务一台询、做全政策资料一揽阅、做实"一生事"一墙看、做牢政务服务一机办、做好依申请公开一窗受理。

四、广东省佛山市建成了全国税务系统首个基层政务公开专区[②]

广东省佛山市建成了全国税务系统首个基层政务公开专区。专区集约了政府信息查询、税费政策解读、咨询热点问答、办税缴费指引、信息公开申请、意见建议反馈等多项服务功能,纳税人、缴费人可以"一站式"享受信息公开服务。基层政务公开专区设在大厅一隅,分为"公开为民""公开便民""公开惠民"三个版块。"公开为民"版块包括信息公开目录、制度和内容等。

---

① 摘自信息公开微信公众号推文。
② 同上。

在"公开便民"版块,市民可在大屏幕前用手势感应参与"政务公开闯关答题",通过趣味互动增强对政务公开工作的了解。"公开惠民"版块集合了电子税务局、粤税通、税务微信公众号和网站、广东政务服务网、天眼查等平台,可供纳税人自助使用,查询所需数据。除了集约化的信息公开服务,专区还设有 VR 体验区和闯关互动区。这为全国税务系统创新推进政务公开标准化、规范化建设提供了"佛山样本"。

 思考题

1. 名词解释

政务公开专区

2. 简答题

简述政务公开专区建设的依据。

3. 论述题

论述政务公开专区建设的要求。

第十五章
政府开放日

【本章概要】 政府开放日是指一种为知晓了解、认同支持政府工作而在固定日期或特定时段开展的展示政府自身形象和工作、鼓励公众参与的无形的公开平台。现如今已拓展到政府开放周、政府开放月。它们是对政府开放日的一种延伸,并可发挥政府开放日活动的规模效应。2019 年 9 月 30 日,联合国第 74 届大会通过了 A/74/L.1 决议,宣布每年 9 月 28 日为国际知情权日。我国可以充分利用这一国际对话平台,积极推进政务公开知晓率提升等工作。

【学习目标】 了解政府开放日的由来,熟悉政府开放日的价值,掌握政府开放日的内涵。

第一节 政府开放日概述

一、政府开放日的发展历程

举办政府开放日活动并不是什么新鲜事。早在 1980 年 5 月,中南海就曾向公众开放。据《中国新闻周刊》报道,那时在重要节日以及周六周日,中南海都会有组织地接待公众参观,有时一天超过万人。自 1981 年春天起,人民大会堂等重要国务场所开始对外开放;同年 4 月 11 日,中共中央书记处决定,中南海怀仁堂免费为少年儿童开放 5 天；国务院小礼堂于当年"五一"对外开放。① 2006 年，时任国务院总理温家宝就陆续邀请一些农民、出租车司机、艾滋病致孤儿童等普通公众进中南海座谈，他表示"中南海的大门是面向广大群众的"。②

香港回归祖国后，驻港部队为增进与公众的沟通，自 1997 年起定期举办军营开放日，成为深受香港市民热捧的品牌活动，已累计接待参观公众逾 80 万人。2009 年 11 月，原成都军区空军举行首次军营开放日活动，之后，武汉、扬州等地先后设置军营开放日。2017 年，中央军委批准发布了《中国人民解放军军营开放办法》，对各军兵种开展军营开放工作予以规范性指导。③

自 2001 年起，澳门特区政府每年设立开放日，市民及旅游者均可进入政府总部前座参观。④

2010 年 9 月 20 日上午，国家统计局机关大楼迎来了 50 多位特殊的客人。这些来自全国各地各行各业的客人是作为社会公众代表应邀前来参加国家统计局举办的首次中国统计开放日活动的嘉宾。2010 年 9 月 20 日被定为中国统计开放日。⑤

2010 年 5 月 28 日，最高人民检察院举办检察开放日活动，来自媒体、高校、社区的 60 名公众代表参观了最高人民检察院的各个办公机构。这是最高检首次向普通公众开放。⑥

---

① 戴志勇：《政府机关不是高墙深院》，《南方周末》2012 年 4 月 19 日，第 29 版。
② 孙杰：《"中南海的大门是面向广大群众的"》，《人民日报》2006 年 2 月 11 日，第 4 版。
③ 吴爱军、李飞：《军营开放日：国防教育的一项社会性工程》，《中国社会科学报》2021 年 3 月 4 日，第 4 版。
④ 刘卫国：《"猜猜我来到了什么地方"：澳门特区政府总部前座开放日见闻》，《人民日报》（海外版）2005 年 10 月 10 日，第 3 版。
⑤ 黄真：《中国统计更加公开透明：国家统计局隆重举办首次"中国统计开放日"活动》，《中国信息报》2010 年 9 月 21 日，第 1 版。
⑥ 陈谊军：《"检察开放日"为社会敞开监督之门》，《人民公安报》2010 年 6 月 3 日，第 3 版。

自2011年3月开始,中联部与中共中央其他部门合作组织"走进党的部门"系列主题开放活动,邀请中外媒体、驻华使节到党的部门参观采访,感受中国共产党的开放氛围,深入了解中国共产党重视执政能力建设、大力推进学习型政党建设的先进理念,增进对中国共产党的理解。①

2011年4月1日,中联部举行了一次公众开放日活动,40余名网民代表走进中联部大楼,与中国共产党的"外交部"亲密接触。②

2011年4月12日,中央纪委迎来了一批特殊的客人——40多个国家的近50名驻华高级外交官。他们作为中纪委首次举办的面向驻华外交官开放日活动的参观者,亲身感受了中国共产党的纪律检查工作,实地了解了中国的反腐倡廉建设情况。③

2012年3月,北京市政府正式印发《关于鼓励北京地区事业单位和政府部门设立旅游开放日的指导意见》,鼓励各单位分期分批设立旅游开放日。

2013年,南京市决定推出机关大院公众开放日活动,于每年的1月1日、5月1日、10月1日,南京市委、市人大常委会、市政府、市政协集中办公的机关大院将对普通市民敞开大门。④

2014年,青岛市委市直机关工委组织部分市直单位开展

---

① 新华社:《走进党的部门:系列主题开放日活动》,http://www.xinhuanet.com/politics/zjddbm/,最后浏览日期:2022年5月13日。
② 新华社:《外国记者走进中联部:中国共产党是改革开放的党》,http://news.xinhuanet.com/politics/2011-06/11/c_121521222.htm,最后浏览日期:2022年5月13日。
③ 李英华:《中央纪委开放日:中国反腐败更加阳光透明》,《检察日报》2011年4月19日,第7版。
④ 顾德宁:《给"公众开放日"三点建议》,《新华日报》2013年11月8日,第A02版。

"人民群众走进机关"开放日活动。①

2021年,上海市在其当年的政务公开工作要点当中将8月确定为全市政府开放月。同年,宁夏、山东聊城等地将9月确定为政府开放月。2022年,上海、宁夏继续开展政府开放月活动。江苏无锡、江西宜春等地跟进。

二、开展政府开放日的制度依据

2016年,国务院办公厅印发的《〈关于全面推进政务公开工作的意见〉实施细则》的通知(国办发〔2016〕80号)在完善公众参与渠道方面提出:"积极探索公众参与新模式,不断拓展政府网站的民意征集、网民留言办理等互动功能,积极利用新媒体搭建公众参与新平台,加强政府热线、广播电视问政、领导信箱、政府开放日等平台建设,提高政府公共政策制定、公共管理、公共服务的响应速度,增进公众对政府工作的认同和支持。"

2016年,《国务院办公厅关于印发2016年政务公开工作要点的通知》(国办发〔2016〕19号)鼓励开展政府开放日、网络问政等主题活动,增进与公众的互动交流。

2021年8月,中共中央、国务院联合印发了《法治政府建设实施纲要(2021—2025年)》。在全面主动落实政务公开方面提到,要鼓励开展政府开放日、网络问政等主题活动,增进与公众的互动交流。

三、政府开放日的内涵

政府开放日又称政务公开日,是指一种为知晓了解、认同支

---

① 山东省青岛市直机关工委:《青岛:人民群众走进机关》,《紫光阁》2014年第11期,第65页。

持政府工作而在固定日期或特定时段开展的展示政府自身形象和工作、鼓励公众参与的无形的公开平台。现如今已拓展到政府开放周、政府开放月,这是对政府开放日的一种延伸,我们统一以政府开放日指代。政府开放日的内涵如下。

第一,开放的主体是各级政府机关,政府机关也可联合公共企事业单位一起开展。开放主体的多元性有助于延伸政务公开工作链条,发挥政务公开强监管等多种功能。第二,开放的内容除了展示历史、现状、机构、机制、人员、设备外,还需要各级政府结合区域和业务实际,通过进机关、进现场、进会议,围绕"一网通办"、"一网统管"、民生保障、公正监管、公共卫生安全等社会关注度高的重点领域,开展主题鲜明的政府开放活动。第三,除了公开之外,还可鼓励互动参与。通过"我说你听、你问我答"、零距离沟通、交流,彼此加深了解和认识。政府开放活动期间,行政机关可以通过设置答疑、座谈或问卷调查等环节,安排领导干部、熟悉业务的工作人员现场解答参与代表的疑问,听取、吸收对政府工作的意见建议。第四,开放的方式可以多样化,虽然以线下开展方式为主,但是也鼓励政府通过云直播、VR展示、流程演示等新颖形式开展政府开放活动。第五,关于开放时间节点和品牌意识。我国2007年的《政府信息公开条例》于2008年5月1日施行,2019年修订的《政府信息公开条例》于2019年5月15日施行,基于两个不同的实施时间节点,各地政府有选定在这两个日期举办政务公开日或政府开放日纪念活动。拓展到政府开放月后,上海、宁夏分别选定8月或9月集中开展政府开放活动。鼓励各级政府集中一个时间段开展政府开放活动,同时可以考虑在活动举办期间,通过设置、显示政府开放月的醒目标识,有助于形成规模和品牌效应。

四、政府开放日的价值

政府开放日的价值主要体现在知晓了解、认同支持政府工作。《2021年上海市政务公开工作要点》就提到了该价值。该文件寄希望于通过开展政府开放活动，拓宽政府开放渠道，扩大活动展示面，让更多的社会公众知晓了解、认同支持政府工作。政府开放日的价值如下。

一是通过开展政府开放活动，让更多的社会公众知晓了解政府工作。封闭导致误解，开放促进和谐。通过政府与市民群众面对面的沟通交流，引导市民群众走近、体验和参与政府工作，增进全社会对政府工作的知晓了解。政府开放活动也可以展示政府形象，例如，通过政府开放日活动，破除市民心中城管队伍的刻板印象；对于统计开放日，可以向公众展示中国统计的光辉成就。统计数字鲜明地反映了中国社会的发展、进步、变迁。

二是在知晓了解政府工作之后，让社会公众认同支持政府工作。政府开放日活动是一种面对面、零距离地构建政府和公众互信的沟通平台和渠道。通过建立与公众对话和意见交换的平台，建立起公众参与空间和社会关系网络，发挥"缓冲带"和"谈判桌"的作用。

三是促进共治。持续不断的政府开放活动可以为人民群众参与政府事务、监督公共权力运行提供契机。政府开放活动有助于鼓励各级政府致力于打造社会治理共同体，以参政议政、建言献策等公众参与方式，贯彻落实"人民城市人民建，人民城市为人民"的理念，同时倒逼基层政府严格自身建设，更好地倾听民意、汇聚民智、服务民生，推动政府以更开放的姿态和更透明的方式进行公共管理和公共服务。

四是对政府自身来说，政府开放活动也是改变观念的需要。

政府开放活动可以促使政府机关及其工作人员不断提升自身能力水平，改进服务，提升政府公信力。过往人们都说"酒香不怕巷子深"，但是现在，政府也要改变这种旧有观念，变成"酒香也要主动飘出深巷"，不能只做不说，还要多做多说。如此做法向公众展示的是一种自信并习惯于在镜头下执法，勇于接受公众监督的体现。

五是政府开放日活动不仅是城市软实力建设的要素之一，同时还是感知其他城市软实力要素的重要方式。政府开放日活动是一种新的叙事方式，对以本地实践为题材，让市民群众感知发生在我们身边的日常精彩故事非常必要。城市软实力建设离不开全社会的广泛参与。政府开放日活动是人人参与和传播的有效平台。

第二节　国际知情权日

一、国际知情权日的由来

2002年9月26日—28日，来自阿尔巴尼亚、亚美尼亚、波斯尼亚和黑塞哥维那、保加利亚、格鲁吉亚、匈牙利、印度、拉脱维亚、马其顿、墨西哥、摩尔多瓦、罗马尼亚、斯洛伐克、南非和美国等15个国家的一些律师，在保加利亚首都索菲亚召开以推动透明政府和责任政府为主题的会议。该活动最终促成建立一个国际律师联盟，并商定此次会议的闭幕日（9月28日）为国际知情权日，用于今后每年举办庆祝活动。由此拉开了民间举办国际知情权日庆祝活动的大幕。

2015年11月17日，联合国教科文组织（UNESCO）考虑到世界上有几个民间社会组织和政府机构已将9月28日定为国际知情权日（普遍获取信息国际日），并且每年都在庆祝这个日子等情况，在其第 38 届大会上以 38C/70 号决议文件的形式正式承认 9 月 28 日为国际知情权日。文件最后还要求总干事提请联合国秘书长注意这一决议，以使国际知情权日获得联合国大会的认可。

2019 年 9 月 30 日，考虑到联合国教科文组织 2015 年的决议，和信息公开法律颁布和实施属于联合国 2030 年可持续发展目标之一等因素，联合国第 74 届大会通过 A/74/L.1 决议，宣布 9 月 28 日为国际知情权日。历经 17 年，国际知情权日最终得到了联合国层面的确认。决议呼吁所有会员国、联合国系统各组织、其他国际组织和区域组织以及包括非政府组织和个人在内的民间社会以各自认为最适当的方式纪念此国际日。

二、设立国际知情权日的理由

国际知情权日的设立目的在于提高各国公民对政府信息公开的知情权意识以及普及推广知情权属于一项基本人权方面的共识。依据 2015 年的联合国教科文组织第 38 届大会 38C/70 号决议的附件，设立国际知情权日的理由有如下四个方面。

第一，开放政府或透明政府是发达的民主国家的一项显著标志。在 2011 年的一份宣言中，非洲平台指出："……获取信息是所有自然人和法人的权利，包括寻求、获取和接收履行某种公共职能的公共机构和私人机构的信息的权利，也是国家提供此种信息的义务。"

第二，尽管知情权对于促进所有其他权利以及促进公正公平至关重要，但仍有一些国家没有制定出台保障知情权的信息公开法律。

第三，在世界各地，人们对参与公共事务以及追求公开的要求越来越强烈。在此背景下，有必要在国际范围内设立知情权日，以更好地保障公众的知情权。设立一个具体日期可在国际上发出一致信号，而且通过这个受到国际普遍承认的日子，还可便于协调各组织之间提高公众意识和启发公众的联合行动。

第四，促进信息公开透明是一项全年活动，为加强合作，特别日子可有助于通过集中宣传提高公众知情权的意识，强调公众获取政府信息的必要性。

三、庆祝国际知情权日的方式

在9月28日这个特殊日子，社会各界可以举办信息公开会议、讲习班、音乐会、出版读物和呼吁信息公开立法等一系列活动。9月28日是一个公民和政府参与和接受教育的日子，通过定期举行有针对性的活动，可使社会各界认识到信息公开的重要性。

四、历届国际知情权日活动

民间庆祝国际知情权日活动自2013年就已开始。联合国教科文组织自2016年正式开始庆祝国际知情权日活动。2020年，联合国教科文组织以"拯救生命，建立信任，带来希望"为主题，举办了国际知情权日被联合国确立以来的首次庆祝活动。本次活动分28日和29日两天举行，活动主题涉及联合国2030年可持续发展计划中的信息公开指标评估、信息公开和谣言等虚假信息关系、信息公开法律实施等。在本次庆祝活动上，大家的共识是：信息公开有助于人民群众采取自我隔离、妥善安排旅行和上学、检测病毒、供应医疗物品以及采取经济援助或刺激计划等应对危机的措施[1]。

2021年的国际知情权日的主题是"知情权：信息公开助力更

---

[1] UNESCO, Access to Information in Times of Crisis, https://en.unesco.org/news/access-information-times-crisis, 2020-9-21.

好重建"。本次庆祝活动于9月28日和29日举行，活动内容分六场，主要涉及21世纪信息公开法的发展趋势、独立有效的监督机构的建立完善、数字技术对信息公开的影响、信息公开相关的一些国际调查报告发布和区域信息公开发展等主题。2021年9月28日，联合国教科文组织总干事奥德蕾·阿祖莱在庆祝国际知情权日致辞时表示："获取可靠的信息可以挽救生命。虚假信息和谣言会夺去生命。这是我们最近几年从付出的代价中吸取的一条简单的教训。无论是抗击全球大流行病还是支持公共辩论，我们都需要作为民主社会根基的自由、可靠和独立的信息……为了让我们的社会更好地应对共同挑战，我们必须以知情权为核心，努力建设更加知情、更具韧性的明天。"

2022年的国际知情权日的主题是"人工智能、电子政务和信息公开"。会议在乌兹别克斯坦首都塔什干市举行。本年度还推出了由法律和民主中心（CLD）和联合国教科文组织（UNESCO）共同开发出品的信息公开法全英文在线学习课程。该课程主要介绍信息公开法制定和实施方面的专业知识。课程包括开课介绍、国际准则、信息公开法与可持续发展、何为好的信息公开法、主动公开、依申请公开、信息公开例外、监督保障、信息公开法律实施和课程评价八个模块。

第三节　政府开放日示例

一、上海市"政府开放月"强化群众参与、提升政府效能[①]

2021年，上海市决定每年8月为全市政府开放月。政府开

[①] 摘自上海市人民政府办公厅：《上海市"政府开放月"强化群众参与提升政府效能》，《政务公开工作交流》2021年第10期，第3—14页。

放月期间,各区、各部门通过集中开展系列主题开放活动,以开放增交流、强治理、优服务、促执行、提效能,增进与公众的互动交流,不断提升人民群众对政府工作的认同感。首届政府开放月活动期间,上海全市共开展线上线下开放活动 1 443 场,参与人数 7 053 449 人。从政府开放日、政府开放周到政府开放月,上海的政府开放活动牢牢坚持"以人民为中心"的发展理念,请市民参与、听市民意见、解市民疑问,活动主题覆盖了政务服务、社会治理、公正监管、民生保障等方面。上海市主要采取了如下三个做法:一是开门选代表,最广范围地邀请市民群众参与;二是以开放强治理、优服务、促执行,切实推动政府职能转变;三是"让我看、让我讲、让我评",积极回应群众关切。

二、四川省达州市政务开放日增进政民互动"零距离"[①]

四川省达州市结合"我为群众办实事"活动,统筹推进全市 35 个市政府工作部门、7 个县(市、区)和达州高新区同步开展政务开放日活动,采取实地观摩和座谈交流等方式,让群众走进政府机关,了解政府部门运行,监督政府部门工作,搭建沟通"连心桥",促进政民互动。达州市政府开放日活动主要有如下三个特征:一是统筹推进,构建机制,增强公开的透明度;二是广而告知,不设门槛,激发全民的参与度;三是增强体验,强化互动,提升群众的满意度。

三、上海税务首届政府开放月活动

2021 年 8 月 31 日,持续 20 场的上海税务首届政府开放月活

---

① 摘自达州市人民政府办公室:《四川省达州市"政务开放日"增进政民互动"零距离"》,《政务公开工作交流》2022 年第 2 期,第 33-42 页。

动落下帷幕。作为条线系统代表，本次政府开放月活动有如下三个显著特征。

一是本次政府开放月活动有效地融入了形式多样的多元化政策解读工作。活动中，相关税务部门不仅以直播的形式解读新修订的《上海市促进中小企业发展条例》，介绍国家税务总局最新编写发布的《小微企业、个体工商户税费优惠政策指引汇编》，而且还通过"税立方"专家门诊咨询室、"中小企业直联服务卡"和"闵闵"工作室等开展一对一互动式、个性化的政策咨询问答，并且围绕"政策找企业"的目标探讨政策精准推送服务。透过政策解读环节，可以了解到上海税务部门在深化政务公开方面的积极探索。

二是本次政府开放月活动有效地贯彻了共治理念，架起了税务部门与社会公众联系沟通的桥梁。活动中，通过揭牌"黄浦区中小企业社会共治点"、参观全市首家以政务服务为核心的"智慧税务社会共治点"，组建临港税务局"蓝税滴"税务服务团队，体验税务体验师、测评师、见习小税官和服务提供者等多重角色，面对面、零距离地座谈交流和反馈，全市各区税务部门向社会公众全面展示了"精诚共治"模式。"政府开放月"正成为展现超大城市的善治效能和感知最优营商环境等上海城市软实力要素的重要窗口。

三是本次政府开放月活动让人深刻地感受到上海税务部门在"便民办税"上的不懈探索。活动中，公众可以了解到办税二维码线上线下双渠道办理服务、12366纳税服务热线服务、"非接触式"办税缴费服务、新办纳税人"套餐式"服务、"蒲公英"楼宇税收服务、"长三角一体化"自助办税服务等工作，让"我为纳税人缴费人办实事"深入人心，有效地提升了纳税人办事的满意度和获得感。

这种市区两级条线联动举办主题鲜明的政府开放活动模式值得未来推广,有助于基于条线联动、聚焦专项业务,更大程度上形成政府开放活动的规模效应。

 思考题

1. 名词解释

政府开放日

2. 简答题

(1) 简述国际知情权日的由来。

(2) 有哪些地方开展了政府开放月活动?

3. 论述题

论述如何做好政府开放日活动。

第四篇
政务公开监督保障

本篇讲述政务公开监督保障机制，主要包括政务公开考核、政务公开社会评议、政务信息管理和政务公开法律责任，共四章。

第十六章
政务公开考核

【本章概要】 作为政府绩效考核不可或缺的政务公开考核具有其重要性和必要性。我国"自启动型"的政务公开特殊性更加需要政务公开考核。政务公开考核要求在考虑到导向性、先进性、科学性、系统性和互动性等基础上,依据政务公开的"五公开"、政府信息公开、政策解读等各版块内容设计一套适合各级政府的科学合理的政务公开考核体系,最终使得政务公开考核由"考核导向"转变为"改进导向",不断提升政务公开的质量。

【学习目标】 了解政务公开考核体系的特征,熟悉政务公开的考核内容,掌握政务公开考核的重要性。

第一节 政务公开考核的重要性

一、政务公开考核是政府绩效考核不可或缺的部分

政府绩效考核是对党政机关涉及职能、廉政、安全、机关建设等一系列目标进行绩效评估的过程。中共中央办公厅和国务院办公厅联合印发的《关于全面推进政务公开的意见》(中办发〔2016〕8号)要求,加强考核监督,把政务公开工作纳入政府绩效考核体系,加大分值权重。为落实这一要求,国务院办公厅印发的《〈关于全面推进政务公开的意见〉实施细则》(国办发

〔2016〕80号）要求，各地区各部门要将信息公开、政策解读、回应关切、媒体参与等方面情况作为政务公开的重要内容纳入政府绩效考核体系，政务公开工作分值的权重不应低于4%。至此，不低于4%的硬性要求意味着政务公开考核是政府绩效考核中的重要组成部分，各单位不容忽视。

二、新时代政务公开离不开政务公开考核

进阶到3.0阶段的我国政务公开突出制度实施，强调实施效果。政务公开考核是促效果的重要手段。通过将政务公开考核纳入政府绩效考核体系，可以有效地提升领导对政务公开工作的重视程度。领导重视有助于带动各业务部门对政务公开工作的重视，突破过往认为的"政务公开是公开部门的事情，不是业务部门的事情"的认识偏差。应该说，纳入政府绩效考核并赋以一定的权重可以确保政务公开工作的整体推进。随着政务公开工作不再仅仅局限于政府信息公开，实践中已拓展到"五公开"、政策解读、回应关切等更多工作，这些工作的有力推进更是离不开各业务部门的紧密配合和上下联动。政务公开考核就成为发挥整体联动效应的重要抓手。

三、我国政务公开的特殊性导致更加依赖政务公开考核

提升政务公开实效需要多种举措并举。依申请公开的"倒逼"是一项重要举措。事后的责任追究又是另一项重要措施。甚至还有人大的专题询问、第三方评估等其他措施。年度政务公开考核更是不可或缺。我国政务公开的特殊性决定了从内部监督入手，加强政务公开考核非常必要。这种特殊性主要有：（1）我国的政务公开是侧重主动公开的政府自觉行为。"自启动型"的政务公开离不开自上而下的层层考核；（2）我国的政务公开兼顾政

府自身建设和公众权利保障内外两种需要。政府自身建设更是特别需要发挥政务公开考核机制的作用；（3）我国缺乏信息专员这种国外较为典型的第三方专业机构或人员的争议解决机制。这一机构的缺失需要通过强化政府内部的政务公开考核，缓解行政复议和行政诉讼的机构压力。

第二节 政务公开考核的要求

一、考核依据

政务公开考核需要明确的依据，这是开展政务公开考核的前提和导向。在考核依据方面，各地没有太大的差别。一般可以分成三类。

第一类是《政府信息公开条例》及各地政府信息公开规定。这些规定是主动公开尤其是依申请公开工作考核方面的重要依据。

第二类是国家文件。这方面包括中共中央办公厅和国务院办公厅联合印发的《关于全面推进政务公开工作的意见》（中办发〔2016〕8号）及国务院办公厅印发的《〈关于全面推进政务公开工作的意见〉实施细则》（国办发〔2016〕80号）。除此之外，为落实意见及推进政务公开工作，国务院办公厅每年均会印发政务公开专项工作方面的文件，如热点回应、新媒体健康发展等文件。国务院办公厅从2012年开始，每年还印发年度政务公开工作要点文件。对工作要点的落实成为政务公开工作考核必不可少的重要依据。

第三类是各省市文件。这方面包括各省市为贯彻落实国家文件要求，制定的各省市政务公开工作的实施意见、政务公开专项工作方面的文件和年度政务公开工作的要点文件。各省市的政务公开考核离不开各省市结合本省市实际情况对政务公开工作所提出的细化和特殊要求。

二、指导思想

指导思想这一要求并不多见,上海在这方面一直坚持,主要包括两方面:一方面是紧紧围绕党中央、国务院和各省市委和政府的决策部署。这与前面所述的考核依据密不可分;另一方面是政务公开的实效性目标。政务公开的实效性目标每年根据年度工作要点会有调整。有的年度要点提出要以公开促进改革举措落实、以公开强化市场服务和监管、以公开助力保障和改善民生,切实提高政务公开的实效。也有的年度要点提出更好地发挥政务公开的引领和倒逼作用,打造法治政府、创新政府、廉洁政府、服务型政府等。

三、考核范围

考核范围为被考核对象。一般涉及两类:一类是省级政府部门,也有将之拓展到中央驻当地单位,如安徽省;另一类是各省市下辖设区市或区政府。对此,有的仅考核下辖设区市政府,也有的考核到设区市政府下辖县政府和乡镇政府,如山东、安徽和宁夏将设区市下辖的县政府和乡镇政府的政务公开工作情况作为设区市整体考核的一部分予以纳入。

四、考核内容

考核内容有个逐步发展变化的过程。总体来说,政务公开考核工作经历了三个阶段。

第一个阶段是在 2008 年到 2014 年。该阶段侧重政府信息公开考核的内容。这方面的主要依据是《政府信息公开条例》和各地的规定。这一阶段主要考核各单位落实《政府信息公开条例》和各地规定的情况,主要内容包括主动公开、依申请公开和监督保障等工作。

第二个阶段是2015年到2016年。随着"政务公开"这一术语在党的十八届四中全会通过的《中共中央关于全面推进依法治国若干重大问题的决定》中再次明确提出之后,各省市开始了政务公开工作内容考核方面的积极探索。但是,这一阶段对政务公开的认识还不统一,各省市主要结合国务院办公厅印发的年度政务公开工作要点开展了重点领域信息公开方面的考核。

第三个阶段是2016年之后。随着对政务公开概念的认识越来越清晰,这一术语最终在国办发〔2016〕80文中得以明确界定,政务公开年度工作要点也开始按政务公开各大版块进行布置,各省市政务公开考核的内容越来越细化,固定版块也增多。除涉及政府信息公开这一传统版块之外,还拓展到"五公开"工作、政策解读、回应关切、平台建设、数据开放、组织体系和监督保障情况等。作为政务公开组成部分的数据开放内容仅在上海等个别省市考核中有所涉及。随着2017年国家基层政务公开标准化规范化试点工作的开展,各省市也开始重视工作创新创优方面的考核。例如,2017年以来,湖南、河南等省市出台了政务公开考核方面的规范性文件,固化了政务公开各项工作的考核要求。

为照顾到不同部门的特点,各省市一般分省市政府部门和设区市政府两个考核版本,在保持指标大体一致的基础上,设置一些适合不同类别单位的特色指标进行考核,以提升考核的针对性。

五、考核方法

随着政务公开工作的深入开展,政务公开的考核方法也越来越丰富和多样化。总结起来，无外乎如下五种。

第一种是单位自查。各省市一般会给被考核单位下发通知后留足一段时间，便于各单位按照年度政务公开考核指标表开展自查工作，并按照时限提交自查报告。

第二种是随机抽查和实地检查。随机抽查和实地检查是一种辅助手段。各省市会组织政务公开领导小组相关成员单位组成联合检查组，选择部分被考核单位开展随机抽查、实地检查和现场测评工作。这些工作可以弥补线上考核和自查工作的不足，从而提升绩效考核的严谨性。

第三种是专项核查。照顾到专业领域政务公开工作的特点，专项核查的重要性也不容忽视。各省市一般会委托各专业单位开展诸如财政资金公开、保密审查机制、政府网站政务公开专栏建设、政府信息集中查阅（受理）服务情况的评估。对于年度政务公开工作要点中负责政务公开重点领域的牵头部门，则要求反馈相关重点领域信息公开工作的推进情况。

第四种是社会评议。委托社会专业调查机构开展政务公开工作社会评议或第三方评估成为一种潮流。这也是提升政务公开考核工作公信力的必需。对于社会评议结果的运用，各省市实践主要有三种模式：第一种是融合模式，将之作为政务公开考核的组成部分，分配一定权重后并入考核体系；第二种是重要参考模式，将之作为政务公开考核的重要参考；第三种是考核模式，有些单位直接将社会评议结果作为考核结果使用，现如今一般不建议如此操作。

第五种是日常考核和年度考核相结合。政务公开工作日常考核由政务公开主管部门负责，采取日常工作记录、随机抽查、专项检查等方式进行，将发现的问题或成绩记录存档，每季度通报一次，并在年度考核时核减或核增相应考核项目的分数。日常考核作为年度考核的重要参考，发挥着越来越大的影响力。

从丰富多样的考核方式可以看出，做好政务公开考核工作非常不易。政务公开考核方式不仅有自查，也有核查和互评环节，还有社会评议。考核通常是线上线下相结合。所有这些考核方法无非是为了提升考核的权威性，最大程度地发挥政务公开考核的效用。

六、考核结果运用

考核结果运用是考核的重要一环，有助于解决政务公开工作长期面临的任务重措施软、责任重约束软、压力重手段软的"三重三软"突出矛盾。考核结果运用主要体现在三个方面。

一是分值权重。2016年年初印发的《关于全面推进政务公开工作的意见》明确要求把政务公开工作纳入政府的绩效考核体系。《〈关于全面推进政务公开工作的意见〉实施细则》明确规定，政务公开工作分值权重不应低于4%。按照这一要求，各省市将政务公开工作占年度绩效考核体系的分值设为百分制中的4分。各省市将考核结果直接以"4分制"或折算成4分形式报送各省市年度（绩效）考核工作领导小组，作为该年度（绩效）考核依据。个别省份甚至将分值权重提到了7%。权重方面的设计对推进政务公开工作具有积极影响。除了纳入各单位年度绩效考核体系外，有的省份还将政务公开考核结果纳入组织部对省管干部提任考核的范围，与领导班子、领导干部工作实绩考核紧密挂钩。这一措施可以有力提升单位领导对政务公开工作的重视程度。依托领导对政务公开工作的重视，为解决政府工作中的痛点、堵点、难点找到突破口；也可通过领导带头参与政策解读、接受访谈，更好地树立起政府部门的亲民形象；同时还可通过决策全过程公开，减少领导集体决策上的失误，保护好领导干部。

二是对于考核结果的公开方面，有的将考核等次主动向社会公开，有的将考核结果直接对外公开，也有的将各级政务公开工作考核情况、排名和等级在政府门户网站上公布。当然，也有只通报被考核单位，不对外公开考核结果的做法。向社会公开考核结果的做法有助于接受社会监督，构建完善的社会公众积极参与机制。

三是对于考核结果的运用还体现在向被考核对象反馈考核中发现的问题，及时督促其整改落实。主管部门一般要求被考核对象制定整改方案，限时整改到位。也有的主管部门对考核不合格的重点单位给予通报批评并责令限期整改。

第三节　政务公开考核体系的特征

设计一套科学合理的政务公开考核体系，需要把握导向性、先进性、科学性、系统性和互动性五个特征。[①]

一是导向性。这就需要围绕建设法治政府、服务型政府和创新型政府全面推进政务公开考核工作。一方面，政务公开考核工作的引导方向应该与当前国家和省市自身的战略要求保持高度一致，在借鉴国外先进评估经验的基础上，构建具有各省市特色的政务公开考核体系；另一方面，政务公开考核要与政务部门开展工作的现实情况、与社会公众的实际需求相契合。坚持"以绩效为基础，以结果为导向"的理念，制定目前和未来重要时间节点的符合政务公开工作实际需求的考核目标和标准体系，确保政务

---

① 如下对考核体系特征的归纳，综合吸收了相关学者的研究成果，包括寿志勤、郭亚光、高勋炳：《省级地方政府政务公开绩效评估管理创新——安徽的实践》，《中国行政管理》2012 年第 12 期；杨慧、田红红：《"互联网 + 政务服务"背景下政务公开绩效评估创新路径研究》，《现代管理科学》2018 年第 9 期。

公开考核的与时俱进。此外，确保考核结果能够为各级政府推进政务公开工作提供准确的判断结论或参考依据，不断提升政务公开的质量。

二是先进性。这就需要借鉴国内外有关政务公开考核的有益经验，分析前沿理论和实践，把握政务公开考核的发展方向，努力做到以"公众"为中心的价值取向作为政务公开考核的核心内容。还有就是需要采用多元化的考核程序与方法。通过自评、专业测评、社会评议、考核打分等考核环节，使得最终得到较为科学合理、公平公正的综合量化结果。

三是科学性。政务公开考核是一个系统过程，其考核的内容将随着社会公众的信息需求不断拓展和完善。具体而言，一方面，设定考核指标过程中应从评估对象的实际发展情况出发，确保考核指标客观、合理；构建考核指标要兼顾各区域、各部门的政务公开发展现状，在统一考核指标体系架构的基础上，合理分配权重和分值，做到统筹兼顾、突出重点。另一方面，确保考核数据采集的方法科学、过程严谨，最大限度地减少和避免仅凭直觉及主观思维的考核。

四是系统性。这需要通过运用政府绩效管理基本原理，将考核工作的制度安排与计划实施执行、考核数据采集处理、考核结果反馈、沟通与运用等要素有效组合，形成一个有机的绩效管理系统。另外，考核指标体系需要全面涵盖保障政务公开有效运行的基本要素，即围绕政务公开基础工作、政务公开平台建设、"五公开"推进情况、依申请公开、组织体系和监督保障、特色工作等考核项目，构筑起一套政务公开考核的完整体系。

五是互动性。互动性是政务公开考核具有生命力的基础。这需要强调考核结果反馈及沟通的及时性，在发现症结的基础上，促进评估部门改进并提升绩效，旨在更好地实现政务公开考核的目标。一方面，由考核主体定期公开考核结果及其排名，让被考核对象及时掌握政务公开的绩效水平，在年度政府常务会议上，通报本地区政务公开考核的基本情况，对先进单位给予表彰，形成标杆；对存在不足的单位进行交流沟通，提出下一步改进和完善的计划。另一方面，拓展多渠道全方位公开考核的结果，提高考核效能和公正性，增强政务公开考核的公信力和威慑力。还有就是通过下达整改意见书，促使相关部门积极改进。互动性不仅有助于提升被考核对象的参与感和归属感，使其明确工作目标、改进工作方法，实现考核的真正意义，还有助于考核目标的实现，使得政务公开考核由"考核导向"转变为"改进导向"，不断提升政务公开的质量。

第四节　法治政府建设的考核

政务公开工作是法治政府建设考核体系中的重要内容。依据是中央全面依法治国委员会办公室（以下简称中央依法治国办）历年来发布的《市县法治政府建设示范指标体系》。该指标体系有 2019 年和 2021 年两版。这里着重介绍 2021 年版。2021 年 8 月，中央依法治国办印发《关于开展 2021 年全国法治政府建设示范创建活动的实施方案》《市县法治政府建设示范指标体系（2021 年版）》，部署开展全国第二批法治政府建设示范创建活动。2021 年版是中央依法治国办根据《法治政府建设实施纲要（2021—2025 年）》以及党中央、国务院关于法治政府建设的一系列重大决策部署，对《市县法治政府建设示范指标体系》（2019 年版）的部分指标进行了修改，调整和优化后形成的最新版本。新的指标体系的目的是用来作为开展市县法治政府示范创建活动的评估标准和作为建设法治政府的具体指引，使法治政府建设更加可量化、可证明、可比较，并与时俱进。

2021年版的指标体系涉及不少公开方面的考核内容，主要分两大方面：一方面，在"五、行政权力制约监督科学有效"这个一级指标下，设置以"3.全面推进政务公开"为主题的二级指标，分指标76和77，专门考核政务公开工作，相关内容见表16-1。

表16-1 市县法治政府建设示范指标体系中政务公开的指标

一级指标	二级指标		三 级 指 标
五、行政权力制约监督科学有效	3.全面推进政务公开	76	实行政务公开清单管理制度，并动态更新。对符合法定条件要求的依申请公开政府信息的答复率达100%
		77	创建周期内，没有因不履行或者不正确履行政府信息公开法定职责，在行政复议或者行政诉讼中被撤销、确认违法或者责令履行等的情形

另一方面，2021年版的指标体系中的众多三级指标涉及公开内容方面的考核。如果以"公开""公布""公示""参与""公告"等作为关键词搜索，我们可以发现多处涉及政务公开的相关工作。

第五节 对领导干部的考核要求

一、主要负责人亲自抓并每年至少听取一次政务公开工作汇报

中共中央办公厅和国务院办公厅于2016年联合印发的《关于全面推进政务公开工作的意见》中提到，要加强组织领导，特别要求各级党委和政府高度重视政务公开工作。各级政府要在党委的统一领导下，牵头做好政务公开工作，确定一位政府领导分

管，建立健全协调机制，明确责任分工，切实抓好工作落实。随后国务院办公厅单独印发的《〈关于全面推进政务公开工作的意见〉实施细则》要求，地方各级政府转变理念，提高认识，将政务公开纳入重要议事日程，主要负责人亲自抓，明确一位分管负责人具体抓，推动本地区各级行政机关做好信息公开、政策解读、回应关切等工作。文件同时明确要求主要负责人每年至少听取一次政务公开工作汇报，研究推进工作。

二、政务公开分管负责人工作分工应对外公布

国务院办公厅2016年年底印发的《〈关于全面推进政务公开工作的意见〉实施细则》要求，地方各级政府转变理念，提高认识，将政务公开纳入重要议事日程。分管负责人工作分工应对外公布。

三、将《政府信息公开条例》列入领导干部学法内容

国务院办公厅2016年年底印发的《〈关于全面推进政务公开工作的意见〉实施细则》要求，加强政务公开教育培训。各级行政学院等干部培训院校应将政务公开纳入干部培训课程，着力强化各级领导干部在互联网环境下的政务公开理念，提高指导、推动政务公开工作的能力和水平。从法治政府建设的角度，中共中央、国务院联合印发的《法治政府建设实施纲要（2021—2025年）》也提出了健全领导干部学法用法机制的要求。纲要要求国务院各部门根据职能开展本部门本系统法治专题培训，县级以上地方各级政府负责本地区领导干部法治专题培训，地方各级政府领导班子每年应当举办两期以上法治专题讲座。政务公开作为法治政府建设内容之一也需要纳入领导干部学法内容。

第六节 政务公开考核示例

一、上海市政务公开考核实例

现行的上海政务公开考核指标体系有如下四个特征：一是考评方式多样，分市政府办公厅测评、第三方评估、相关单位专项测评三种；二是鼓励创新。通过特色工作指标，鼓励各考评单位围绕本市重点工作积极开展创新；三是年度考核指标相对固定，但非一成不变。一般围绕政务公开基础工作、政务公开平台建设、"五公开"推进情况、依申请公开、组织体系和监督保障、特色工作等版块设计详细的可量化的考核指标，基本上涵盖了政务公开的各项工作内容；四是考虑到市政府部门和区政府的不同特性，设计了市政府部门和区政府两个版本的考核指标体系。

二、陕西省政务公开考核实例[①]

现行的陕西政务公开考核指标体系有如下四个特征：一是考评方式侧重第三方评估，同时结合主管部门测评予以开展；二是年度考核指标相对固定，但非一成不变。一般围绕政府信息公开、解读回应参与、服务公开、平台建设、基层政务公开标准化规范化建设、组织保障等版块设计详细的可量化的考核指标，基本上涵盖了政务公开的各项工作内容；三是针对各项指标赋以详细的权重，考核工作侧重点非常突出；四是考虑到省级部门和市（区）政府的不同特性，设计了省级部门和市（区）政府两个版本的考核指标体系。

---

① 参见《陕西省人民政府办公厅关于印发 2021 年政务公开工作绩效评估指标的通知》（陕政办函〔2021〕45 号）。

思考题

1. 名词解释

政务公开考核

2. 简答题

(1) 简述政务公开考核的重要性。

(2) 简述政务公开考核体系的特征。

3. 论述题

论述如何做好政务公开考核工作。

第十七章
政务公开社会评议

【本章概要】政务公开社会评议是指由独立于政府及其部门之外的研究机构、专业评估组织、社会组织、舆论界、社会公众和利益相关者等第三方组织实施的围绕政务公开内容进行的评价。政务公开第三方评估特指由独立于政府及其部门之外的第三方专业机构单独开展或受政府委托组织实施的围绕政务公开内容进行的独立公正的外部评价。政务公开社会评议主要涉及评估主体、评估层级、评估类型、评估方式、评估周期、评估指标或内容、评估结果使用和评估方法等方面。政务公开社会评议在我国已经开展多年,有力地助推了政务公开的发展。

【学习目标】了解政务公开社会评议的概念,熟悉政务公开社会评议的国内实践,掌握政务公开社会评议的特点。

第一节 政务公开社会评议概述

一、政务公开社会评议的内涵

政务公开社会评议是指由独立于政府及其部门之外的研究机构、专业评估组织、社会组织、舆论界、社会公众和利益相关者等第三方组织实施的围绕政务公开内容进行的评价。

政务公开社会评议主要有第三方机构评估、社会各界代表监督评议、群众满意度测评等方式。

政务公开第三方评估特指由独立于政府及其部门之外的第三方专业机构单独开展或受政府委托组织实施的围绕政务公开内容进行的独立公正的外部评价。① 第三方机构一般是具备专业性、权威性和独立性的智库型企事业单位、高等院校、科研院所、专业咨询公司、专家学者及其他有关社会组织。

社会各界代表监督评议是指行政机关邀请人大代表、政协委员、民主党派、人民团体、行风监督员、基层和群众代表等进行专题评议。

群众满意度测评是指由具有调查资质的实施机构组织开展的,为了解群众对各级行政机关在公开内容、方式和渠道的满意程度而实施的策划、调查和分析的活动。

二、政务公开社会评议的意义

政务公开社会评议或第三方评估因其独立性和客观性,日渐成为一种行之有效的外部制衡机制。它可以有效地破除政策措施落实中的体制机制障碍,发挥不可替代的积极作用。

通过政务公开第三方评估工作的开展,行政机关可以借助评估结果不断调整优化政务公开的方式方法,提升公开效能,达到以评估促公开、以评估增实效的目的,进一步提升政务公开工作

---

① 有人将"第三方评估"解释为:第一方评价是指政府部门组织的自我评价;第二方评价是指政府系统内上级对下级作出的评价,这两者都属于内部评价。第三方评价是指由独立于政府及其部门之外的第三方组织实施的评价,也称外部评价,通常包括独立第三方评价和委托第三方评价。参见包国宪、周云飞:《中国政府绩效评价:回顾与展望》,《科学学与科学技术管理》2010 年第 7 期,第 109 页。也有人认为,第三方评估是区别于由政策制定者和执行者进行的评估。第三方的主体可以是多样的,包括受行政机构委托的研究机构、专业评估组织(包括大专院校和研究机构)、中介组织、舆论界、社会组织和公众,特别是利益相关者参与等多种。参见程样国、李志:《独立的第三方进行政策评估的特征、动因及其对策》,《行政论坛》2006 年第 2 期,第 51 页。

中的公众获得感和满意度。各级政府还可以加强评估结果的转化,将评估结果作为政务公开考核的重要参考。当然,各级政府也需要正确对待社会上各类政务公开第三方评估的结果。

三、政务公开社会评议的局限

政务公开社会评议或第三方评估也有一定的局限性,主要在于难以做到整体全面评价。一是第三方评估无法实现内部评估。第三方很难掌握现有体制内被考评对象的业务流程、工作内容、人员能力等内部情况。二是第三方较难做到完全的量化评估。这是因为不是所有指标均可量化,无法量化的指标在实际评估过程中难免会有偏差。三是第三方不易把握服务对象的多种需求。如果按照自己的理解设计指标,开展评估,难免无法反映公众的真实需求。因此,政务公开社会评议或第三方评估未来在评估目的、方法、指标设定和结果发布上有值得提升的地方。[1] 基于此,《国务院办公厅关于印发 2020 年政务公开工作要点的通知》提出了优化第三方评估,要求各级政府正确对待政务公开社会评议及第三方评估的结果,将之作为行政机关改进政务公开工作的一种重要参考更为合适。

四、政务公开社会评议的制度要求

2007 年的《政府信息公开条例》第 29 条和 2019 年的《政府信息公开条例》第 46 条明确提出了建立健全政府信息公开社会评议制度的要求。2016 年 2 月,中共中央办公厅和国务院办公厅联合印发的《关于全面推进政务公开工作的意见》明确提出:"鼓励支持第三方机构对政务公开质量和效果进行独立公正

---

[1] 张庆广:《政府信息公开:跳出法律之外的多维度思考》,《中国行政管理》2017 年第 9 期,第 74 页。

的评估。"2016年11月,国务院办公厅发布的《〈关于全面推进政务公开工作的意见〉实施细则》进一步指出:"政府办公厅(室)要建立健全科学、合理、有效的量化评估指标体系,适时通过第三方评估、民意调查等方式,加强对信息公开、政策解读、回应关切、媒体参与等方面的评估。"

自2015年开始,除2019年外,国务院办公厅印发的年度政务公开工作要点都对政务公开第三方评估提出了不同的要求。《2015年政府信息公开工作要点》提出:"国务院办公厅适时对本工作要点落实情况进行督查,并组织开展第三方评估。"2016—2018年三年的政务公开工作要点重复了这一要求。《2020年政务公开工作要点》提出:"优化第三方评估,清理规范以行政机关名义参加社会上各类政务公开评估颁奖活动。"《2021年政务公开工作要点》提出:"依法规范开展政府信息公开工作考核、评议,避免简单地以第三方评估代替应由政府自身开展的考核、评议,严肃整治评估工作中的形式主义苗头问题,有效防范廉政风险";同时要求"正确对待社会上各类政务公开第三方评估结果,持续改进工作,原则上不以行政机关名义领取民间奖励,不选择性参加评估结果对本机关有利的发布会、论坛等相关活动"。《2022年政务公开工作要点》提出,进一步规范政务公开第三方评估工作,明确地市级以下政府不再开展政务公开第三方评估。下级单位不得与上级单位委托的第三方评估机构开展政务公开咨询、培训、外包等业务合作。

第二节 政务公开第三方评估的特点

一、概述

根据现有实践,政务公开第三方评估主要涉及评估主体、评估层级、评估类型、评估方式、评估周期、评估指标或内容、评估结果使用和评估方法等方面。

二、主要特点

(一) 评估主体

在我国,政务公开第三方评估主体主要有科研机构,也有商业公司,还有一些社会组织。评估主体类型呈现多样化的特征。

(二) 评估层级

政务公开第三方评估所涉及的行政层级有国家层面,也有省级层面,还有区(县)层面,基本上覆盖了国务院部门和地方各级政府。按照《2022年政务公开工作要点》的要求,地市级以下政府不再开展政务公开第三方评估。

(三) 评估类型

政务公开第三方评估有涉及一个区域(如长三角区域),或某个重点领域(如义务教育领域),还有单个部门和单个行政系统的评估。

(四) 评估方式

政务公开第三方评估方式主要有两种:一种是受政府委托开展的评估;另一种是依托自有资金自行开展的独立评估。我国以前者居多。两种方式各有优缺点。受政府委托开展的评估,由于各级政务公开工作主管部门与第三方机构依据政务公开有关法律法规和政策文件共同制定评估方案,因此,可以设计出更具针对性的评估指标,评估结果也可更有效地用于指导政务公开工作。缺点是独立性受到一定程度的影响。

第三方自行开展的评估的优点是独立性、客观性更强,但是评估指标可能与现有政务公开推进实践有所偏离,不能直接服务于政务公开工作。另外,政务公开属于小众化知识领域,第三方自身的专业力量还有待加强。

委托评估和独立评估各有优缺点,两者不是简单地谁替代谁的问题,而是可以相互补充、形成合力。①

(五)评估周期

政务公开第三方评估的周期一般有月度评估、季度评估和年度评估。年度评估一年开展一次总的测评。月度或季度评估分月度或季度开展测评,发现问题即行整改,定期阶段性评估有助于在过程中不断优化政务公开工作。

(六)评估指标或内容

现如今的政务公开第三方评估指标或评估内容一般包括政务公开基础工作、"五公开"、政策解读、回应关切、重点领域信息公开、依申请公开、平台建设、监督保障等方面,基本上围绕年度政务公开工作的要点予以设计。

政务公开第三方评估指标设计上有两大指导原则:一个是依法原则。评估指标主要依据公开领域的法律法规、《政府信息公开条例》及其配套制度文件和年度政务公开工作要点予以设计;另一个是理想原则。第三方可以基于自己的理解,设计一些可以引领方向的更高要求,如对行政机关在答复处理政府信息公开申请时提出便民要求等。理想原则对第三方的专业要求更高,需要第三方熟悉政务公开国内外各地的理论和实务知识。

(七)评估结果使用

政务公开第三方评估结果在使用上有几种做法:其一,将评估结果直接作为考核使用。这种做法已经被认定为不妥;其二,将评估结果作为考核的内在组成部分,设计一定分值,整合进考核结果;其三,将整个评估结果作为考核的重要参考。后两者较

---

① 周汉华:《全面依法治国与第三方评估制度的完善》,《法学研究》2021年第3期,第25页。

为常见。除了与考核结合外,评估结果和报告还可作为改进工作、业务培训、年度工作安排的重要参考。

(八)评估方法

政务公开第三方评估方法多种多样。有通过观察政府网站上的政务公开专栏和其他栏目内容开展测评,也有被考核单位提交自评材料供第三方评估时使用,还有通过递交政府信息公开测试申请或拨打电话等方式对相应指标进行测评。最后一种是实地调研。较为合理的第三方评估应该是多种方法的结合,不能仅仅依靠一两种测评方法。

第三节 政务公开第三方评估的国内实践

虽然国家层面对政务公开第三方评估工作非常重视,各地也在积极推动开展第三方评估工作,但是从研究角度来看,第三方评估成果尚未得到系统地发表。从中国知网数据来看,有关第三方评估的研究成果只有寥寥几篇。有人在 2015 年就呼吁"第三方评估"应成信息公开的监管常态。① 也有部分评估成果得以发表,如吉林省的政务公开第三方评估。② 部分学者也就政务公开第三方评估工作进行了思考。③

除了研究文章外,对政务公开第三方评估出版了系列书籍的主要有两家单位。一家是北京大学公众参与研究与支持中心。该中心与耶鲁大学法学院中国法律中心合作了"中国政府信息公开

---

① 张文胜:《"第三方评估"应成信息公开的监管常态》,《检察日报》2015 年 04 月 1 日,第 6 版。
② 张锐昕等:《2016 年吉林省政务公开第三方评估结果分析——基于 12 个市(州)、54 个省直部门网站的调研数据》,《图书馆学研究》2017 年第 21 期。
③ 房宇:《健全政务公开评价机制 推进政府信息公开——以第三方评估的视角》,《法制与社会》2018 年第 25 期。

观察"项目。该中心通过发起信息公开申请、网络检测、实地调研等手段,将观察结果形成报告,最终将之作为该项目的核心成果得以出版。可查到的出版成果是 2009 年①、2011—2012 年度《中国行政透明度观察报告》。② 另外,该中心于 2014 年 5 月还发起了中国行政透明度观察和司法公开观察两个项目,并于 2016 年出版了《国家治理透明度报告》。③

另一家单位是中国社会科学院国家法治指数研究中心。随着《政府信息公开条例》于 2008 年开始实施,该研究中心的前身中国社会科学院法学研究所法治指数创新工程项目组从 2009 年就启动了政府信息公开第三方评估,之后每年出版评估报告,④ 连续坚持多年。2016 年以来,该研究中心将政府信息公开第三方评估改成政务公开第三方评估报告。⑤ 该研究中心自 2018 年开始每年编撰《中国政府透明度指数报告》,⑥ 2021 年,该书更名为《中国政务公开发展报告》,⑦ 全面分析全国政务公开发展状况。随着政府信息公开工作向政务公开拓展,一些专项的第三方

---

① 北京大学公众参与研究与支持中心:《中国行政透明度观察报告(2009 年度)》,法律出版社 2011 年版。
② 北京大学公众参与研究与支持中心:《中国行政透明度观察报告(2011—2012 年度)》,法律出版社 2013 年版。
③ 李媛媛、阎天、彭錞主编:《国家治理透明度报告》,法律出版社 2016 年版。
④ 中国社会科学院法学研究所法治指数创新工程项目组:《中国政府信息公开第三方评估报告(2014)》,中国社会科学出版社 2015 年版;中国社会科学院法学研究所法治指数创新工程项目组:《中国政府信息公开第三方评估报告(2015)》,中国社会科学出版社 2016 年版。
⑤ 中国社会科学院法学研究所法治指数创新工程项目组:《中国政务公开第三方评估报告(2016)》,中国社会科学出版社 2017 年版;中国社会科学院法学研究所法治指数创新工程项目组:《中国政务公开第三方评估报告(2017)》,中国社会科学出版社 2018 年版。
⑥ 田禾、吕艳滨主编:《中国政府透明度指数报告(2019)》,中国社会科学出版社 2020 年版。
⑦ 田禾、吕艳滨主编:《中国政务公开发展报告(2021)》,中国社会科学出版社 2022 年版。

评估工作也有成果面世,如政府信息公开工作年度报告评估。①中国政法大学法治政府研究院在开展法治政府评估时,也将政府信息公开作为其中的指标内容,进行了评估。② 这些第三方开展的评估工作对推进我国政务公开工作,落实《政府信息公开条例》有很大的推动作用。

 思考题

1. 名词解释

政务公开社会评议　政务公开第三方评估

2. 简答题

简述政务公开社会评估的特点。

3. 论述题

论述政务公开评估的国内实践。

---

① 中国社会科学院国家法治指数研究中心:《政府信息公开工作年度报告发布情况评估报告(2018)》,中国社会科学出版社 2018 年版。

② 中国政法大学法治政府研究院:《法治政府蓝皮书:中国法治政府评估报告》,社会科学文献出版社 2018 年版。

第十八章
政务信息管理

【本章概要】政务信息管理,是指充分运用信息化手段,对政务信息从制作、获取、保存、处理进行全生命周期的规范管理制度。当下政务信息管理的两大重要内容是标准规范的政策文件管理和基层政务公开标准化规范化工作。政策文件管理是指将法律、行政法规、规章、规范性文件、司法解释、党内法规等国家制度通过信息化手段,在集中统一的公开平台上规范发布,并根据立、改、废等情况动态调整更新并清理的制度安排。基层政务公开标准化规范化工作推进渐趋成熟,涉及事项梳理、标准目录编制、内容展示、目录应用、公开流程和方式等内容。

【学习目标】了解政务信息管理、政策文件管理的内涵,熟悉基层政务公开标准化规范化建设,掌握基层政务公开标准化规范化的发展历程。

第一节 政务信息管理概述

一、政务信息管理缘起

2019年1月30日,中央在审议《政府信息公开条例》(修订稿)时提出,要加强政府信息基础性管理。据此,修订后的《政府信息公开条例》第8条规定,各级人民政府应当加强政府信息资源的规范化、标准化、信息化管理。2020年6月15日召开的全国政务公开领导小组第三次会议提出全面启动政务信息管理的要求。① 至此，加强政务信息管理成为深化我国政务公开工作必须考虑的一项重要工作。

二、政务信息管理的内涵

政务信息资源是指政务部门在履行职责过程中制作或获取的，以一定形式记录、保存的文件、资料、图表和数据等各类信息资源，包括政务部门直接或通过第三方依法采集的、依法授权管理的和因履行职责需要依托政务信息系统形成的信息资源等。②

政务信息管理是指充分运用信息化手段，对政务信息从制作、获取、保存、处理进行全生命周期的规范管理的制度。

政务信息管理与行政机关公开能力息息相关。当下政务信息管理的两大重要内容是标准规范的政策文件管理和基层政务公开标准化规范化工作。

加强政务信息管理离不开信息化手段的运用。运用新技术手段可以不断降低政务信息管理的成本，提高管理效率。这就要求各级政府要以政务信息管理的现代化，促进政务公开工作的现代化，从而助力实现国家治理体系和治理能力的现代化。③

三、标准规范的政策文件管理工作

(一) 政策文件管理的定义

政务信息管理离不开标准规范的政策文件管理。政策文件管

---

① 后向东：《论政务信息管理》，《四川行政学院学报》2022年第2期，第1页。
② 《政务信息资源共享管理暂行办法》第2条。
③ 肖捷：《以人民为中心推进新时代政务公开》，《学习时报》2019年9月9日，第1版。

理是指将法律、行政法规、规章、规范性文件、司法解释、党内法规等内容通过信息化手段，在集中统一的公开平台上规范发布，并根据立、改、废等情况动态调整更新并清理。

（二）平台

从平台而言，国家制度体系信息平台建设必不可少。"建设全国统一的法律、法规、规章、行政规范性文件、司法解释和党内法规信息平台"已纳入中共中央印发的《法治中国建设规划（2020—2025年）》。

中共中央和国务院印发的《法治政府建设实施纲要（2021—2025年）》明确提出："建设法规规章行政规范性文件统一公开查询平台，2022年年底前，实现现行有效的行政法规、部门规章、国务院及其部门行政规范性文件的统一公开查询；2023年年底前，各省（自治区、直辖市）实现本地区现行有效地方性法规、规章、行政规范性文件统一公开查询。"

《中央宣传部、司法部关于开展法治宣传教育的第八个五年规划（2021—2025年）》重申："建设全国统一的法律、法规、规章、行政规范性文件、司法解释和党内法规信息平台，及时更新数据，免费向公众开放。"

由全国人大常委会办公厅维护的国家法律法规数据库于2021年2月24日正式开通。国家法律法规数据库目前提供我国现行有效的宪法（含修正案）、法律、行政法规、监察法规、地方性法规、自治条例和单行条例、经济特区法规、司法解释的电子文本。

对于行政法规和行政规范性文件集中公开平台问题，《国务院办公厅关于印发2022年政务公开工作要点的通知》明确提出两个要求：（1）深化行政法规和规章集中公开。完善中国政府法制信息网行政法规库，2022年底前，完成现行有效行政法规历史文本收录工作,规范网络文本格式,优化数据下载功能;(2)开展行政规范性文件集中公开。在政府网站的政府信息公开专栏集中公开并动态更新现行有效行政规范性文件,2022年底前,国务院部门、省级政府及其部门率先完成,市、县级政府及其部门结合实际情况有序推进。这意味着行政法规库、国家规章库和各级政府及部门的网站的政府信息公开专栏将成为公众获取行政法规、规章、规范性文件的第一来源、权威平台。

(三)公开

从公开而言,有必要系统地做好政策文件管理。这就需要从公开、解读、参与、互动、回应、协同、清理、精准等维度予以全面开展。每个维度都是现代意义上的政务公开不可或缺的一环,均可从内容、主体、时限、平台、对象、方式等方面予以全面考虑、系统规范。

在公开层面,国务院办公厅政府信息与政务公开办公室已于2021年印发了《关于做好规章集中公开并动态更新工作的通知》(国办公开办函〔2021〕33号)。该通知为各级政府通过政府门户网站的"政府信息公开"专栏集中公开现行有效的规章提供了工作规范,促进了规章集中公开的质量和实效。在公开层面,还特别强调信息可得。这就需要开拓便捷的检索功能,实现常见政策"一键查询"和政策信息"全网搜索"。

在解读层面,政策文件解读工作事关方方面面,需要设置"政策解读"专栏,加强解读的时效性,做到与政策文件的关联阅读,从百姓的视角加强多样化解读,开设个性化的政策咨询问答,实现"政策找人"的精准推送等。

在参与层面,需要体现重大行政决策全过程公开的理念,通过事前的决策目录、事中征询公众意见的草案公开和邀请利益相关方的会议开放、事后的意见征集和采纳情况公开等，做好各项动作。

在回应层面，遇到政策文件被误解误读时，特别需要做好跟踪解读、二次解读，做好正确引导工作，稳定预期。

在清理层面，需要各级政府积极做好部门规章和政策性文件清理工作，并将清理结果予以公开。

协同是个新事物，目前还未见具体实例。2022年发布的《北京市深化政务公开促进政策服务工作办法》在政策征集环节中已有初步体现政策协同的理念。该办法规定了政策征集、管理、集成、解读、推送、兑现、咨询、沟通、评价等九大环节，意图通过加强前端的政策管理和集成这一政务信息管理能力，结合政策征集、解读、推送、咨询、沟通、评价等政务公开元素，最终起到准确传达政策意图，推动政策落地见效。

总之，各级政府未来有必要围绕这几大维度，结合现如今开展的标准化规范化工作，通过更为全面系统的规范，全面提升我国的政策文件管理水平。

四、基层政务公开标准化规范化工作

依据《标准化工作指南（第1部分）：标准化和相关活动的通用词汇（GB/T 20000.1—2002）》的规定，标准化的定义是：为了在一定范围内获得最佳秩序，对现实问题或潜在问题制定共同使用和重复使用的条款的活动。

标准化的重要意义在于改进产品、过程和服务的适用性。对于公开工作来说，它有助于为《政府信息公开条例》及其他规定的具体实施提供具有可操作性的技术支撑，有效促进《政府信息公开条例》及其他规定的实施，实现政务公开的制度目标，软化完全依靠国家强制力实施法律的机制。标准化工作是法律实施的

一种技术手段。①

加强政务信息管理离不开基层政务公开标准化规范化工作。基层政务公开标准化规范化工作是为了全面提升基层政府的政务公开能力,打通政务公开"最后一公里",从梳理公开事项、制定标准目录、加强目录应用、内容展示及规范公开流程和方式等方面推进的一项政务信息管理工作。本章后面将围绕其发展历程、标准目录编制、展示、测评及应用案例进行详细介绍。

五、加强政务信息管理的重要性

加强政务信息管理的重要性体现在以下三个方面。

第一,加强政务信息管理是加强政务信息互联互通的需要。政务信息是政务活动的客观记载,是党和国家的宝贵财富,必须实行全链条管理,加快互联互通。② 做好政府信息公开工作,离不开政府信息内部共享等其他信息流。各级政府部门要从信息流高度,注意各支信息流间的相互作用、相互影响。全国统一的标准规范和指南示范有利于整合政府信息资源,实现信息共享和交换,也便于用户查询或获取政府信息;反之,则会形成一系列新的"信息孤岛"和"烟筒林立",造成资源的极大浪费,直接影响政府信息公开的顺利进行和可持续发展。③

第二,加强政务信息管理是提升政府信息公开质效的需要。国外普遍认为,有效的文件管控和妥善维护政府信息是公共服务

---

① 于连超:《标准支撑法律实施:比较分析与政策建议》,《求是学刊》2017年第4期,第93页。
② 肖捷:《以人民为中心推进新时代政务公开》,《学习时报》2019年9月9日,第1版。
③ 张庆广:《政府信息公开:跳出法律之外的多维度思考》,《中国行政管理》2017年第9期,第73页。

的基础,是善政的先决条件。① 英国《信息自由法》专门规定了文件管理要求,并配以《司法部长之文件管控实践规范》和赋予信息专员的文件管理监督职能,将文件管理对实施好信息公开法律的重要性认识提高到了较高的层次。忽视文件管理也许看似没有直接违反信息公开法,但忽视的结果却是导致违反信息公开法行为的根由。②

从国际范围来看,各国制定信息公开法后,开始将关注点转向有效实施,政府信息的可得性日趋重要。③ 什毕那从文件管理角度对政府信息公开法进行了归类分析,认为最近一批通过信息公开法的国家不同于以往,已经意识到文件管理与信息公开密不可分,并在信息公开法中通过具体条款明确了两者的关系。④ 公开作为信息管理链条的最后环节,可以促使行政机关注重政府信息管理并提升其管理能力。⑤ 由此,2011 年推出的全球信息公开法评级体系对信息公开立法中的文件管理提出了更为统一的要求。评级体系中的第 57 条和第 58 条两个指标分别指向是否建立了文件管理方面的最低标准和行政机关有义务建立并更新它们所掌握的文件目录。⑥ 这是对文件管理提出的具体要求。

第三,加强政务信息管理有助于政府信息资源的开发与利

---

① 李思艺:《信息公开与 Records 管控关系研究:基于英国信息专员任命的视角》,《档案学研究》2018 年第 4 期,第 116 页。

② 谢丽:《英国政府 Records 管控:信息自由法的影响》,《档案学通讯》2015 年第 4 期,第 91 页。

③ Mark Weiler, Legislating Usability: Freedom of Information Laws That Help Users Identify What They Want, *Journal of International Media&Entertainment Law*, 2017 (1): 102.

④ Peter Sebina, *FOI and Records Management*, Botswana: Botswana University, 2006. 183.

⑤ 肖卫兵:《政府信息公开法类别分析》,《兰台世界》2012 年第 10 期,第 29 页。

⑥ 肖卫兵:《全球信息公开法评级体系评析:兼论针对中国的评估》,《图书情报工作》2012 年第 20 期,第 76 页。

用。基于不同标准的对外公开的政府信息相互之间难以实现共享和交换，也给用户获取这些信息造成不必要的困难。如能建成编码规则、分类方法、元数据、数据格式等方面适用于全国的具有普遍指导意义的政府信息公开目录编目标准，就可为信息利用者提供便利，最大化地发挥政府信息公开后的经济价值和社会价值。

第二节 基层政务公开标准化规范化工作的发展历程

一、谋篇布局的规划阶段

2016年是我国基层政务公开标准化规范化谋篇布局的规划阶段。为进一步做好当前和今后一个时期政务公开工作提供指导性意见，中共中央办公厅、国务院办公厅于2016年2月联合印发了《关于全面推进政务公开工作的意见》。该意见提出，到2020年，政务公开工作总体迈上新台阶，依法积极稳妥地实行政务公开负面清单制度，公开内容覆盖权力运行全流程、政务服务全过程，公开制度化、标准化、信息化水平显著提升，公众参与度高，用政府更加公开透明赢得人民群众更多理解、信任和支持。

为了贯彻落实中共中央办公厅、国务院办公厅《关于全面推进政务公开工作的意见》的要求，2016年11月，国务院办公厅印发了《〈关于全面推进政务公开工作的意见〉实施细则》，该实施细则要求推进基层政务公开标准化规范化试点工作。具体设想是：在全国选取100个县（市、区）作为试点单位，重点围绕基层土地利用总体规划、税费收缴、征地补偿、拆迁安置、环境治理、公共事业投入、公共文化服务、扶贫救灾等群众关切信息，以及劳动就业、社会保险、社会救助、社会福利、户籍管理、宅基地审批、涉农补贴、医疗卫生等方面的政务服务事项，开展

"五公开"标准化规范化试点工作,探索适应基层特点的公开方式,通过两年时间形成县乡政府政务公开的标准规范,总结可推广、可复制的经验,切实优化政务服务,提升政府效能,破解企业和群众"办证多、办事难"的问题,打通政府联系服务群众的"最后一公里"。

二、推动实施的基层试点阶段

2017年和2018年是推动实施的基层试点阶段。为落实《〈关于全面推进政务公开工作的意见〉实施细则》提出的推进基层政务公开标准化规范化试点工作这一要求,2017年5月,国务院办公厅印发了《开展基层政务公开标准化规范化试点工作方案》(国办发〔2017〕42号)。方案确定在北京市、安徽省、内蒙古自治区等15个省(自治区、直辖市)的100个县级政府,重点围绕城乡规划、重大建设项目和医疗卫生等26项重点领域开展基层政务公开标准化规范化试点工作。鼓励承担试点任务的省级政府在做好试点工作的同时,可以结合实际适当地增加试点内容。该项试点工作从2017年上半年开始启动,至2018年年底结束。在此期间,各试点区县开展了各种探索,积累了丰富的经验,涌现了诸多创新实例。山东省虽然不是国家要求的试点省份,却也开展了全省试点尝试。上海市甚至早于国家在2016年就选择普陀区启动了该项试点的相关工作。

表18-1 试点省份和试点内容一览表

试点省(直辖市、自治区)	26项试点内容	试点区(县)数(个)
北京市、内蒙古自治区、江苏省、云南省、陕西省	城乡规划、重大建设项目、财政预决算、税收管理、环境保护、食品药品监管、安全生产、公共文化服务、公共法律服务等方面	32

(续表)

试点省（直辖市、自治区）	26项试点内容	试点区（县）数（个）
上海市、河南省、湖南省、广东省、贵州省	就业创业、社会救助、社会保险、户籍管理、医疗卫生、涉农补贴、城市综合执法、养老服务等方面	33
黑龙江省、浙江省、安徽省、四川省、宁夏回族自治区	征地补偿、拆迁安置、保障性住房、农村危房改造、扶贫、救灾、市政服务、公共资源交易、义务教育等方面	35

三、总结提升的部委指引阶段

2019年是总结提升的部委指引阶段。随着基层政务公开标准化规范化试点工作的开展，为解决基层实践中对公开事项、流程理解不一等问题，国务院各部门开始了一系列探索和总结提升工作。一方面，根据《国务院办公厅关于印发2018年政务公开工作要点的通知》（国办发〔2018〕23号）的要求，国务院相关部门在2018年开展了政府信息主动公开目录编制或动态更新调整工作，并在当年年底前完成后对外发布；另一方面，随着基层政务公开标准化规范化试点工作的结束，国务院各部门发挥从上到下的指导作用，按照《国务院办公厅关于印发2019年政务公开工作要点的通知》（国办发〔2019〕14号）和《关于做好各试点领域基层政务公开标准指引制定等有关工作的通知》（国办公开办函〔2019〕1号）的要求，国务院相关部门结合各基层单位试点的经验做法和国家相关文件的要求制定了26个试点领域政务公开标准指引。国务院相关部门对基层试点阶段的经验进行的总结提升工作，为构建基层政府重点信息公开标准化机制提供了有力保障。

四、启动推广的全面推进阶段

2020—2023年是启动推广的全面推进阶段。在基层试点和部委指引的基础上,2019年修订成功的《政府信息公开条例》第8条明确要求加强政府信息资源的标准化、规范化、信息化管理。基层政务公开标准化规范化工作进入全面推进阶段。经过一段时间的酝酿,2020年1月,国务院办公厅印发了《关于全面推进基层政务公开标准化规范化工作的指导意见》(国办发〔2019〕54号),用以指导推广试点成果,着力解决基层政府存在的公开随意性大、公开内容质量不高、公开平台不统一、解读回应不到位、办事服务不透明等问题。

全面推进阶段分三个阶段完成:首先,在2020年年底前要求基层政府(包括县、不设区的市、市辖区人民政府和乡镇人民政府、街道办事处)编制完成本级政务公开事项标准目录,全面落实26个试点领域的标准指引;其次,国务院各部门于2021年年底前编制完成26个领域之外的其他领域基层政务公开标准指引;最后,争取到2023年,基本建成全国统一的基层政务公开标准体系。

全面推进阶段要坚持:(1)标准引领;(2)需求导向;(3)依法依规;(4)改革创新。围绕如下八大任务清单予以开展:(1)全面落实试点领域标准指引;(2)编制完成其他领域标准指引(对国务院部门的要求);(3)规范政务公开工作流程;(4)推进基层政务公开平台规范化;(5)完善基层行政决策公众参与机制;(6)推进办事服务公开标准化;(7)健全解读回应工作机制;(8)推动基层政务公开标准化规范化向农村和社区延伸。

2023年3月17日,《基层政务公开工作指南》(GB/T 42418—2023)这一推荐性国家标准得以对外发布和实施。

第三节　基层政务公开标准化规范化工作的特征

总体来看，我国基层政务公开标准化规范化工作呈现出如下六个特征。

一是渐进性。基层政务公开标准化规范化工作无法速成，需循序渐进。一方面，基层政务公开标准化规范化工作具有一定的开创性，无成熟经验可资借鉴；另一方面，我国幅员辽阔，各地区间的发展并不平衡，需要不断探索，成熟后再推广至全国。

二是自下而上和自上而下相结合。基层政务公开标准化规范化工作的关键在基层，故离不开自下而上的积极探索。我国最开始的政务公开实践——"两公开一监督"工作，也是来自基层。但是在基层试点工作结束之后，就需要自上而下的部委指引的出台。基层的实践探索与国家层面的指引相结合，更有利于基层政务公开标准化规范化工作的推进。

三是"两个结合"。一个是顶层设计和基层创新相结合。国办发〔2019〕54号文件完成顶层设计，在顶层设计完成后，接下来是基层具体执行和探索各类创新实践；另一个是领导支持和全员配合相结合。基层政务公开标准化规范化工作不单是政务公开部门的工作。它的有效推进不仅离不开部门领导的重视支持，而且离不开业务部门的全力配合。

四是全方位。基层政务公开标准化规范化工作涵盖编制目录、制定流程和开展应用等工作，并不是仅有编制目录这一件事。同时，在聚焦静态的公开内容梳理之外，该项工作还需要结合或融入政务公开各版块内容予以规范，包括公开平台和政策解读等工作的标准规范。

五是持续改进。要用发展的眼光看待基层政务公开标准化规范化工作。为确保有效性，政务公开标准目录需要不断改版，动态更新。对其中的公开内容也不是一劳永逸，需要行政机关根据业务变化情况做好增加、修改和删除工作。事项标准也需要紧贴各地实践，根据具体情况不断优化公开平台和公开方式。

六是效果导向。基层政务公开标准化规范化工作切忌好看不中用。政务公开标准目录的编制完成并不意味着该项工作的完成。需要将之嵌入具体的公开工作中，用于指导业务部门具体内容的公开，方便上级部门检查和社会对公开内容的开放利用和监督。同时，还需要结合地方差异，避免一刀切。各地有自身特点，无论是线上还是线下平台的选择和侧重，都需要各地结合具体情况作出合适的选择。

第四节 基层政务公开标准目录的编制

一、政务公开标准目录的内涵

政务公开标准目录是指行政机关结合本单位权责清单和"三定"方案，在全面梳理本单位政务公开事项的基础上，按照一定的标准编排而成的反映公开事项、内容、依据、主体、时限、渠道、对象和方式的目录。

政务公开标准目录的编制作为基层政务公开标准化规范化工作中的首要一环，对顺利推进基层政务公开标准化规范化工作具有决定性的作用：首先，它是领导了解政务公开工作的基础；其次，它是公开人员行为的指引；再次，它是群众查阅政府信息的"字典"以及开展监督的依据；最后，它是主管部门和评价机构开展监督检查和社会评议的利器。

政务公开标准目录需要做到动态更新，保持实用性。

二、基层试点阶段前后时期的探索

（一）各地的试点实践

开展基层政务公开标准化规范化工作以来，上海市普陀区、安徽省定远县、四川省新津县、贵州省六枝特区等各试点单位已经开展了政务公开事项标准目录的编制工作。贵州省还发布了《关于进一步做好基层政务公开标准化规范化试点公开事项清单梳理等工作的通知》，用以指导政务公开事项标准目录的编制工作。经过梳理归纳可以发现，各地无外乎从如下六个角度开展编制工作，形成了一系列成果。

第一，按决策、执行、管理、服务和结果公开这一"五公开"思路进行梳理，或者按部门业务从兼顾事前、事中、事后的这一全过程公开思路进行梳理，从各地实践来看，两种情况都有。相比较而言，按部门业务这一兼顾事前、事中、事后的全过程公开思路进行的梳理因为与部门业务密切结合，梳理思路会更为清晰，梳理出的目录也更容易实现全面性目标，不会遗漏公开的内容。

第二，政务公开事项标准目录的梳理结果有兜底式结果和类别式结果两种。兜底式结果要求编制明确到不可细分的具体信息条目；类别式结果则不指向具体的信息条目，而是指向信息类别或细分范围。兜底式结果的操作性更强，可解决过往公开内容判断标准不明的问题。

第三，政务公开事项的要素构成是开展编制工作的基础，试点地区均采取统一模版进行编制，指示模版的要素有所不同。例如，政务公开事项模板是否包括内容、主体、依据、时限、方式等要素。另外，政务公开事项模板中的各要素是否界定清晰，如公开形式和公开属性间的区分、公开时限的理解、不予公开理由的种类。要素构成不宜过多,但是不可缺少的一定要有,否则,会影响到可操作性,难以有效地指导政务公开实践。

第四,政务公开事项标准目录的类别有全清单(主动公开、依申请公开、不予公开清单)和单一主动公开清单两种。全清单既考虑到公众感知,也考虑到政府内部的使用,体现的是按照双向思维开展的编制。单一清单梳理则是单向思维。全清单是较为理想的模式,可以有效地提升政务公开工作的效率,尤其对依申请公开工作的帮助最大,针对性最强。单一清单的主动公开目录梳理仅是政务公开的部分工作。

第五,政务公开事项标准目录的梳理路径有事前、事中和事后全过程路径、"五公开"路径和侧重事后结果路径三种。按照全过程路径开展的梳理不易遗漏,也能实现梳理时的全覆盖,从而可较为全面地反映单个政府部门的信息情况。

第六,公开事项清单梳理有按领域梳理和按部门梳理两种。按领域梳理打破了部门界限,是从各领域出发开展的覆盖各环节的全链条式梳理。按部门梳理则从各部门具体一项项业务出发开展的事前、事中、事后各环节或是侧重某一环节开展的梳理。按部门梳理是前提,理想的模式是按领域梳理,它可以有效地提升群众对政府信息的获得感。

(二)上海市普陀区的"两全一穷尽"的政府信息公开全清单模式

上海市普陀区在探索政务公开标准化规范化试点工作时,形成了"两全一穷尽"的政府信息公开全清单模式。该模式的主要特点是提出了政府信息公开清单编制时所需遵循的"两全一穷尽"原则。"两全"是指全过程和全清单。"一穷尽"指的是分类穷尽到不能细分的具体信息条目。

全过程强调按照行政权力行使规律,覆盖事前、事中、事后这一全过程进行编制。优点是可将政府权力运行全流程、政务服务全过程的所有信息编制出来。

全清单也叫全目录，要求编制的是政府信息主动公开、依申请公开和不予公开三张清单，是对行政机关所制作或获取的政府信息进行全面地梳理。理想的政务公开事项梳理模式应从梳理所有政府信息出发，在明确了各个政府部门所制作和获取的所有政府信息的基础上，通过区分主动公开全部、主动公开部分、依申请公开全部、依申请公开部分和不予公开等属性，最终形成多属性和多形式的政务公开事项完整清单。该模式的优点是可以有效地避免业务部门编制单一主动公开目录时的缺漏。

"一穷尽"要求兜底式梳理，从一项项具体权力和公共服务事项出发，细分到不可再细分的具体信息条目后形成指向明确、操作性极强的政务公开事项清单。该梳理方式的优点是能够相对彻底地掌握行政机关的所有公开信息，让公开工作人员和百姓均看得明白。

基于"两全一穷尽"的原则，除了分六级类目逐渐细化到具体公开条目的公开内容外，上海市普陀区最终提供了"九要素"的公开模版。"九要素"包括公开主体、公开属性、部分公开情况、公开理由、公开依据、公开形式、公开时限、公开平台、公开载体。"九要素"聚焦一条条不能细分的政府信息，将不予公开的理由分为常见的国家秘密、商业秘密、个人隐私、"三安全一稳定"、内部管理信息、过程性信息、其他法律法规规定七种；将公开属性分为全部公开、部分公开和不予公开三种；将公开形式分为主动公开、依申请公开、依申请不予公开三种；将公开时限分为首次公开时间和公开存续时间。如此的公开模版起到了三个方面的作用：（1）解决了公开标准不明的问题，避免了选择性公开；（2）区分了公开方式和公开属性，避免目前实践上将依申请公开作为公开属性而不是公开形式的偏差；(3) 明确了公开时限，将之分为首次公开时间节点和存续期间，后者进一步细分为长期公开（动态调整）、年限公开两种。

三、部委指引阶段的做法

（一）基层政务公开标准目录编制模板

在部委指引阶段，26 个领域的各个主管部门分别印发了基层政务公开标准指引和目录。基层政务公开标准目录编制基本上按照如下模版予以编制。该模版可分两个部分。

第一部分是循着公开类别、公开事项所导向的公开内容（要素）。

（1）公开类别。指按照规定应公开信息的类别，结合各单位的权责清单和服务清单等大小"三定"方案进行编制，主要包括综合政务、重点工作、权力事项、服务事项等。

（2）公开事项。指按照规定应公开信息的范围，包括一级和二级事项。

（3）公开内容（要素）。指根据相关依据和实际情况按照公开事项栏细化并明确的具体公开内容，需要列举出指向信息名称、要素等若干标准公开项。

第二部分是围绕公开内容（要素）所确立的公开标准。包括如下事项标准：

（1）公开依据。指行政机关公开政府信息所依据的法律、法规、规章和规定的名称。主要列出公开对应事项所依据的国家和地方的法律、法规、政策的名称。

（2）公开时限。指按照规定信息形成或变更后对外主动公开的时间要求，依据《政府信息公开条例》的规定，一般为自该政府信息形成或者变更之日起 20 个工作日内及时公开。特殊情况除外，如行政许可和行政处罚的受理、审批等办理情况及结果信息的公开期限应为 7 个工作日。

（3）公开主体。指承担公开义务的行政机关。

（4）公开渠道和载体。指信息公开的载体和平台，包括门户网站、政府公报、"两微一端"、发布会/听证会、广播电视、纸质媒体、公开查询点、政务服务中心、便民服务站、入户/现场、村居/企事业单位公示栏（电子屏）、精准推送、其他等。视具体公开内容选择一种或多种。

（5）公开对象。指接收公开信息的社会群体，视情况可以是全社会或特定对象（个人）。

（6）公开方式。包括主动公开和依申请公开两种。本标准目录公开方式主要为主动公开。公开方式为依申请公开时，公开对象定为特定对象（个人）；公开方式为主动公开时，公开对象一般为全社会，也可为特定对象（个人），如编制过程中存在某个事项的公开渠道为精准推送时，其公开对象应选特定对象，公开方式为主动公开。

（7）公开层级。包括市级、县级、街道三种，编制时可多选。

表 18-2 基层政务公开标准目录参考模版

序号	类别	公开事项		公开内容（要素）	公开依据	公开时限	公开主体	公开渠道和载体	公开对象		公开方式		公开层级		
		一级事项	二级事项						全社会	特定对象	主动公开	依申请公开	市级	县级	乡级

（二）重点领域的政务公开标准目录编制成果

按照《国务院办公厅关于印发 2019 年政务公开工作要点的通知》（国办发〔2019〕14 号）的要求，国务院相关部门应当结合基层试点经验做法，抓紧制定相关重点领域政务公开标准指引。2019 年，各部委先后印发了 26 个试点领域的基层政务公开标准目录，城乡规划和农村集体土地征收两个领域的指引现已失效，被自然资源领域基层政务公开标准指引替换。①

《国务院办公厅关于全面推进基层政务公开标准化规范化工作的指导意见》（国办发〔2019〕54 号）要求："国务院部门要参照试点做法，结合本部门的主要职责，确定涉及基层政务公开的其他领域，围绕公开什么、由谁公开、在哪公开、如何公开等内容，于 2021 年底前编制完成相关领域基层政务公开标准指引。任何领域的政务公开标准目录都有动态更新的需要，有必要做到适时更新。"

《国务院办公厅关于全面推进基层政务公开标准化规范化工作的指导意见》（国办发〔2019〕54 号）要求："基层政府（包括县、不设区的市、市辖区人民政府和乡镇人民政府、街道办事处）要对照国务院部门制定的国土空间规划、重大建设项目等 26 个试点领域标准指引，结合本级政府权责清单和公共服务事项清单，全面梳理细化相关领域的政务公开事项，于 2020 年底前编制完成本级政务公开事项标准目录，实行政务过程和结果全公开。"各基层政府对照 26 个试点领域的政务公开标准目录编制完成了符合自身区域工作实际和领域特点的基层政务公开标准目录，并在此基础上进行了一定程度的创新，例如，上海市长宁区将之用于垃圾分类方面的政务公开标准目录编制，推进垃圾分类

---

① 相关目录汇总可通过"信息公开"微信公众号的页面标签"基层政务公开标准指引"获取。

工作所涉及的公开内容的跨部门、跨层级的协同有序开展；深圳市罗湖区额外编制了群众关切事项目录，更为符合本地群众的信息需求。

也许有人有困惑：既然国家部委已发布基层政务公开事项标准目录，为什么基层单位还要编制？笔者认为，除了国家部委编制的政务公开标准目录存在不完善之处外，基层单位在落实国办发〔2019〕54号文件的要求上需要结合本地实际，在参考国家部委编制的政务公开标准目录的基础上，形成更具操作性和针对性的本地标准目录。基层单位在编制本地标准目录时，需要考虑如下问题：（1）所列举的事项是否符合实际？需不需要根据本地实际进行增、删、改；（2）公开内容是否细化？需不需要通过明确公开要素予以细化；（3）公开依据是否合理？需不需要结合本地实际和具体规定予以补充完善；（4）公开时限能否压缩？需不需要从体现"领先"的角度，进行自我加压；（5）公开渠道是否丰富？需不需要从切实服务于民的角度，基于不同的公开内容，在必选和可选中科学合理地确定互联网或其他线上线下特定范围的公开渠道。

第五节　基层政务公开标准目录的展示

一、基层政务公开标准目录的展示

基层政务公开标准目录的展示是基层政务公开标准化规范化建设中不可或缺的一环。目录编制只是完成了第一步，接下来的是目录及所涉主动公开内容的展示。实践中，各单位难免会遇到需要公开的信息量大，内容展示完整难、目录和内容一一对应难、超链提供更新难、用户体验感不强等问题。结合国内外各地的实践，现有目录展示模式有独立目录展示模式、目录＋事项类别链接展示模式和目录+专栏发布信息展示模式三种。

二、政务公开标准目录的展示模式

（一）独立目录展示模式

独立目录展示模式是指仅有目录公开，将目录和公开内容分别独立展示。该模式可细分成信息家底条目展示、信息家底类别展示和主动公开全清单展示三种子模式。

一是信息家底条目展示模式。信息家底条目展示模式是一种不分公开与否，尽可能地将所制作的信息以条目形式对外发布的展示模式。该模式主要以澳大利亚和挪威为代表。澳大利亚对文件管理提出了一些具体要求。这些要求并不是由信息公开法规定的。该国1994年通过的，1998年修改后的《关于联邦机构文件目录索引规定》要求各政府部门每六个月，一年分春秋季两次将所制作的文件按照文件号和文件名这种简易格式向社会主动公开。目录索引按照各部门内设备机构职责分工逐一进行编制。挪威特别重视文件管理对信息公开的促进作用。该国开发了文件录入系统。政府部门通过该系统将其所拥有的文件供公众查询后在线申请公开。文件通过制作日期、提交日期、提交部门等一系列元数据得到清晰地描述和界定。文件名可以通过网络搜索的方式访问。如果公众对搜索到的文件感兴趣，可以通过递交信息公开申请而获取。对于申请的处理则转由各部门具体负责处置。澳大利亚和挪威的做法并没有明确所制作信息的公开属性，更侧重信息目录或信息家底汇集。相比较而言，挪威这种借用信息化手段让所拥有的信息可供检索查询的方式更为方便实用。

二是信息家底类别展示模式。信息家底类别展示模式不分公开与否，尽可能地将所制作的信息以类别形式对外发布。该模式主要以美国纽约州为代表。① 该州的《信息公开法》第 87 (3)(c) 条要求每个机构必须编制涵盖其应公开或不予公开的所有记录的主题或文件类别列表。该列表的汇编必须详尽到足以识别所申请记录归属的文件类别。主题列表需在线对外发布并保证每年更新。

三是主动公开全清单展示模式。主动公开全清单展示模式是侧重主动公开信息，将所编制的主动公开目录对外发布，目录和公开内容间的关联度不高的一种展示模式。该模式主要以我国香港为代表。以香港环境保护署为例，香港环境保护署制作了按类别划分的本署资料及激励清单，以分类记录的形式发布主动公开信息清单。② 清单划分了行政、会计和物流供应、空气等 17 个类别。每个类别均有若干个主题类信息，属于类别信息的扩展和延伸。公众可以清楚地了解环境保护署应主动公开的信息类别和大致内容。同时，该主动公开信息清单定期更新。

(二) 目录＋事项类别链接展示模式

目录＋事项类别链接展示模式是指在公开主动公开目录的同时，通过目录中的事项类别单列后以链接形式展示所应主动公开的内容的展示模式。该模式以国家税务总局上海市税务局及各区税务局为代表。③

国家税务总局上海市税务局在其门户网站的"政务公开"

---

① 纽约州档案馆：General Administration，https://www.archives.nysed.gov/records/local-government-record-schedule/general-administration，最后访问日期：2023年6月20日。

② 香港环境保护署主动公开信息清单：https://www.epd.gov.hk/epd/sites/default/files/epd/tc_chi/access_info/files/category.pdf，最后访问日期：2021年9月8日。

③ 国家税务总局上海市税务局：http://shanghai.chinatax.gov.cn/xxgk/zfxxgk/jczwgkml/201910/t448003.html，最后访问日期：2021年9月8日。

专栏的"执行公开列表"中发布了上海税务系统基层政务公开标准目录,该标准目录中发布了 16 个区税务局和 1 个浦东新区保税区税务局的基层政务公开标准目录列表。17 家税务局基层政务公开标准目录中均设置了政策法规、纳税服务、行政执法三大类主题,每类主题均统一设置了若干个信息专题,政策法规主题中发布了税收法律法规和税收规范性文件专题;纳税服务涉及纳税人权利、纳税人义务、A 级纳税人名单、涉税专业服务相关信息、办税地图、办税日历、办税指南等专题;行政执法包括了权责清单、准予行政许可决定、行政处罚决定和结果、非正常户公告、欠税公开、个体工商户定额公示、委托代征公告。每个信息专题都发布了相应的政府信息或链接至对应专题的网站或公开平台。17 家税务局标准目录公开要素和政府信息发布方式等要求做到了统一和规范,基本上形成了税务系统内标准化规范化信息发布体系。上海税务系统这种目录+事项类别链接展示模式有利于做好市级税务系统政府信息资源管理,便于集中规范发布所有主动公开政府信息,方便公众快速地获取政府信息。

(三)目录+专栏发布信息展示模式

目录+专栏发布信息展示模式是指在主动公开目录发布后,设置公开专栏直接发布目录中的主动公开内容,或通过链接形式以"查看"按钮指向所应主动公开的内容的做法。该模式以我国教育部为代表。教育部通过门户网站发布了教育部主动公开事项目录(2018 年版)。[①] 该主动公开事项目录包括类别、工作事项、公开内容、公开事项、公开方式、责任主体和备注等要素,其中,涵盖了 9 个类别、190 个工作事项、324 个公开内容,每个

---

① 教育部主动公开事项目录(2018 年版):http://www.moe.gov.cn/srcsite/A01/s7048/201812/t20181229_365384.html,最后访问日期:2021 年 9 月 8 日。

公开内容均有公开责任主体。该主动公开事项目录类别、工作事项、公开内容均通过教育部门户网站"政府信息公开"专栏中的"法定主动公开内容"进行——展示。该主动公开事项目录明确了责任主体，在信息发布机制管理层面，有利于行政机关充分掌握和管理信息发布动态情况，强化了信息发布及时性的内在要求。但该模式对网站集约化程度和网站栏目归集发布要求较高。

第六节　基层政务公开标准化规范化工作的测评

完整的基层政务公开标准化规范化工作需要考虑四个方面，包括政务公开事项梳理、标准目录编制、目录展示和目录应用。基层政务公开标准化规范化单位需要基于目录编制、目录拓展、目录展示、目录应用、其他亮点等五个方面设计测评指标体系用于评估。指标体系侧重评估被测评单位标准化目录公开事项的完善情况、公开要素的细化情况和面向基层单位的拓展应用情况、目录联动展示和应用情况等。

一是目录编制。包括事项是否根据县（区）的实际情况增删减、事项编制是否体现全过程公开、公开内容是否细化明确、公开依据是否多元、公开时限是否差异化、公开渠道是否多元化、公开对象和公开方式是否匹配。二是目录拓展。包括全领域政务公开标准化规范化工作推广情况、与村（居）务公开衔接、公共企事业单位公开。三是目录展示。包括标准化目录专栏建设、标准化目录公开情况、目录和内容显示情况。四是目录应用。涉及目录应用案例（针对管理对象或服务对象进行定点、定向公开，有多样化、个性化、精准化公开举措）。五是其他亮点。涉及体现目录编制使用效果等方面。

表18-3 基层政务公开标准化规范化工作测评指标体系

一级指标	二级指标	评分标准
目录编制	事项是否根据县（区）的实际情况增删减	是
	事项编制是否体现全过程公开	基于事前、事中、事后各阶段所产生的政府信息予以编制，体现全过程公开
	公开内容是否细化明确	非常细化明确
	公开依据是否多元	不限于《政府信息公开条例》
	公开时限是否差异化	公开时限不限于"20个工作日内"一种表述，有差异化表述
	公开渠道是否多元化	有区别地对待，不仅仅选择政府网站一种，根据不同的信息选择不同的公开渠道
	公开对象和公开方式是否匹配	精准推送，对应的是主动公开
目录拓展	全领域政务公开标准化规范化工作推广情况	结合本级政府权责清单和公共服务事项清单，全面梳理细化相关领域政务公开事项
	与村（居）务公开衔接	加强政务公开与村（居）务公开的有效衔接，公开包括集体资产管理、财务收支、乡村振兴、为老服务、社会救助等内容的基层自治信息，全面推进村（居）务公开标准化规范化建设
	公共企事业单位公开	开展公共企事业单位标准化规范化建设
目录展示	标准化目录专栏建设	在门户网站开设标准化规范化工作专栏
	标准化目录公开情况	在门户网站开设标准化规范化工作专栏中集中发布本区各部门、各街道（镇）的政务公开标准目录
	目录和内容显示情况	提供网页版标准目录超链接方式，实现公开内容一键查阅，便利公众通过标准目录进行公开信息的直接检索和查看

(续表)

一级指标	二级指标	评分标准
目录应用	目录应用案例（针对管理对象或服务对象进行定点、定向公开，有多样化、个性化、精准化公开举措）	围绕26个领域，按照企业、市民"高效办成一件事""清晰读懂一件事"，开发了"政策服务包""一件事导览"等集成式、主题式、场景式公开产品等案例
其他亮点	体现目录编制使用效果等方面	根据情况予以不同程度的加分

第七节 基层政务公开标准化规范化成果示例

一、广东省全方位发力推进基层政务公开标准化规范化[①]

广东省充分运用"数字政府"改革建设成果，加快实现基层政务公开标准化规范化全覆盖融合，以公开促落实、促规范、促服务，推动基层政务公开与政务服务深度融合。全省2个不设区的地级市、147个县（市、区）和1 635个镇（街）均于2020年年底前编制完成、对外公布本级26个试点领域基层政务公开事项标准目录。广东省主要采取了如下做法：（1）"两个提前"，推动基层政务公开标准目录编制有速度；（2）"两个对照"，推动基层政务公开标准目录编制有深度；（3）"两个线上"+"N个线下"，推动基层政务公开平台建设有维度；（4）"一套标准"，推动政务公开标准化与政务服务标准化深度融合，有广度；（5）"三个同步""重点评估"，推动基层政策解读工作有亮度。

---

① 摘自广东省人民政府办公厅：《广东省全方位发力推进基层政务公开标准化规范化》，《政务公开工作交流》2021年第3期，第3-12页。

二、江苏省苏州市全方位推进基层政务公开标准化规范化[①]

江苏省苏州市积极推进基层政务公开标准化规范化建设,按照有关工作部署,结合地域特点和发展实际,目前已形成较为完备的市(区)、镇(街道)两级政务公开事项清单体系,推出了一批服务企业群众办事的政务公开应用成果。苏州市主要采取了如下做法:(1)强化标准规范引领,构建统一的基层政务公开事项清单体系;(2)强化信息平台建设,保证基层政务公开工作规范高效;(3)强化办事场景应用,实现基层政务公开与政务服务深度融合;(4)强化传统元素融合,推动基层政务公开向村和社区延伸;(5)强化群众需求导向,提升基层政策解读到达率。

三、宁波市江北区探索政务公开"一件事"新模式[②]

宁波市江北区紧盯人民群众对美好生活的向往,紧盯新时代人民群众对办成"一件事"的期望,紧盯现代政府数字化转型的发展,全过程推进"一件事"政务公开,全方位回应社会关切,全流程优化政务服务,全链条加强政务信息管理。其具体做法有:

一是做实个人企业视角的政务公开。创新编制了涉及1 167个事项的个人全生命周期集成服务一本通、3 045个事项的企业全生命周期集成服务一本通等30本集成服务一本通。不断丰富、创新政务公开新形式,精准回应个人和企业对政务信息公开和政

---

① 摘自苏州市人民政府办公室:《江苏省苏州市全方位推进基层政务公开标准化规范化》,《政务公开工作交流》2021年第11期,第3-12页。
② 摘自宁波市江北区人民政府办公室:《宁波市江北区探索政务公开"一件事"新模式》,《政务公开工作交流》2020年第10期,第26-38页。

务服务更新更高的要求。

二是做强标准化规范化的政务公开。分析个人和企业"一件事"政务服务需求，在收集相关国家标准、行业标准、地方标准的基础上，系统地梳理设计江北区基层政务公开标准目录，遵循"有标贯标、缺标补标、无标制标"的原则，构建标准体系，编制82个标准规范，涵盖了个人全生命周期。

三是做优高效整体协同的政务公开。利用政府门户网站、浙江政务服务网、浙里办App发布政务信息，加强政府网站之间、网站与新闻媒体、新闻网站之间的联动，拓宽传播渠道，提升网站的集群效应和扩散效应，建设整体联动、高效惠民的网上政府。

四是做亮"四特"服务场景的政务公开。从多维度不断挖掘细分个人和企业"一件事"的办事需求场景，针对特定人群、特定区域、特定时间、特定需求的"四特""一件事"办事场景，建立"四特"场景的政务公开和政务服务工作机制。

 思考题

1. 名词解释

政务信息管理　基层政务公开标准化规范化

2. 简答题

(1) 简述我国基层政务公开标准化规范化工作的发展历程。

(2) 简述政务信息管理的重要性。

3. 论述题

论述如何做好基层政务公开标准化规范化工作。

第十九章
政务公开的法律责任

【本章概要】政务公开的法律责任是行政机关和公职人员由于违反政务公开义务构成行政违法而应当依法承担的否定性法律后果。《政府信息公开条例》《公职人员政务处分法》均直接规定了政务公开方面的法律责任。

【学习目标】了解政务公开的法律责任的概念,熟悉政务公开追责案例,掌握政务公开法律责任的规定。

第一节 政务公开法律责任概述

执法有保障、有权必有责、用权受监督、违法受追究、侵权须赔偿,这是全面推进依法行政的基本要求。① 政务公开的法律责任是行政机关和公职人员由于违反政务公开义务构成行政违法而应当依法承担的否定性法律后果。

当然,信息公开是一个新事物,从法律责任角度应该允许试错和动态调整。这意味着在强调政务公开的法律责任的同时,还应建立起法律责任豁免机制。尤其允许地方政府在信息不确定时期发布"或然性信息"的权力和采取较为温和的、审慎的"无悔

---

① 李广宇:《政府信息公开行政诉讼的当事人》,《电子政务》2009 年第 4 期,第 47 页。

行动"的权力。① 对责任豁免进行探索的可见《上海市公共数据开放暂行办法》。该办法第 46 条规定，数据开放主体按照法律、法规和规章的规定开放公共数据，并履行了监督管理职责和合理注意义务的，对因开放数据质量等问题导致数据利用主体或者其他第三方的损失，依法不承担或者免予承担相应责任。国际上影响较大的全球信息公开法评级体系中专门规定了两种公开情形下的免责：其一，政务公开工作机构和人员在诚信基础上依据信息公开法公开信息可享有法律豁免权；其二，基于诚信基础披露了违法人员的举报人可免受法律制裁。②

第二节　政务公开法律责任的规定及相关案例

一、《政府信息公开条例》的规定

（一）相关规定

《政府信息公开条例》涉及法律责任的条款主要有第 47 条、第 52 条和第 53 条。

第 47 条涉及政府信息公开工作监督方面的责任要求。第 1 款规定，政府信息公开工作主管部门应当加强对政府信息公开工作的日常指导和监督检查，对行政机关未按照要求开展政府信息公开工作的，予以督促整改或者通报批评；需要对负有责任的领导人员和直接责任人员追究责任的，依法向有权机关提出处理建议。第 2 款规定，公民、法人或者其他组织认为行政

---

① 樊纲：《灾难经济学："或然性信息"与"无悔行动"》，《财富时代》2020 年第 5 期，第 34 页。
② 肖卫兵：《全球信息公开法评级体系评析：兼论针对中国的评估》，《图书情报工作》2012 年第 20 期，第 76 页。

机关未按照要求主动公开政府信息或者对政府信息公开申请不依法答复处理的，可以向政府信息公开工作主管部门提出。政府信息公开工作主管部门查证属实的，应当予以督促整改或者通报批评。

第 52 条和第 53 条涉及责任追究。第 52 条规定，行政机关违反本条例的规定，未建立健全政府信息公开有关制度、机制的，由上一级行政机关责令改正；情节严重的，对负有责任的领导人员和直接责任人员依法给予处分。第 53 条规定，行政机关违反本条例的规定，有下列情形之一的，由上一级行政机关责令改正；情节严重的，对负有责任的领导人员和直接责任人员依法给予处分；构成犯罪的，依法追究刑事责任：（1）不依法履行政府信息公开职能；（2）不及时更新公开的政府信息内容、政府信息公开指南和政府信息公开目录；（3）违反本条例规定的其他情形。

（二）相关案例

2016 年 11 月 2 日，儋州市商务局官网因存在首页面长期未更新的突出问题，被国务院办公厅秘书局通报为不合格政府网站。随后，海南省儋州市商务局局长、党组书记董某因为失职导致该局网站长期不更新被处以行政记过及党内警告处分。这是我国首个因未履行信息公开责任而被问责的案例。儋州市商务局官网长期未更新属于"不作为"，加上被国务院办公厅通报，因此，儋州市方面根据旧的《政府信息公开条例》第 35 条第 1 项和第 2 项对该局主要负责人处以行政记过处分。该条第 1 项规定的第一种情况是"不依法履行政府信息公开义务的"，该条第 2 项规定的第二种情况是"不及时更新公开的政府信息内容、政府信息公开指南和政府信息公开目录的"。

二、《公职人员政务处分法》的规定

（一）相关规定

《公职人员政务处分法》是为规范政务处分，加强对所有行使公权力的公职人员的监督，促进公职人员依法履职、秉公用权、廉洁从政从业、坚持道德操守，根据《监察法》制定的法律。《公职人员政务处分法》于 2020 年 6 月 20 日通过，自 2020 年 7 月 1 日起施行。

《公职人员政务处分法》第 38 条涉及政务公开方面的责任追究。依据该法第 38 条第 1 款第 4 项的规定，不按照规定公开工作信息，侵犯管理服务对象知情权，造成不良后果或者影响的，情节较重的，予以警告、记过或者记大过；情节严重的，予以降级或者撤职。

（二）相关案例

贾某，某村村委会主任，中共党员，在负责协助政府从事拆迁安置补偿金分配及发放过程中，以"辛苦费""加快办理"为由向村民故意刁难、吃拿卡要，对涉及集体土地征占补偿及分配等情况不向村民公开，侵犯村民的知情权。

根据规定，基层群众性自治组织中从事管理的人员属于监察对象，包括农村村民委员会、城市居民委员会等基层群众性自治组织中从事事务管理的人员，以及协助人民政府从事行政管理工作的人员。贾某作为该村村委会主任，在管理村集体事务以及在协助政府从事行政管理工作中，对村民故意刁难、吃拿卡要，违反规定不公开村集体财务，侵犯村民的知情权，根据《中国共产党纪律处分条例》第 112 条第 5 项、第 119 条和《公职人员政务处分法》第 38 条第 1 款第 2、4 项，给予其党纪、政务处分。①

---

① 陈彬：《从六个案例看〈政务处分法〉带来的变化》，《中国纪检监察杂志》2020 年第 13 期。

思考题

1. 名词解释

政务公开的法律责任

2. 简答题

（1）简述《政府信息公开条例》中规定的政务公开的法律责任。

（2）简述《公职人员政务处分法》中规定的政务公开的法律责任。

参考文献

一、著作

北京大学公众参与研究与支持中心：《中国行政透明度观察报告（2009年度）》，法律出版社 2011 年版。

北京大学公众参与研究与支持中心：《中国行政透明度观察报告（2011—2012 年度）》，法律出版社 2013 年版。

蔡伟民等：《政务公开理论与实践》，中国农业出版社 2009 年版。

干以胜主编：《中国政务公开研究》，中国方正出版社 2012 年版。

李媛媛、阎天、彭錞主编：《国家治理透明度报告》，法律出版社 2016 年版。

刘恒：《政府信息公开制度》，中国社会科学出版社 2004 年版。

刘杰：《知情权与信息公开法》，清华大学出版社 2005 年版。

田禾、吕艳滨主编：《中国政府透明度指数报告（2019）》，中国社会科学出版社 2020 年版。

田禾、吕艳滨主编：《中国政务公开发展报告（2021）》，中国社会科学出版社 2022 年版。

肖卫兵：《新时代政务公开的多维度思考》，复旦大学出版社 2021 年版。

肖卫兵：《政府信息公开热点专题实证研究：针对条例修改》，中国法制出版社 2017 年版。

肖卫兵：《中国信息公开改革新解：从信息流通角度》，上海社会科学院出版社 2013 年版。

杨孟辉：《开放政府数据：概念、实践和评价》，清华大学出版社 2017 年版。

中国社会科学院法学研究所法治指数创新工程项目组:《中国政府信息公开第三方评估报告(2014)》,中国社会科学出版社 2015 年版。

中国社会科学院法学研究所法治指数创新工程项目组:《中国政府信息公开第三方评估报告(2015)》,中国社会科学出版社 2016 年版。

中国社会科学院法学研究所法治指数创新工程项目组:《中国政务公开第三方评估报告(2016)》,中国社会科学出版社 2017 年版。

中国社会科学院法学研究所法治指数创新工程项目组:《中国政务公开第三方评估报告(2017)》,中国社会科学出版社 2018 年版。

中国社会科学院国家法治指数研究中心:《政府信息公开工作年度报告发布情况评估报告(2018)》,中国社会科学出版社 2018 年版。

中国政法大学法治政府研究院:《法治政府蓝皮书:中国法治政府评估报告》,社会科学文献出版社 2018 年版。

中央纪律检查委员会办公厅:《政务公开》,方正出版社 2004 年版。

周汉华主编:《政府信息公开条例专家建议稿》,中国法制出版社 2003 年版。

Alasdair Roberts, *Blacked out: Government Secrecy in the Information Age*, Cambridge University Press, 2006.

Peter Sebina, *FOI and Records Management*, Botswana: Botswana University, 2006.

Weibing Xiao, *Freedom of Information Reform in China: Information Flow Analysis*, Routledge, 2012.

二、论文

白清礼:《政务公开与政府信息公开之辨析》,《图书馆工作与研究》2012 年第 8 期。

包国宪、周云飞:《中国政府绩效评价:回顾与展望》,《科学学与科学技术管理》2010 年第 7 期。

陈彬:《从六个案例看〈政务处分法〉带来的变化》,《中国纪检监察杂志》2020 年第 13 期。

陈富智:《关于〈政府信息公开条例〉的几个问题(下)》,《中国行政管理》2008 年第 1 期。

程样国、李志:《独立的第三方进行政策评估的特征、动因及其对策》,

《行政论坛》2006 年第 2 期。

段尧清、尚婷、周密：《我国政府信息公开政策十年演化分析》，《情报科学》2019 年第 8 期。

樊纲：《灾难经济学："或然性信息"与"无悔行动"》，《财富时代》2020 年第 5 期。

房宇：《健全政务公开评价机制 推进政府信息公开——以第三方评估的视角》，《法制与社会》2018 年第 25 期。

后向东：《构建新时代中国特色政府信息公开制度》，《中国行政管理》2018 年第 5 期。

后向东：《国家制度体系信息平台建设：历史审视、国际经验与现实路径》，《电子政务》2021 年第 12 期。

后向东：《论国家治理视野下的政务公开：国家制度的发布、提供与管理》，《中国行政管理》2020 年第 8 期。

后向东：《论我国政府信息公开制度变革中的若干重大问题》，《行政法学研究》2017 年第 5 期。

后向东：《论政务信息管理》，《四川行政学院学报》2022 年第 2 期。

后向东：《美国 2016 年〈信息自由法〉改革法案述评》，《电子政务》2016 年第 10 期。

后向东：《政策发布数字化转型：机遇、挑战与现实路径》，《中国行政管理》2022 年第 1 期。

后向东：《政府信息公开申请资格条件上的利害关系问题探讨》，《中国行政管理》2018 年第 2 期。

胡仙芝：《"全国政务公开理论与实践"研讨会综述》，《中国行政管理》2000 年第 12 期。

胡小明：《从政府信息公开到政府数据开放》，《电子政务》2015 年第 1 期。

淮安市人民政府办公室：《江苏省淮安市政务公开助力脱贫攻坚"一路阳光"》，《政务公开工作交流》2019 年第 10 期。

黄璜、赵倩、张锐昕：《论政府数据开放与信息公开：对现有观点的反思与重构》，《中国行政管理》2016 年第 11 期。

纪卫：《政务公开知识》，《上海城市规划》1997 年第 3 期。

姜明安：《论政务公开》，《湖南社会科学》2016 年第 2 期。

李广宇：《政府信息公开行政诉讼的当事人》，《电子政务》2009 年第 4 期。

李盛：《〈中华人民共和国政府信息公开条例〉的制定背景、主要内容及目录编制》，《电子政务》2008 年第 5 期。

李思艺：《信息公开与 Records 管控关系研究：基于英国信息专员任命的视角》，《档案学研究》2018 年第 4 期。

刘平：《政府信息公开原则探析》，《中国法律评论》2016 年第 3 期。

马宝成：《政务公开的基本概念和基本理念探析》，《辽宁行政学院学报》2001 年第 1 期。

潘汉典：《情报自由法：美国法典第五编 政府组织与职员》，《环球法律评论》1981 年第 1 期。

乔木：《手机短信的传播效果与政治影响》，《当代传播》2008 年第 4 期。

山东省青岛市直机关工委：《青岛：人民群众走进机关》，《紫光阁》2014 年第 11 期。

申静、王敬波：《设立政府信息公开委员会的域外经验及本土设计》，《理论与改革》2015 年第 1 期。

史少春：《加强信息公开与新闻宣传 做好重大突发事件舆论引导》，《中国行政管理》2020 年第 2 期。

寿志勤、郭亚光、高勋炳：《省级地方政府政务公开绩效评估管理创新——安徽的实践》，《中国行政管理》2012 年第 12 期。

完颜绍元：《宋明清朝代的政务公开猫腻》，《决策》2014 年第 3 期。

王敬波：《政府信息公开中的公共利益衡量》，《中国社会科学》2014 年第 9 期。

温家宝：《认真贯彻党的十七大精神大力推进廉政建设和反腐败工作》，《求是》2008 年第 9 期。

吴建平、蓝蔚青：《论政务公开》，《求是》1999 年第 22 期。

习近平：《加快推动媒体融合发展 构建全媒体传播格局》，《求是》2019 年第 6 期。

肖卫兵、包思卓、张文帅：《论政务公开事项标准化目录编制》，《电子政务》2019 年第 5 期。

肖卫兵：《论我国有局限的推出型信息公开法》，《行政法学研究》2010

年第 3 期。

肖卫兵：《论我国政府数据开放的立法模式》，《当代法学》2017 年第 3 期。

肖卫兵：《论我国政府信息公开例外体系构建完善》，《交大法学》2018 年第 1 期。

肖卫兵：《全球信息公开法评级体系评析：兼论针对中国的评估》，《图书情报工作》2012 年第 20 期。

肖卫兵：《政府数据开放环节立法》，《财经法学》2019 年第 6 期。

肖卫兵：《政府数据开放机制的建立和完善：结合〈政府信息公开条例〉谈起》，《理论探讨》2015 年第 4 期。

肖卫兵：《政府信息公开法类别分析》，《兰台世界》2012 年第 10 期。

谢丽：《英国政府 Records 管控：信息自由法的影响》，《档案学通讯》2015 年第 4 期。

徐沐熙：《论坚持党的领导和坚持人民至上的高度统一：学习〈中共中央关于党的百年奋斗重大成就和历史经验的决议〉》，《政工学刊》2022 年第 3 期。

杨慧、田红红：《"互联网 + 政务服务"背景下政务公开绩效评估创新路径研究》，《现代管理科学》2018 年第 9 期。

姚坚：《重大行政决策中过程性信息的主动公开》，《治理现代化研究》2018 年第 2 期。

于连超：《标准支撑法律实施：比较分析与政策建议》，《求是学刊》2017 年第 4 期。

张庆广：《落实以"公开为常态，不公开为例外"的瓶颈和路径》，《行政改革内参》2017 年第 1 期。

张庆广：《政府信息公开：跳出法律之外的多维度思考》，《中国行政管理》2017 年第 9 期。

张锐昕等：《2016 年吉林省政务公开第三方评估结果分析——基于 12 个市（州）、54 个省直部门网站的调研数据》，《图书馆学研究》2017 年第 21 期。

张英惠：《手机短信传播中的控制缺失与对策》，《新闻窗》2008 年第 1 期。

章剑生：《政府信息获取权及其限制：〈政府信息公开条例〉第 13 条评

析》,《比较法研究》2017 年第 2 期。

赵正群:《情报公开法制化的世界潮流与政府上网工程的意义》,《清华法治论衡》2000 年第 1 辑。

郑磊:《开放政府数据研究:概念辨析、关键因素及其互动关系》,《中国行政管理》2015 年第 11 期。

周汉华:《打造升级版政务公开制度:论〈政府信息公开条例〉修改的基本定位》,《行政法学研究》2016 年第 3 期。

周汉华:《全面依法治国与第三方评估制度的完善》,《法学研究》2021 年第 3 期。

J. Ramon Gil-Garcia, Mila Gasco-Hernandez, Theresa A. Pardo, Beyond Transparency, Participation, and Collaboration? A Reflection on the Dimensions of Open Government, *Public Performance & Management Review*, 2020 (3).

M. Jae Moon, Shifting from Old Open Government to New Open Government: Four Critical Dimensions and Case Illustrations, *Public Performance & Management Review*, 2020 (3).

Mark Weiler, Legislating Usability: Freedom of Information Laws That Help Users Identify What They Want, *Journal of International Media & Entertainment Law*, 2017 (1).

A. J. Meijer, D. Curtin, M. Hillebrandt, Open Government: Connecting Vision and Voice, *International Review of Administrative Sciences*, 2012 (1).

Thomas Blanton, The Openness Revolution: The Rise of a Global Movement for Freedom of Information, *Development Dialogue*, 2002 (1).

Weibing Xiao, China's Limited Push Model of FOI Legislation, *Government Information Quarterly*, 2010 (3).

图书在版编目(CIP)数据

新时代政务公开/肖卫兵著.—上海:复旦大学出版社,2023.7(2023.12 重印)
ISBN 978-7-309-16882-2

Ⅰ.①新… Ⅱ.①肖… Ⅲ.①国家机构-行政管理-研究-中国 Ⅳ.①D630.1

中国国家版本馆 CIP 数据核字(2023)第 103780 号

新时代政务公开
肖卫兵 著
责任编辑/张 炼

复旦大学出版社有限公司出版发行
上海市国权路 579 号 邮编:200433
网址:fupnet@fudanpress.com http://www.fudanpress.com
门市零售:86-21-65102580 团体订购:86-21-65104505
出版部电话:86-21-65642845
常熟市华顺印刷有限公司

开本 890 毫米×1240 毫米 1/32 印张 9.375 字数 227 千字
2023 年 7 月第 1 版
2023 年 12 月第 1 版第 2 次印刷
印数 4 101—7 200

ISBN 978-7-309-16882-2/D·1164
定价:50.00 元

如有印装质量问题,请向复旦大学出版社有限公司出版部调换。
版权所有　侵权必究